トピックからはじめる統治制度

憲法を考える

第3版

笹田栄司・原田一明
山崎友也・遠藤美奈

有斐閣

第3版　はしがき

　憲法のテキストは通常，統治制度と人権から構成されるが，統治制度は人権に比べ理解が難しい。人権に関する裁判は多く，その内容について様々な意見が出され，争点をイメージしやすいのに対し，統治制度は，制度の概要を関係する憲法条文に照らし合わせて記述することが多く，生き生きとした説明が難しかったのである。本書は，統治制度に関する争点を具体的に読者がイメージできるトピックを用意し，その後に，憲法上の争点に切り込むというスタイルを採った。このような本書の手法が読者から受け入れられ，第3版を出すに至ったとすれば，執筆者として望外の喜びである。

　第3版では，Topic，本文，および Column についてアップデートを行った。政治と金（Unit 5，Column⑦）が依然として課題である一方で，新たに AI が統治に関わってきた（Column⑭）。また，各国の統治制度の変容も本書に関係するものについてフォローしており，わが国のモデルである英国の議院内閣制（Unit 9，10）やアメリカ連邦最高裁（Unit 15 の Topic）等の新しい動きを取り上げている。

　統治制度に関して国民レベルでの議論を盛り上げるには，理解が難しい制度の全体像をつかむことが第一歩である。本書で示したように統治制度も変容している。本書によって変わりゆく統治制度の理解が進んだとすれば，執筆者にとり大きな喜びである。

　第3版の刊行にあたり，第2版と同様，有斐閣編集部の渡邉和哲さんに強力なサポートをしていただいた。ここに，衷心から感謝の意を表したい。

2025 年 2 月

執筆者を代表して　笹　田　栄　司

初版はしがき

　統治制度は人権と比べ，理解が難しい。というのも，人権に関する裁判は数も多く，その内容も賛成・反対の意見を喚起する多くの論点を含むのに対し，統治制度に関する裁判は少ないうえ，人権と異なり争点を具体的にイメージするのが難しいからだ。そこで，本書では，統治制度において何が問題なのかを読者に直感的につかんでもらうため，全23 Unit の冒頭に Topic を置いている。例えば，「主権・権力分立」（Unit 1）では，EU 諸国の主権委譲の問題を，また「議会による行政の統制─国政調査権，質問権」（Unit 8）では，「総理公邸には幽霊がでる？─様々な質問主意書」を Topic として取り上げた。現実に起きている問題を丁寧に追いかけ，また，各テーマのなかで最高裁判例が出ている場合，判例についてコンパクトに説明することを心がけている。

　また，わが国の統治制度をよりよく理解するため，主要国の制度との「比較」，そしてわが国の制度の「歴史的展開」を随所に織り込んだ。例えば，違憲審査制は，最高裁の設立を含めアメリカの違憲審査制に強い影響を受けたのは確かだ。しかし，わが国はアメリカのように連邦制ではなく，また日米の憲法規定の違いもあり，わが国の違憲審査制はアメリカとは異なった歩みを示しているところがある。そこには，わが国の統治制度が，アメリカのように判例法ではなく制定法を中心に据えていることも関係する。

　本書の構成を説明しておこう。本書は，統治の原理として，主権・権力分立，デモクラシー，そして法の支配と法治国家の 3 Unit を置き，さらに，統治のシステムとして，議会，内閣，裁判所，地方自治，財政，憲法改正を取り上げ，それぞれ 2～5 の Unit が配されている。また，各 Unit のテーマに興味を持った読者のために，

「さらに学ぶために」で関係する文献を紹介している。なお，本文中の引用は読者が読みやすいようになるべく簡単にしている。引用文献の詳細は巻末の参考文献一覧をご覧頂きたい。

集団的自衛権の「限定」容認・安保法制の整備を行う第3次安倍政権の動向は，本書と随所で関係する。デモクラシー，法の支配と法治国家，安全保障，内閣法制局，日本銀行，日本における憲法改正問題など，枚挙に暇がない。本書は，統治制度を分かりやすく解説することを目指しているが，それにとどまらず，本書を通じて現実の憲法問題を考えるということも重要な目的である。サブタイトルの「憲法を考える」の意味はここにある。

本書が完成するについては幾度となく研究会を重ね，各自の草稿をもとに議論を交わしたことが思い出される。各 Unit の内容は執筆者個人に委ねられるとしても，研究会の成果は各 Unit に十分に反映していると思う。また，有斐閣書籍編集第一部の藤本依子さん，清田美咲さんには，会議や執筆にあたりきめ細やかな配慮をして頂き，執筆者にとり強力なサポートとなった。さらに，校正の最終段階で加わった渡邉和哲さんの緻密なチェックは，執筆者にとり原稿を見直す機会となった。月並みであるが，しかし確かな真実を含むものとして，一冊の本は執筆者と編集者の共同作業であると，今さらながら感じている。

2015 年 8 月

執筆者を代表して　笹 田 栄 司

著者紹介 （執筆順）

笹田　栄司 （ささだ　えいじ） Unit 1, 7, 13～16 担当
1984年　九州大学大学院法学研究科博士課程修了
現　　在　早稲田大学政治経済学術院教授
主　　著　『基本的人権の事件簿〔第7版〕』（有斐閣，2024年）
　　　　　（共著）
　　　　　『司法の変容と憲法』（有斐閣，2008年）ほか

原田　一明 （はらだ　かずあき） Unit 2, 8, 10, 12, 18, 19 担当
1991年　東京都立大学大学院社会科学研究科博士課程満期退学
現　　在　立教大学法学部教授
主　　著　『議会特権の憲法的考察』（信山社，1995年）
　　　　　『議会制度』（信山社，1997年）ほか

山崎　友也 （やまざき　ともや） Unit 3, 6, 11, 22, 23 担当
2005年　北海道大学大学院法学研究科博士課程満期退学
現　　在　金沢大学人間社会研究域法学系教授
主　　著　『憲法の最高法規性と基本権』（信山社，2019年）
　　　　　「『憲法保障』とその『正しい解釈』」宍戸常寿＝林知更
　　　　　編『総点検 日本国憲法の70年』（岩波書店，2018年）
　　　　　（共著）ほか

遠藤　美奈 （えんどう　みな） Unit 4, 5, 9, 17, 20, 21 担当
1999年　早稲田大学大学院政治学研究科博士後期課程満期退学
現　　在　早稲田大学教育・総合科学学術院教授
主　　著　『憲法〔第4版〕』（青林書院，2016年）（共著）
　　　　　「生存権論の現況と展開」尾形健編『福祉権保障の現代
　　　　　的展開』（日本評論社，2018年）（共著）ほか

凡　　例
・法令の名称は，「日本国憲法」を「憲法」と略している場合があるほ
　か，基本的には正式名称で表記し，略す場合は一般の例によった。
・判決の出典の略記については，それぞれ以下のとおり。
　　　　最(大)判(決)　最高裁判所（大法廷）判決（決定）
　　　　民(刑)集　　　最高裁判所民事（刑事）判例集
・本文中に掲げた参考文献の表記方法とその一覧は，巻末の「参考
　文献一覧」を参照。

目　次

はしがき
初版はしがき
著者紹介
凡　例

I　統治の原理

Unit 1　主権・権力分立
Topic　EU 加盟国の主権委譲（3）
1　主権とは何か（4）
2　権力分立（7）
さらに学ぶために（11）
Column ①　権力分立のバージョンアップ？（12）

Unit 2　デモクラシー
Topic　政治に関心がありますか？（13）
1　デモクラシーとは何か（14）
2　デモクラシーへの懐疑（15）
3　デモクラシーと議会制（16）
4　独裁制からの議会制批判（18）
5　議会制の擁護論（19）
6　住民投票の法的拘束力（20）
さらに学ぶために（23）
Column ②　震災復興の方策を決定するのは誰か？（23）

Unit 3　法の支配と法治国家
Topic　国家はハイジャック機を撃墜できるか？（25）
1　法の支配と法治国家（主義）（26）
2　ドイツ航空安全法事件（27）
3　航空安全法違憲判決（BVerfGE 115,118）（29）
4　日本との比較（31）
さらに学ぶために（33）
Column ③　法の支配・法治国家（主義）再考（33）

Ⅱ 統治のシステム

1 議 会

Unit 4 選挙制度
Topic オーストラリア式選挙（37）
1 「テーブルクロス」的投票用紙（38）
2 選挙の原則（38）
3 選挙制度の構成要素（40）
4 日本の選挙制度とその課題（43）
さらに学ぶために（48）
Column ④ 平等に反しているのに合憲？──「合理的期間」論（48）

Unit 5 政 党
Topic 自民党派閥の政治資金パーティー裏金問題（49）
1 政党の機能（50）
2 政党の憲法上の位置付け（51）
3 政党に対する憲法的規律（52）
4 政党法制（54）
5 展 望（57）
さらに学ぶために（57）
Column ⑤ 政治資金改革と政党助成（58）

Unit 6 議会の構造──二院制あるいは一院制
Topic 二院制はムダか？（60）
1 1つか2つか？（61）
2 なぜ二院制か？（62）
3 日本の二院制の意義（65）
4 日本の二院制の課題（66）
さらに学ぶために（69）
Column ⑥ 参議院改革論（69）

Unit 7 議 員
Topic 国会議員の収支報告（70）
1 国会議員の活動（71）
2 議員になる条件（72）

3 議員の誕生（73）
4 議員の特権（76）
さらに学ぶために（78）
Column ⑦ 議員の"サイフ"（79）

Unit 8 議会による行政の統制──国政調査権，質問権

Topic 総理公邸には幽霊が出る？──質問主意書の役割（81）
1 議会による行政統制の意味（82）
2 常任委員会による行政統制（83）
3 国政調査権と国会事故調──どこが問題か（85）
4 質問は文書で──口頭質問ができない議会制度？（88）
さらに学ぶために（91）
Column ⑧ 日本の衆議院とイギリス下院の質問制度の実際（91）

2 内 閣

Unit 9 議院内閣制

Topic 変わりゆく議会・内閣関係（93）
1 議院内閣制とは何か（94）
2 議院内閣制とその本質（95）
3 議院内閣制の類型（97）
さらに学ぶために（101）
Column ⑨ 大統領制（102）

Unit 10 内閣制度

Topic 本当に強い首相とは？（103）
1 国会と内閣の関係──国民内閣制か，国会の再生か（104）
2 イギリスとドイツの内閣制度の特徴（105）
3 比較の中のわが国の内閣制度の問題点（108）
4 わが国の内閣制度（109）
さらに学ぶために（114）
Column ⑩ 内閣人事局の弊害（114）

Unit 11 安全保障

Topic 国家は平和と安全をどう守るべきか？（115）
1 第2次安倍内閣以降の安全保障政策（116）

目 次 vii

2 国連憲章上の安全保障体制 （117）

3 日本国憲法の平和主義 （119）

4 自衛力の補完・拡大？——安保法制の成立 （121）

さらに学ぶために （124）

Column ⑪ 「存立危機事態」とは何か？ （124）

Unit 12 独立行政委員会

Topic 内閣から独立した委員会を設置することはできるか？ （125）

1 独立行政委員会とは何か，憲法上の問題点は？ （126）

2 合憲論の検討 （128）

3 残された憲法問題——公正取引委員会の合憲性 （131）

さらに学ぶために （134）

Column ⑫ 原子力規制委員会の設置 （134）

Unit 13 内閣法制局

Topic 内閣法制局 （135）

1 内閣法制局は「憲法の番人」？ （136）

2 内閣法制局の歴史 （137）

3 内閣法制局の組織と任務 （138）

4 内閣法制局と政権との距離——モデルとしてのコンセイユ・デタ （140）

さらに学ぶために （143）

Column ⑬ 内閣法制局長官人事 （143）

3 裁 判 所

Unit 14 裁判官制度と司法の独立

Topic 裁判官の職権行使の独立 （145）

1 裁判官の養成・選出 （146）

2 わが国における裁判官の養成・選出 （148）

3 司法の独立 （150）

4 キャリア裁判官制の変革 （152）

さらに学ぶために （154）

Column ⑭ AIの司法での活用——AIは「諸刃の剣」か？ （154）

Unit 15　違憲審査制

Topic　アメリカ連邦最高裁が国民の二極化を進める？（156）

1　違憲審査制の二つのタイプ（157）

2　日本国憲法および裁判所法で具体化された違憲審査制（158）

3　違憲審査制の活性化に必要な要件（161）

さらに学ぶために（164）

Column ⑮　最高裁判所裁判官の国民審査（164）

Unit 16　国民の司法参加

Topic　悲惨な事件における裁判員選定の難しさ（166）

1　「国民の司法参加」の位置付けの変化（167）

2　国民の司法参加——諸外国の制度（168）

3　裁判員制度（169）

4　検察審査会（173）

さらに学ぶために（176）

Column ⑯　裁判員制度を合憲とする最高裁大法廷判決（176）

4　地方自治

Unit 17　中央政府と地方政府の関係

Topic　地方自治の「限界」？（178）

1　地方自治の意義（179）

2　地方公共団体の組織（180）

3　地方公共団体の機関（182）

4　地方公共団体の権能（184）

5　着地点と展望（187）

さらに学ぶために（187）

Column ⑰　沖縄から見る中央・地方関係（188）

Unit 18　地方自治の将来

Topic　子どものインターネット利用は1日60分に！（189）

1　未完の分権改革（190）

2　自治体組織の改革——道州制論の検討（193）

3　条例論の現在（196）

さらに学ぶために（199）

目　次　ix

Column ⑱　ユニーク条例と司法審査（199）

5　財　政

Unit 19　財　政
Topic　楽観的に過ぎる？――財政再建の行方（200）
1　わが国の財政の現状と改革の方向（201）
2　財政構造改革のためのいくつかの論点（203）
3　予算編成過程における財政統制（206）
4　財政再建策を検討するための留意点（208）
さらに学ぶために（209）
Column ⑲　予備費について考える（210）
Column ⑳　楽観論の功罪（210）

Unit 20　公金支出の禁止
Topic　市有地に建つ神社（212）
1　「財政の民主的統制」への統制――憲法 89 条（213）
2　「政教分離」の財政による保障（213）
3　「公の支配に属しない事業」に対する財政作用の制約（217）
4　憲法 89 条後段の現代的意義（219）
さらに学ぶために（220）
Column ㉑　憲法制定史をたどる作業の意味（221）

Unit 21　日本銀行
Topic　政治との「適正距離」とは？（222）
1　日本銀行「本店」？（223）
2　日本銀行の歴史（224）
3　日本銀行の独立性と憲法（226）
4　日本銀行と民主制（228）
さらに学ぶために（230）
Column ㉒　世界の主要中央銀行（231）

6　憲法改正

Unit 22　主要国の憲法改正手続の比較
Topic　憲法 96 条は「硬すぎる」か？（232）

1 「硬すぎる」日本国憲法？（233）
2 「硬性」度の比較（234）
3 「硬性」度を変えられるか？——憲法改正手続規定の改正
　の可否（238）
さらに学ぶために（240）
Column ㉓ 「全部改正」と「部分改正」（241）

Unit 23　日本における憲法改正問題
Topic　日本国憲法の将来（242）
1 憲法施行 60 年後の憲法改正手続法（243）
2 憲法改正へ？——自民党案の登場（245）
3 憲法改正の必要性・合理性の有無（248）
さらに学ぶために（250）
Column ㉔ 「公益及び公の秩序」（250）

参考文献一覧
事項索引

Ⅰ　統治の原理

Unit 1　主権・権力分立

Topic　EU 加盟国の主権委譲

　国家でもなく，国際機関でもない，国家を超えた統治体が EU だ。その最大の特色は，加盟国が主権の一部を EU に移譲し，共同で行使する仕組みにある。

（写真：iStock.com/ThomasVogel）

　たとえば今，日本で話題の TPP のような，外国と貿易する際のルールを決める条約を，ドイツやフランスなどの EU 加盟国は自分では結べない。外国と通商条約を結ぶのは EU の仕事だ。域外からの輸入品にかける関税率も，それぞれの加盟国ではなく EU が決める。

　EU がつくる法律は，加盟国の国内法に優先する。各国の法律のかなりの部分は，自国で独自に定めるものではなく，EU の指令に基づき制定するものだ。

　といっても，EU の判断に加盟国が一方的に従うという主従の関係ではない。EU が決定権を持つことでも，理事会をはじめ，加盟国の意向を反映させるさまざまなチャンネルがある。ただ，その政策決定過程はわかりにくく，欧州市民からは「何でもブリュッセルが一方的に決める」と批判されがちだ。

　EU の年間予算は約 20 兆円。韓国やベルギーの予算規模に匹敵する。歳入の 7 割を占めるのが加盟国の拠出金。各国の経済力に応じて決められ，ドイツ，フランス，イタリアの順に多い。ほかに域外からの輸入品に課す関税や，加盟各国がかける付加価値税（日本の消費税にあたる）の一定割合が EU 固有の財源だ。

（朝日新聞 2013・10・20）

1　主権とは何か

(1)　主権の創出

現在，世界中で「主権国家」は 190 を超える（外務省 web サイトによると国連加盟国の数は 193）。

ここで主権とは，対外的には（他の国家や国際機関から）独立で，対内（国家内）的には最高を意味する。これは，中世ヨーロッパにおける国王を想定すると理解しやすい。つまり，主権は，国家の外にいるローマ法王・神聖ローマ皇帝に対して国王が独立であること，また，国内の封建諸侯・自治都市の上に国王が君臨することを示すのである。

この主権は，プロテスタントとカトリックの宗教戦争のさなか，ジャン・ボーダン（1530〜1596 年）によって定式化された。「宗教戦争の混乱の中で，暴君による平和は『真の宗教』を求める無政府状態にまさるという認識がうまれた」ことがその背景にある（長谷部 1999・82）。ボーダンは，主権を「絶対にして永続的な権力」とする（高見 2004・273）。

(2)　主権の意味

主権には，三つの意味があるとされている。①統治権，②最高独立性，そして③最高決定権である。①は国家の支配権を示すもので，その例としてよく挙げられるのが，「日本国ノ主権ハ本州，北海道，九州及四国……ニ局限セラルベシ」とするポツダム宣言第 8 項だ。②は(1)で述べたことを表すもので，主権の成り立ちからすると，「本来の意味の主権の概念」（芦部 2023・40）である。③は国家統治のあり方を最終的に決める力ないし権威をさす。「主権の存する日本国民の総意」（憲法 1 条）がここでの例として挙げられることが多い。次の(3)および(4)は③の問題，そして(5)は②の対外的「独立」に

4　　I　統治の原理

関わる。

(3) 君主主権から国民主権へ？

主権は 16 世紀から 18 世紀中盤にかけて絶対君主政の基盤となるが，その後，国民主権が登場する。フランス革命（1789 年）がその代表例だ。フランス人権宣言は，3 条において，「あらゆる主権の淵源は，本質的に国民に存する。」と定めている。ところが，君主主権か国民主権かという選択を避け，国家に主権があるとしたのが（第 1 次世界大戦前の）ドイツだ。「主権の主体」は君主か国民かという問題を，国家を一つの法人とみて，その最高機関が君主か，あるいは国民かという問題に転換したのである。

実は，明治憲法下で美濃部達吉によって唱えられた**天皇機関説**もこれをなぞったものだった。それは，「大日本帝国ハ万世一系ノ天皇之ヲ統治ス」（明治憲法 1 条）を天皇主権と見るのではなく，議会による民主主義的コントロールが一定程度及ぶことを狙ったものだった（安西ほか 2024）。しかし，軍部による実質的支配が強まるなかで，その試みは失敗に終わる。

(4) 日本国憲法と天皇制

日本国憲法の制定過程でも「主権の主体」は議論されている。政府側（金森国務大臣）は，主権は君主と国民のいずれにあるかについて，天皇を含む国民全体にある，あるいは，国民全体にある，その中には天皇を含んでいる，と述べ，さらに，**天皇**は「憧れの中心」であり，これによって「統一せられて来たと云ふことは結局是は厳然たる事実」とする（第 90 回帝国議会貴族院議事速記録第 25 号〔1946 年 8 月 28 日〕）。この理解からすると，「日本国の象徴であり日本国民統合の象徴」（憲法 1 条）の「象徴」は積極的意味を含むと見ているようだ。その際，天皇によって「統一」されてきたという

Unit 1　主権・権力分立　　5

「統合力」が政府側の念頭にある。しかし，「憲法1条は，天皇が統治権の総覧者であることを否定され，象徴にすぎなくなったことを確認し，宣言するという消極的な意味で定められている」（長谷部2022・74）と見るべきだろう。

憲法4条は，天皇は「憲法の定める国事に関する行為のみを行ひ，国政に関する権能を有しない」と定める。ここで「国事に関する行為」と「国政に関する権能」は言葉の上からは切り分けが難しい。しかし，憲法7条の規定を見るなら，前者の意味は理解できるだろう。国事行為には，「憲法改正，法律，政令及び条約の公布」，「国会の召集」，「衆議院の解散」などが含まれるが，それらはすべて「内閣の助言と承認」によらねばならないのだ。つまり，形式的・儀礼的行為に天皇の権能は限定されているのである。

(5) 主権の制約

Topicで取り上げたEUでは，ユーロがEU加盟国27のうち20か国で通用している（駐日欧州連合代表部webサイト）。ボーダンは主権に貨幣鋳造権が含まれるとしたが，20の加盟国はそれをEUに委譲している（→Unit 21 Column㉒）。EU加盟国が基本条約に基づき主権の一部をEUに委譲することで，外交，司法，内務などEUに委譲されていない分野を除き，EUがその権限を行使するのである（駐日欧州連合代表部webサイト）。

似たような問題は日本でも起こり得る。裁判権も主権の一部だが，条約によってそれが制約される可能性がある。たとえば，国際的な組織犯罪，テロなどの「危険の国際化」への対応としての多数国間条約，さらに，安保理決議による国際立法，ICC規程（国際刑事裁判所に関するローマ規程）による国際刑事裁判所（ICC）の管轄によって，国家の裁判管轄が制約されることがあり得る。日本はICC規程という条約に加盟し，ICCの管轄権を認めている。ICCは，「国

際社会全体の関心事である最も重大な犯罪」(ICC 規程 5 条 1 項柱書)
を犯した個人を直接的に裁く仕組みであって，わが国の領域内で行
われた犯罪についても，理論上は ICC が終審となる可能性がある
し，ICC が管轄権を有する国際犯罪（ICC 規程 6 条〜8 条の 2 まで）
には，わが国の刑法では犯罪として規定されていないものも含まれ
ている。そして，国内裁判所による裁判が ICC による刑事責任の
追及を免れさせるための偽装的なものである場合など，国内管轄権
の機能が実効的でない場合には，ICC が事件を取り上げる可能性が
ある（齊藤 2012）。

　主権の制約は，政治や経済の国際的な枠組みにわが国が組み込ま
れることを拒否しないかぎり，多くの場面で出てこよう。近年の
TPP（環太平洋パートナーシップ協定）交渉では，アメリカ側が自国
の「安全・環境基準に適合したクルマをそのまま日本で販売するこ
と」を求めたのに対し，日本側は「主権の侵害」として猛反発して
いる（日本経済新聞 2014・6・10）。自動車の安全・環境基準の設定は
これまで法律で規制されることが多く，主権の第一の指標である立
法権が侵害されるとの主張は分かりやすい。しかし，自動車の安
全・環境基準が国際的標準化に進む可能性が指摘されるなかで（森
2014），「主権」が政治的交渉のツールになっているのかもしれない。
ここでも主権に対する制約（主権のゆらぎ）が垣間見える。

2　権力分立

(1)　フランス型とアメリカ型

　権力分立については，立法権を優位に置くものと三権を同格に見
るものに分けることができる。前者の代表格がフランスで，後者が
アメリカだ。

　モンテスキューは『法の精神』（1748 年）において，「同一の人間

あるいは同一の役職者団体において立法権力と執行権力とが結合されるとき，自由は全く存在しない。なぜなら，同一の君主または同一の元老院が暴君的な法律を作り，暴君的にそれを執行する恐れがありうるから」（モンテスキュー 1989・291）と述べている。モンテスキューはまた，「法律を作る権力」，「公的な決定を執行する権力」，「犯罪や個人間の紛争を裁判する権力」の三つに言及する。そこでは，主権を定式化したボーダンがそうであったように，「法律を作る権力」（立法権）が中心的地位を占める。フランスの統治制度がその典型だ。フランスでは，アンシャンレジーム（旧制度）の下で圧政を行った国王と，国王に従属した裁判所に対する国民代表議会の抗争を通じて近代立憲国家が形成されたのだ（芦部 2023）。

これに対し，アメリカはモンテスキューの影響を受けつつもフランスと異なった展開を見た。アメリカは独立戦争に勝利することでイギリスの植民地支配から脱したが，植民地支配を基礎づけたイギリスの法律に長いこと苦しめられてきた。アメリカはそのため，フランスのように立法権優位の統治制度を採用しなかったのである。「憲法の父」と呼ばれたマディソン（第4代大統領）は『ザ・フェデラリスト』第48編において，「まず理論的に権力を，本来，立法・行政・司法に属するものに従って，それぞれ三部門に分類した後，次になすべききわめて困難な仕事は，各部門に他部門よりの侵害に対する一定の具体的な保障をあたえること」であり，「この保障がいかなる形で与えられるべきかということが，解決すべき大問題」（ハミルトンほか 1999・226）と述べている。ここでは，立法・行政・司法を同格と見る権力分立が構想されている。

(2) 日本国憲法と権力分立

明治憲法では，天皇は「帝国議会ノ協賛ヲ以テ立法権ヲ行フ」（5条）とされ，司法権については「天皇ノ名ニ於テ法律ニ依リ裁判所

之ヲ行フ」（57条）と定められた。一方，内閣は規定されていない。権力分立制は**天皇大権**を支えるものとして機能したのである。これに対し，日本国憲法は，第4章で立法，第5章で行政，そして第6章で司法について規定し，三権相互の関係についてかなり複雑なシステムを定めている。フランス型とアメリカ型のそれぞれの利点を採用しようという試みだ。それでは，どのような「抑制・均衡」が三権の間にはめ込まれているのか，代表的なものを見てみよう。

①国会と内閣の関係

内閣総理大臣は国会議員の中から国会の議決で指名される（67条1項）。国の財政処理は国会の議決を要する（83条）。衆議院が内閣不信任決議を可決するのに対し（69条），内閣は衆議院の解散を行う（7条。衆議院の解散を決定することが「内閣総理大臣の伝家の宝刀」と言われることがある）。

②国会と裁判所の関係

国会に，罷免の訴追を受けた裁判官を裁判する「弾劾裁判所」が設置される（64条）。裁判所の予算は国会の議決を要する（83条，裁判所法83条）。一方，裁判所には，法律の合憲性を判断する違憲立法審査権が付与されている（81条）。

③内閣と裁判所の関係

内閣は最高裁判所長官を指名し（6条2項），最高裁判所裁判官を任命する（79条1項）。裁判所は内閣が制定する政令が合憲かどうかを判断し（81条），明治憲法下では（行政部に設置された）行政裁判所が管轄していた行政事件について，裁判所が判決を下す（76条）。

このように複雑な抑制と均衡が三権の間に作り出されている。そのなかでも，司法の地位上昇をもたらした**違憲立法審査権**に注目すべきだろう（安西ほか2024）。それは議会の相対的な地位の低下をもたらすが，一方で権力分立の現代的変容につらなっていく。

（3）　権力分立制の現代的変容

権力分立制を基礎づけたモンテスキューは，裁判権力は，「必要

Unit 1　主権・権力分立　9

とされる期間だけ存続する裁判所を構成するために，人民の団体から，一年のある時期に，法律に規定された仕方で選び出された人々によって行使されるべき」（モンテスキュー 1989・293）と述べていた。総じて，フランスにおいては，国王権力と裁判官が結びついたことから司法に対する評価は低く，立法権を中心とする統治システムが構築されてきた。それが変わったのは，第5共和制憲法（1958年）による憲法院の創設以後である。違憲立法審査制は，「法律を主権者の一般意思の表明とみなすルソー的な人民主権の下で議会中心主義が確立されていた第3共和制期」（1870〜1940年）には明確に否定されていたのである（辻村 2018・189）。主権者の意思である法律を，議会以外の機関が統制することは考えられていなかった。

　ドイツでは，ワイマール憲法末期，議会が機能せず，法律ではなく大統領を中心とした行政が国政を牛耳り，ナチスの独裁に道を開いた。さらに，甚大な人権侵害がナチスによって引き起こされた。このようなことを背景にして，第2次世界大戦後，人権保障を主たる任務の一つとする連邦憲法裁判所がドイツに登場する。

　19世紀初頭に違憲審査制が確立したアメリカでも，第2次世界大戦後になると，連邦最高裁判所は，議員定数不均衡問題や人種差別撤廃問題で積極的に政治の領域に踏み込み，制度を変革するきっかけとなる違憲判決を出していく。

　フランスでは，1971年以降，憲法院は「違憲審査機関・人権保障機関としての役割を演じはじめた」（辻村 2018・201）。そして，2008年7月23日憲法改正により，法案に対する事前かつ抽象的な法令審査に限定されていた憲法院が，市民からの提訴に基づく法令の事後審査も行うようになった。このように，立法権優位であったフランスにおいても，憲法院を組み込んだ権力分立に変わってきている。EU加盟国であるフランスでは，国民議会・元老院，大統領，そして首相といったさまざまなアクターに加え，EU議会やEU裁

判所・人権裁判所が登場する。ここに憲法院が組み込まれるわけで，現代の権力分立は変数が著しく増えた方程式となった。

(4) 権力分立の新たな次元

マディソンは『ザ・フェデラリスト』のなかで，「権力というものは，本来，他を侵害する性質をもつものであり，したがってそれに与えられた限界をこえないように，効果的にこれを抑制しなければならない」（ハミルトンほか1999・225）と述べていた。執筆された時から230年近く経過したが，権力分立が必要とされる理由は変わっていない。変わったのは統治システムが複雑化し，そこでのプロセスが可視化できなくなったことだろう。違憲審査制が第2次世界大戦後，次々に誕生したのも，権力分立の新たなバージョンが必要とされたからだ。今後，権力分立はどのような展開をみせるのだろうか。EUとその加盟国との関係が一つのモデルかもしれない。また，地方自治や財政も重要な課題だ。本書では権力分立を考えるうえで重要なさまざまな制度や組織を取り上げている。そこには，権力分立の新たなバージョンの兆しがあるように思う。

さらに学ぶために

主権論については多くの著作があるが，ここでは，渡辺康行「主権の意味と構造」大石眞＝石川健治編『憲法の争点』（有斐閣，2008年）16頁以下，岡田信弘「主権論再考」ジュリスト1334号39頁以下（2007年），および松井茂記「国民主権を理解する」法学教室452号10頁以下（2018年）をあげておく。また，政治学に目を転ずると，大竹弘二＝國分功一郎『統治新論』（太田出版，2015年）があり，主権について興味深い議論を展開している。権力分立については，大林啓吾「権力分立」法学セミナー688号18頁以下（2012年）がコンパクトに議論をまとめていて参考になる。

Unit 1　主権・権力分立　　11

Column① 権力分立のバージョンアップ？

権力分立は権力間の抑制および均衡によって権力の濫用を防止し，個人の自由の保障に仕える。ここで「権力」の意味が問題になるが，立法権，行政権，そして司法権の三権と一般に解されている。ところで，台湾では「五権分立」の原則が採られている。即ち，立法権，行政権，司法権に，監察権と考試権が憲法上加わっている。監察権は監察院が担い，弾劾，検挙，そして会計検査の権限を持つ。また，考試権は考試院が担当し，公務員の試験・任用，成績評定，昇格転任等の事項を掌理する（蔡秀卿＝王泰升編著『台湾法入門』〔法律文化社，2016年〕40頁以下）。わが国の学説では，立法権，行政権，司法権に，公務員選定罷免権・憲法改正承認権（機関としての国民），財政権（国会＋内閣，会計検査院），地方自治権（地方公共団体）が加わった「六権分立」が注目される（手島孝『学としての公法』〔有斐閣，2004年〕182頁以下）。「六権分立」には驚きがあるかもしれない。これは，国家権力から個人の自由を保障するという権力分立の意義を，統治構造の問題点をクールに分析したうえで捉え直す必要のあることを示している。

Unit 2　デモクラシー

Topic　政治に関心がありますか？

（2019年2月24日の沖縄県民投票．琉球新報 2019・2・25付）

「1990年代に始まった政治改革は，最終的に2009年の政権交代を実現した。しかしながら，その間，選挙のたびごとに揺れ動く有権者の判断に対し，そもそも『民意』とは何かという素朴な疑問が広がっていく。（中略）

一人ひとりの個人の特殊意志を，社会全体の一般意志とどう結びつけるか。遠い過去の思想家（著者註，ジャン＝ジャック＝ルソー『社会契約論』）の問題提起に意外な答えを示したのが，IT社会であった。インターネット上に世界の無数の情報や人々の思いが集積される一方，Googleなどの検索システムによって，そのような情報・思いは自由に移動し，結びつけられるようになった。」

（宇野重規編『民主主義と市民社会』〔岩波書店，2016年〕255頁）

1 デモクラシーとは何か

(1) デモクラシーという言葉

わが国の政治制度は何かと問われたときに，多くの人は，民主主義と答えるのではないかと思う。今日，当たり前のように用いられる「民主主義」や「民主政治」とは，「デモクラシー」の訳語で，デモクラシーとは「民衆による支配」を指すと言われている。それ故に，デモクラシーとは，民衆が自らを支配し，統治することであると理解されている。やや難しい言い方をすれば，国民の自治という理念に基づいて，国民自らが（能動的に）国政に参加することである。なお，わが国では，デモクラシーに，政治制度や政治体制のあり方を含めて，「民主制」とか「民主政」という用語が用いられることがあるが，ここでは，これらの政治制度・政治体制の具体的なあり方を含めて，デモクラシーと表現しておく。

また，今日，デモクラシーをめぐっては，様々な議論がなされているが，本 Unit では，国民（住民）の能動的な国政参加のあり方，直接民主制と間接民主制（議会制デモクラシー）の問題を中心に，デモクラシーの意味やそれがどのように議論されてきたかについて見てゆくことにしたい。

(2) 純粋デモクラシーと権力分立

そもそも，国民の自治という理念を徹底すると，国民全体が常に自ら立法・行政・司法などの国家作用を行う純粋デモクラシーこそが望ましい。この考え方からすれば，むしろ権力分立という考え方も無用で，議会，行政部，裁判所などの国家機関も原理的には必要ない。しかし，古代ギリシャの都市国家（ポリス）の民会であればいざ知らず，この純粋デモクラシーの考え方を人口が 1000 万人を超えるような現代国家にそのまま適用することはできない。要する

に，現代国家では，国民全体に代わって国政を担当する国家機関が不可欠なのである。そこでは，恒常的な統治作用は一部の国民にゆだね，国民全体は一定の作用について一定の場合に直接に参与するというやり方がとられている。このことからもわかるように，純粋デモクラシーと権力分立とは，原理的には対立するのである。

2　デモクラシーへの懐疑

(1)　デモクラシーと自由主義

次に，デモクラシーについて自由主義との関係から考えてみよう。この両者も，必ずしも両立可能なものではなく，ときに敵対的にとらえられてきた（川出＝谷口 2013）。

たとえば，デモクラシーの観点からは，「自己統治」として「多数者の支配＝大衆による支配」が説かれた。これに対して，自由主義の側からは，デモクラシー体制においては，人の多様な生き方や「自らの欲求や気ままな自由」が尊重される国制が否定されかねないと批判されてきたわけである。

このことから，デモクラシーによれば，常により善い政治的判断を導くことができるのか，多数者が常に公共の利益を目指すといえるのか，むしろデモクラシーとは，「貧しく愚かな多数者が自分たちだけの特殊利益を実現するために国を支配する体制」（長谷部 2024・205）ではないのか，と次々に否定的評価が投げかけられることになる。ここでは，多数者の判断能力に信頼を置くことができるのか，が問われているのである。

これらの問いには，「多数者は，そのひとりひとりがすぐれた人とは言えないけれども，それでも全員が集まれば，かの少数者よりは──個人としてではなく，全体として──勝ることがあってよいからである」（アリストテレス 2001・143）との答えが用意されていた。

Unit 2　デモクラシー　15

⑵　多数者の決定は正しいのか？

しかし，真に解答が求められているのはその先で，多数者＝国家による決定が本当に正しいのか。すなわち，善き生，善き生き方について皆が普遍的なものとして国民全体で共有できるのか，この善き生き方の追求に国家が立ち入るべきか，むしろ個々人の自由な選択にゆだねられるべきではないか，との問いへの解答がデモクラシーには求められている。

この点，**自由主義**の論理からは，国家が個人の自由へ介入することへの警戒感を前提として，国家の役割は社会秩序の維持等に限定されるべきであるとの明瞭な答えが返ってくるのとは対照的である。

このように，デモクラシー（多数者＝国家による決定）への懐疑は根強い。その行き着く先は，プラトンに依拠して「多数者は，何が善いことであり，美しいことであるかについては，噴飯ものの判断しかなし得ないのであって，大衆が，美を理解したり，物自体の存在を理解したりすることはありえ」ないとか，「（デモクラシーという）政治体制の下では，人は無益な欲望に支配され，不必要な快楽を追い求めて，『学問や美しい仕事や真実の言論』の代わりに『偽りとまやかしの言論や思わく』に基づいて行動するようになり，自由と無統制とをはき違え，浪費と度量の広さ，無恥と勇敢とを混同して生きる」ことになるのではないか，と手厳しい評価が投げかけられることになる（長谷部2024・208〜210）。

3　デモクラシーと議会制

⑴　議会制の登場

以上のようなデモクラシーに対する懐疑的な議論を踏まえて，その後の近代立憲主義諸国では，いかにしてデモクラシーをそれぞれの統治の仕組みの中に取り込むか，に苦心することになる。その一

つの帰結が，議会制度である。そこでは，国民の自治の要請から，国民による国政決定の必要性が導びかれ，国政決定を行う手続原理（具体的には，討論による統治や多数決原理）が確定され，国政の基礎となる立法権の行使に広く国民が直接に参与する制度が考案された。

ところが，19世紀のヨーロッパでは，議会制は，君主制という絶対的権威への対抗・克服という課題に相対することになる。議会制は，君主制との対抗関係から，本来は水と油のはずの自由主義とデモクラシーとを結合する役割を果たすことになるのである。そこでは，君主制の権威主義は自由主義を否定するものと位置づけられた。自由主義はすべての政治的決定の終局的な権威を個人の意思に求め，個人を超える絶対的権威を許容しないと考えられたからである。議会制は，まさに絶対的権威への抵抗という一点で，自由主義とデモクラシーとを結びつけたわけである。

(2) 強い議員イメージの変化

したがって，そこでイメージされた議員とは，君主制に対抗すべく，各自の声望や財力に基づいてのみ，その地位を獲得し，絶対的権威にも怯むことなく，対抗しうる強い存在と位置づけられた。議員は，議会外の利害には拘束されず，独立して行動し，所属政党からの規律も弱いと考えられたのである。

ところが，20世紀のヨーロッパでは，社会経済状況の悪化が深刻となり，政府への失望や議会の機能不全などが議会制に対する不信に拍車をかけ，議員や議会のイメージやその役割も変化し，ナチスのような独裁体制を国民は拍手喝采して迎えることになった。

4 独裁制からの議会制批判

(1) 真の民意の代表者は？

この点，宮沢俊義は，20世紀にヨーロッパでナチスのような独裁体制が現れた理論的基礎を，デモクラシーをキーワードに次のように観察した。

「議会制の下においてはデモクラシーは主として代議制または人民投票制によって実現せられると考えられた。従って，そういう制度のみとめられていない政治体制は民主的ではないとせられた。（中略）

ところが，権威主義理論によればそれは正しくない。代議制や人民投票制によって実現せられるものは真のデモクラシーではない。真のデモクラシーはそういう機械的方法によっては実現せられえぬ。……真の民意は代表せらるべく，代理せらるべきではない。議会制における議会や政党は単なる私益の代理人ではあっても，決して真の民意の代表者ではない。これに反して，近時の諸独裁政における指導者は真の民意の代表者である。」（宮沢 1967・58）

宮沢自身はこうした独裁制を批判する側に立つわけであるが，独裁を「真のデモクラシー」と位置づける議論を紹介し，私益の代理人である政党や議会がデモクラシーの名の下にいともたやすく葬り去られたことを明瞭に描写している。ナチス政権下のドイツでは，独裁者こそが「完全な意味において民意の代表者」とされたのである。

(2) シュミットによる議会制批判

このような 1930 年代のナチスの台頭について，当時のドイツの代表的な憲法学者であるカール・シュミットは，機能不全に陥った議会制の実態を指摘し，議会制そのものを否定する議論を展開する。

シュミットによれば，当時の議会制度は，その基礎を道徳的および精神的に喪失し，「空虚な装置として，単に機構的な惰性により，自分の重みでまだ維持されているにすぎない」存在であると観察した（シュミット 2007・57）。

　その上で，ワイマール憲法下の議会制に関して具体的にさらに次の3点を指摘する。第1に，討論の消滅，第2に，公開性の消滅，第3に，議会および議員の代表としての性格の消滅である。これらによって，「議会は，もはや政治的決定の下される場ではない。本質的なもろもろの決定は議会の外で下される。この場合，議会は，国家の官庁組織における技術的な切換のための役所として機能する」（シュミット 1972・398）との議会制批判が展開された。大衆が政治に参加し，政党政治が進展することによって，かえって公開の場での議論から密室での協議や妥協が横行し，議会制の役割が低下すると説かれたのである。

5　議会制の擁護論

(1)　ケルゼンの議論

　このシュミットによる議会制批判に対して，同時代の憲法学者であるハンス・ケルゼンは，真の客観的公益の存在に対する信念が失われた現代では，多様な利害の調整こそが政治のなし得る最大限であるとして，議会制はそれを実際に遂行する上で重要であると主張する。彼の議会制論の背後には，絶対的な真理や絶対的な価値を否定する（価値）相対主義の考え方が横たわっている（ケルゼン 1936・619〜620）。

(2)　議会制の復権

　ケルゼン（あるいは宮沢）は，議会制の精神的基底には相対主義

的世界観（絶対的な政治的真理があるという考え方への批判）があると考えていたのであるが，ナチスの登場など，1930年代のヨーロッパでは，議会制を支えた相対主義的な世界観が危機に瀕し，それに代わって神秘的な絶対主義的な政治イデオロギー，独裁制を基礎づける絶対主義的なイデオロギーの登場により，議会制の凋落がもたらされたと考えられたわけである（宮沢1937・88も参照）。そして，第2次世界大戦後の世界的な議会制の復権は，このような1930年代のケルゼン流の相対主義的な議論に依拠して再構築されることになる（ケルゼン2015・129）。と同時に，議会制をより国民に近づけるための改革案として，直接民主主義的な手法である国民投票Referendumや国民発案Volksinitiativeの活用も主張されたのである（ケルゼン2015・55〜57）。

6　住民投票の法的拘束力

⑴　自治体の直接民主制

　それでは，議会制民主主義と**直接民主制**との関係は，どのように考えればよいのであろうか。国レベルの直接民主制的手法としては，レファレンダム（国民投票制）とイニシアティブ（国民発案制）が知られているが，わが国では，前者が**憲法改正国民投票**として導入されているにすぎない（→Unit 22）。

　今日ではむしろ地方自治レベルでの**住民投票**（たとえば，2015年2月15日に行われた航空自衛隊入間基地周辺の小中学校の教室にエアコンを設置するか否かを問う埼玉県所沢市の住民投票，東京都小平市の道路計画の見直しの是非が争われ2013年5月26日に実施された住民投票，さらに，2015年5月17日および2020年11月1日の大阪都構想の賛否を問う2回の住民投票やTopicに掲げた2019年2月24日の辺野古への米軍基地の移設計画についての沖縄県民投票がある）に関心が集まっている。というの

20　　I　統治の原理

も，自治体では，地方議会不信を前提に（→Unit 18・1 ⑶），政策決定の場を議会から住民へ取り戻そうとする試みとして住民投票が活用されるようになっているからである。そこで，以下では，近年のわが国の住民投票を素材に，直接民主制の問題点についても考えてみることにしよう。

⑵　近年の住民投票条例の特色

今日でも，住民投票の中で多数を占めるのは，条例に基づくものである。例えば，2019（平成31）年4月の静岡県浜松市の市内行政区の再編の是非（投票結果は非），同年12月の静岡県御前崎市での産業廃棄物施設の設置の是非（建設反対が9割），さらには，2023（令和5）年2月の高知県室戸市での市庁舎の耐震改修か新築移転かを問う住民投票などがその例である。その他，自治体運営の基本原則を定めた自治基本条例の中に住民投票規定を設ける自治体も増えている。他方で，大阪都構想に係る住民投票は，「大都市地域における特別区の設置に関する法律」に基づいて実施された。

今日の住民投票条例の特色は，投票結果に法的拘束力をもたせない諮問型を前提としながらも，一定程度，住民意思が示されたと判断できる場合には投票結果の重みを考慮するとの規定が取り入れられた点にある。前述の室戸市市庁舎整備に関する住民投票条例第24条では，「住民投票において，投票資格者総数の2分の1以上に達した場合は，市議会及び市長は，住民投票の結果を尊重しなければならない。」と規定されていた。本件の投票結果は，市長が主張した現庁舎の高台移転建替え賛成が1506票，耐震補強案が3478票で市長案が否決されたが，当日有権者数は1万883人，投票率は46.43%で，50%を下回ったが，市長は「今回の選挙の結果を真摯に受け止めたい」とコメントし，庁舎整備に関する調査に着手したと伝えられている。

これに対して，小平市の住民投票条例は，地方自治法上の直接請求に基づいて制定された。そして，この条例には，その後の条例修正によって，13条の2が付け加えられ，「住民投票は，投票した者の総数が投票資格者の総数の2分の1に満たないときは，成立しないものとする。」とかなり厳しい成立要件が定められた。2013（平成25）年5月26日の投票の結果，投票率は35.17％で，2分の1の成立要件に届かず，住民投票は不成立となり，開票されることもなかった。

(3) 住民投票の問題点

まさに，これらの事例の中に今日の住民投票（直接民主制）が抱えている問題点が明確に示されている。すなわち，投票結果の尊重という法的効力の問題であり，その前提である，開票するための要件としての投票率を定めることの是非である。

従来から住民投票には，その投票結果の法的効力という点から，拘束型（参与型あるいは直接決定型）と非拘束型（諮問型）の区別があるとされてきた。この分類によれば，わが国の住民投票は，すべて非拘束型である。

要するに，住民投票あるいは直接民主主義的な手法の根本的な問題は，地方議会との関係にある。地域的な政策選択に対して最終的な決着をつけるという点からすれば，住民投票の法的効力は拘束的なものとすべきであろう。しかし，そのように住民投票を制度化した場合には，住民代表議会を通じて審議・決定するというデモクラシーの本質が阻害される結果になる（赤坂ほか2005）。このように，今日におけるデモクラシーのジレンマは，独裁制との対抗関係にではなく，むしろ直接民主制的な手法と国会や地方議会との関係にある。

学説からは，非拘束型の住民投票であっても，住民投票の結果を

22　I　統治の原理

尊重しない場合には、「特段の合理的な理由」などの理由提示義務を手続的に上乗せすることができる（白藤 2013・45）とか、住民の意思が裁量権行使の考慮要素となる（石崎 2017・140）との考え方も示されている。しかし、これらの考え方がデモクラシーの理念との関係で必ずしも十分だとは思えない。他方で、直接民主主義の迷宮に安易に立ち入ることを回避しようとするばかりに、Column②に示したような思い切った提言に耳を傾けることが果たして賢明な選択といえるのかどうか、IT 社会の中で AI も登場するに至った今日、議会制は今後も生き残ることができるのかどうか。DX（デジタル・トランスフォーメーション）の進展の中でのデモクラシーの姿が問われている。

さらに学ぶために
　デモクラシーと立憲主義との関係については、長谷部恭男『憲法とは何か』（岩波新書、2006 年）、ハンス・ケルゼン（長尾龍一＝植田俊太郎訳）『民主主義の本質と価値　他一篇』（岩波文庫、2015 年）、川出良枝＝谷口将紀編『政治学』（東京大学出版会、2012 年）、さらに深く学ぶには、毛利透『民主政の規範理論』（勁草書房、2002 年）、小平市の住民投票については、国分功一郎『来るべき民主主義』（幻冬舎新書、2013 年）がある。

Column②　震災復興の方策を決定するのは誰か？

　「被災地の有権者を市町村の規模に限って 45 歳で分けたらいいと思う。45 歳以上はこれまで通り 1 人 1 票。45 歳未満は 1 人 2 票にする。」
　──どういうことですか。
　「政府は昨年から復興特別所得税を始めました。所得税額に 2.1％を 25 年間課すというものです。復興は国全体で支えるという意思表示であると同時に、復興の完了には 25 年かかると見ているというこ

Unit 2　デモクラシー　　23

とでしょう。」

「今 30 代の東北の人たちは，人生の一番良い時期を復興に費やして，その結果を見極めるところで現役の人生が終わる。……だから，これから復興に直接携わる世代に，どのようなやり方で復興するかを決める権利を 2 倍与えようということです。」

「……県の中でも市町村によってこれからどうするかが違う。ある町では高い防潮堤がほしいといい，別のところではいらないという。どうやって決めるか。この時にこそ，これから生きていく世代の 2 票が生きてくる。あと 5 年かそこらでこの世からいなくなる人たちの意見より，もっと長く生きていくことが確実な人たちの意見を 2 倍生かせるようにしましょう，というわけ。町長は 1 票，その部下は 2 票なんてこともありうると思う。」

（話者は塩野七生，朝日新聞 2014・3・13）

Unit 3　法の支配と法治国家

Topic　国家はハイジャック機を撃墜できるか？

（写真：Michael Foran ［CC BY 2.0（https://creativecommons.org/licenses/by/2.0)］)

　2001年9月11日のアメリカ同時多発テロ以来，ハイジャック機が高層ビルや政府施設等に突入する事態にどう対応すべきか問題となっている。ドイツでは，2003年，乗っ取られた小型機がフランクフルト市街地に向かったため，連邦軍機が緊急発進するという事件が起きた（小型機はその後フランクフルト空港に着陸させられた)。この小型機乗っ取り事件のすぐ後に，ドイツ連邦議会（国会）は連邦軍機によるハイジャック機撃墜を認める航空安全法を制定した。しかし，ドイツ連邦憲法裁判所は，2006年，同法はドイツ基本法（憲法）に反し無効であるという判決を下した。

　ハイジャック機を撃墜すれば，そのターゲットになった地上の人間の生命は救えるかもしれない。他方で，撃墜されるハイジャック機の中にいる犯人や乗員・乗客はおそらく助からない。この法律は，犯人・乗員・乗客より，地上の人間の生命を優先させようとしている。しかし，人間の生命に優劣をつけてよいのであろうか。「法の支配」ないし「法治主義」を守ろうとする国家は，一体何ができて何ができないのか。

1 法の支配と法治国家（主義）

⑴ 「法の支配」とは何か

17世紀のイングランドに，「神が絶対権力を与えてくれた」といってやりたい放題のジェームズ1世という国王がいた。この国王に対して勇気をもって次のように忠告したのがエドワード・コーク（クック）という貴族である。「たしかに陛下より偉い国民はおりません。しかし，陛下であっても神と法の下で国家・国民を統治すべきです」。それ以来，英米では，権力者が自分勝手な統治を行うことを人の支配という。これに対して，「法」が権力者の統治活動を縛ることによって，貴族の権利，さらに一般国民の人権が守られるようにすることを法の支配というようになった。ここでいう「法」とは，すべての国民の人権を尊重しようとする「善き法」を指す。したがって，近現代には「法」は誰かが独りよがりで作るべきではなく，民主的な手続きを経て制定されるべきであるとか，「法」に権力者が従っているか，中立公正な（司法）裁判所が監視する仕組みを用意する必要がある，ともいわれるようになった。

⑵ 法治国家（法治主義）

類似の概念に法治国家（法治主義ともいう）がある。英米の法の支配と異なり，ドイツを起源とする。現在の法治国家（主義）は法の支配とほぼ同じ意味で用いられるようになっているが，第2次世界大戦前まではかなり違う意味で用いられていた。戦前の「法治国家（主義）」（形式的法治国家〔主義〕）でいう「法」とは中身を問わないもので，とにかく国民が選挙した議会が作った法律に基づき，権力が行われればよいとする。しかし，上等な器であっても，そこに不出来な料理が盛られることがあるように，議会が作った法律といっても，その内容次第で権力は恣意的に行使され国民は不幸になる。

26　I　統治の原理

実際，ナチスが支配した時代のドイツは，反対勢力の弾圧やユダヤ人の迫害をすべて法律に基づき行った。

　その反省の下に，法治国家（主義）は変更を迫られた（**実質的法治国家**〔**主義**〕）。すなわち，民主的に選出された議会が法律を作るのは当然のことで，法律をはじめとする国家のルール（法令）はすべて，国民の人権を可能なかぎり尊重し，場合によっては，積極的に保護するような内容を有していなければならないと考える。さらに，法令による人権侵害を，議会や政府から独立した（憲法）裁判所（→**Unit 15**）が監視する仕組みも採用されることになった。法律による行政だけではなく，憲法による統治が目指されるようになったわけである。

(3)　日本国憲法との関係

　大日本帝国憲法（明治憲法）は，昔の形式的法治国家（主義）の影響を強く受けていた。しかし，戦後成立した日本国憲法は，法の支配（≒実質的法治国家〔主義〕）の影響下にあるといわれる。このことは，①憲法の最高法規性の宣言（98条1項），②不可侵の人権保障（11条），③適正手続の保障（31条），④司法権の拡大強化（76条，81条）という諸規定に表れているといわれる（芦部1992）。

2　ドイツ航空安全法事件

(1)　ドイツ2005年航空安全法

　Topicで紹介した2005年航空安全法をめぐる事件に立ち返ろう。ハイジャック機撃墜を認めた同法を，ドイツの裁判所はどのような論理で違憲・無効としたのであろうか。

　違憲とされた同法14条3項をみてみよう。

Unit 3　法の支配と法治国家　　27

武力の直接的な行使は，航空機が人命に対する攻撃に用いられ，かつ，武力の直接的な行使がそれを防ぐ唯一の手段であるとの状況判断がなされた場合にのみ認められる。

　少々難しいと感じるかもしれない。この規定の意味を順番に説明しよう。航空安全法は，航空安全を害するハイジャック等の事件を防ぐことを目的とし，航空安全に関わる役所および事業者の権限ならびに禁止事項をそれぞれ定めている法律である。同法14条は，ハイジャックが現実に起こってしまった場合の連邦軍の権限を定めた条文である。まず，連邦軍は，ハイジャック機を無事着陸させるよう導くために，警告を与えたり武器を使用したりすることが許される（同条1項）。犯人がこれ以上罪を犯さず，乗員・乗客が何ごともなく地上に戻れるように，「おどし」をかけてもよいということである。ただし，この「おどし」は，たとえば警察官が「おどし」のためにピストルを空中に向けて発射するのと同じで，決して誰かを傷つけようとするものではない。

　続けて同法14条2項は，連邦軍の行動に行き過ぎがないようにクギを刺している。連邦軍は人間が受ける危害ができるだけ小さくなるように行動し，その行動がもたらす利益は不利益を上回らなければならない。これを**比例原則**という。先にあげた同条3項は，地上の人間を救出する方法が他にない場合に限り，連邦軍はハイジャック機に対して「直接的」に武器を用いてよいと定めた。しかし，ドイツ基本法（憲法）は，**人間の尊厳**（1条1項）や**生命権**（2条2項）を侵してはならないと定めている。地上の人間を救うためだからといって，ハイジャック犯・乗員・乗客の人間の尊厳・生命権を奪ってよいのかと考え，2005年の航空安全法の成立に最後まで反対した連邦議会（国会）議員がいた。彼らは，**連邦憲法裁判所**に同法の違憲を申し立てたというわけである（他の論点の紹介・検討は割

愛する）。

(2) 連邦政府の合憲論

この裁判で連邦政府（航空安全法を実際に運用する立場にある）は，次のような理由から航空安全法14条3項を合憲だと主張した。①国家は，ハイジャック機の標的となっている地上の人間の人権を守る義務がある。②何人も，緊急時には他の国民のために自分の生命を投げ打つ義務がある。③航空機の乗員・乗客は，ハイジャック等の非常事態が起きた場合には，自分が搭乗する航空機が撃墜されたり，その結果自分の生命が失われたりすることを十分承知の上で航空機に搭乗している。④ハイジャック機は，地上の人間を殺傷する「凶器」と化したので撃墜を免れない。ハイジャック機の乗員・乗客もまた，「凶器」の一部となってしまった以上，その生命が失われてもやむを得ない。

3 航空安全法違憲判決 (BVerfGE 115, 118)

(1) 乗員・乗客の人間の尊厳・生命権

連邦憲法裁判所は，2(2)で見た連邦政府の主張①を正しいと認めた。しかし，人間の尊厳・生命権は，地上の人間だけではなく，ハイジャック機の乗員・乗客もまた，同じように尊重されねばならないという。地上の人間の尊厳・生命権を守るためという理由で乗員・乗客の生命を奪うことは，乗員・乗客を，地上の人間の命を救うための道具とみなすことである。それは，乗員・乗客を，人間ではなくモノと扱うこと，つまり，乗員・乗客の人間の尊厳・生命権を，否定することと同じである。

国家は，乗員・乗客の人間の尊厳・生命権も尊重する義務を負っている。にもかかわらず，上記連邦政府の主張②③④は，どれも乗

員・乗客を「尊厳」を失ったモノとみていることを示している。これは正しくないと判断したわけである。人をモノ扱いする（自律的な主体ではなく客体とみなす）ことは，人間の尊厳を侵し許されないとする考え方を，ドイツでは**客体定式**（ピエロート＝シュリンク2003・118）と呼んでいる。要するに本判決は，乗員・乗客ごとハイジャック機を撃墜すれば，「客体定式」に反することになると解したわけである。

(2) ハイジャック犯の人間の尊厳・生命権

では，現に重罪を遂行中のハイジャック犯の人間の尊厳・生命権はどうなるのか。連邦憲法裁判所は次のように述べた。ハイジャック犯は，自分の人権が侵害されかねない危険な状態を自ら進んで作り出している。そのようなハイジャック犯の人権を尊重するくらいならば，その標的になっている地上にいる者の人間の尊厳・生命権を，国家は保護するべきである。乗員・乗客が搭乗するハイジャック機を撃墜してはならない。しかし，ハイジャック犯が単独で搭乗・操縦するハイジャック機であれば，これを撃墜してもハイジャック犯の人権を侵害したことにはならない。

(3) 本判決が突きつける難問

連邦憲法裁判所は，人間の尊厳について絶対に侵してはならないと本判決まで何度も繰り返してきた。しかし，本判決は，個々の人間がおかれた状況によっては，その人間の尊厳を尊重・保護すべき程度は変わってくる，と解しているように見える。本判決が問題にしたのは，地上の人間の尊厳とハイジャック機の乗員・乗客の人間の尊厳とのバランスである。本判決によれば，地上の人間を守るために乗員・乗客の生命を奪うことは許されない。地上の人間とハイジャック機の乗員・乗客の「人間の尊厳」に優劣はつけられない以

上，ハイジャック機を撃墜し，乗員・乗客の「人間の尊厳」を一方的に否定するわけにはいかないというわけである。

しかし，地上との交信を絶ち，地上に導こうとする連邦軍機も無視し飛び続けるハイジャック機，地上にいる者の人間の尊厳を奪うかもしれないハイジャック機を，国家は黙って見ていろというのかと問われたらどうであろうか。

ハイジャック犯のみが搭乗する航空機を撃墜してもよいのは，そのような目にあう危険を，ハイジャック犯ははじめから承知の上で犯行に及んでいるからだ，と本判決はいう。たしかに，ハイジャックを想定して航空機に乗る乗員・乗客はそうはいないだろう。

しかし，たとえば機器の故障などのアクシデントによる墜落の危険がゼロではないことくらいはわかって搭乗しているかもしれない。原因がハイジャックであろうが単純な機器の故障であろうが，たまたま搭乗した航空機が運悪く墜落してしまったという意味では，それほど違わないのではないかと問われたらどうであろうか（上記連邦政府の主張③をみよ）（本判決について，詳しくは玉蟲 2013, 嶋崎 2015）。

4 日本との比較

(1) 誰がハイジャック機を撃墜できるのか？

ドイツでは法律が連邦軍にハイジャック機撃墜の任務を与えた。日本で同じことが起きたとしたら，誰が撃ち落とすのか。自衛隊だろうか。しかし，国会で議論はされたものの，現行法には自衛隊機がハイジャック機を撃墜してもよいと明確に規定した条文はない。人命に直接かかわる任務の性質上，これを明確に許容する国民代表の意思を示す授権規定が国会制定法に置かれている必要がある（憲法41条）。自衛隊機によるハイジャック機撃墜は，法令上禁止されていると解するべきであろう（自衛隊法82条の3第1項参照）。

Unit 3 法の支配と法治国家   31

さらにドイツと違って，日本には微妙な問題がある。**ドイツ基本法**は，連邦軍の設置とその活動を正面から認めている（ドイツ基本法 87a 条）。これに対して**日本国憲法**は，「陸海空軍その他の戦力」の保持を禁止している（憲法 9 条 2 項）。自衛隊は違憲だという声も，いまだに絶えない（→Unit 11・3⑵①）。そのような自衛隊の任務をどこまで法律で拡大できるか，しかも，ハイジャック機撃墜というかなり過激な任務を自衛隊に与えてよいかは，ドイツ以上に激しい議論を呼ぶことになろう。

⑵ 個人（人間）の尊重（尊厳）

日本国憲法も「生命……に対する国民の権利」を認める（憲法 13 条後段）が，ドイツ基本法と異なり，**人間の尊厳**という文言をそのまま用いていない。しかし，国民を「個人」として「尊重」すべしと規定し（憲法 13 条前段），「**個人の尊厳**」という文言を使用している（憲法 24 条 2 項）。人間（個人）の尊厳のために，法治国家（主義）・法の支配を掲げる日本もまた，ドイツと同じように，人々が受ける危害ができるだけ少なくなるように，そして，みんなができるだけ多くの利益をうけられるように活動すべきだとはいえるかもしれない（前記 2 ⑴で紹介した「比例原則」の採用）。

世界には，国民の人権を十分に尊重・保護しようとしない国家がまだある。「合法的」な規制だといって，国民の人権を踏みにじっている国家もある。ドイツや日本はそのような国家ではなく，国民の人権を尊重・保護するよう常に努めているという意味で，法の支配・法治国家（法治主義）を受け入れている国家だといえる。ドイツの人間の尊厳，日本の個人の尊重（尊厳）は，法の支配・法治国家（主義）のもっとも基本的な価値である。

32　Ⅰ　統治の原理

（3） 法の支配・法治国家（主義）が問いかけるもの

とはいうものの，これまで見てきた法の支配・法治国家（主義）から，ハイジャック機撃墜が善いか悪いかの答えはすぐには出てこない。地上の人間を救出するためにハイジャック機を撃墜すべきか，地上の人間に被害が及ぶことを承知でハイジャック機撃墜を断念すべきか。どちらの言い分が正しいか，「みんなの人権を大事にしましょう」というだけではなかなか判断はつかない。法の支配・法治国家（主義）は，日本やドイツをはじめとする多くの国家にとって「常識」になりつつある。しかし，法の支配・法治国家（主義）は，様々な状況におかれた多種多様な人々の人権を，どうすればバランスよく尊重・保護していけるか，常に考え続けていくよう私たちに求めている。

　さらに学ぶために
　憲法学界を長くリードしてきた学者が従来の法の支配・法治国家（主義）を学生向けにやさしく説明しているものとして，芦部信喜（高橋和之補訂）『憲法〔第 8 版〕』（岩波書店，2023 年）13 頁以下がある。もう少し詳しく日本の法の支配・法治国家（主義）の議論を検討している中林暁生「法の支配」南野森編『憲法学の世界』（日本評論社，2013 年）15 頁以下や，さらに踏み込んで法の支配・法治国家（主義）に関する学説を詳細に整理・分析する渡辺康行「『法の支配』の立憲主義的保障は『裁判官の支配』を超えうるか」同『憲法裁判の法理』（岩波書店，2022 年）100 頁以下を読んでみたらどうであろうか。

Column③　法の支配・法治国家（主義）再考

　法の支配・法治国家（主義）は，「善き法に基づく統治」「人権を尊重する統治」といった意味の概念として，欧米をはじめとする立憲民

Unit 3　法の支配と法治国家　　33

主主義国家では広く受け入れられている。その結果，従来，法の支配の下で，個人の権利自由の保障を重視してきた付随型司法審査制度（英・米）と，法治国家（主義）の下で，法秩序の維持を重視してきた独立型憲法裁判制度（ヨーロッパ大陸）とが接近傾向を見せている（→Unit 15・1(3)）。従来，法治国家（主義）のやや強い影響下にあった日本においてもまた，1999 年に始まった「司法制度改革」（→ Unit 16・1）のメイン・スローガンとして，法の支配が改めて見直されたことがある。

　ところが，このように法の支配・法治国家（主義）が当たり前のものになってきているにもかかわらず，従来の理解の再考を促す学説が現れているのが面白い（愛敬 2005）。たとえば，イギリス生まれの法の支配とドイツ生まれの法治国家（主義）とは，国家・法秩序の成り立ちのイメージが正反対なのだから，裁判制度の理解を含めて安易に同一視してはいけないのではないか（土井 1998）とか，これまでの理解だと人権尊重というおおざっぱな意味しか持たないことになるので，法の支配とは，法の中身が善いか悪いかではなく，善法であれ悪法であれ，法が実際に機能するための条件を示すものと考えたらどうか（長谷部 2018）という主張がなされている。かなり難しい話になってくるが，今後の勉強の参考にしてほしい。

II 統治のシステム

1 議会

Unit 4　選挙制度

Topic　オーストラリア式選挙

(写真：Frank Violi/Newspix)

Q：投票は義務ですか？
A：はい。連邦選挙法のもとで、選挙資格を持つすべてのオーストラリア国民は選挙人登録をし、連邦選挙、補欠選挙、および国民投票で投票する義務があります。

Q：投票しなかった旨の通知を受け取りましたがそれはなぜですか？
A：選挙委員会の記録上、あなたが直近の連邦選挙、補欠選挙、または国民投票で投票していなかった場合、委員会からの通知を受け取ることになります。もしも投票していたなら、期限までにその旨を委員会に知らせ、詳細を申告しなければなりません。投票しなかった場合は、その正当かつ十分な理由を示すか、20ドルの罰金を支払う必要があります。

(Q&A：オーストラリア選挙委員会webサイトより)

1 「テーブルクロス」的投票用紙

Topic の写真で男性が掲げているタオルよりも長そうな用紙は，2004 年オーストラリア連邦議会選挙の上院用の投票用紙だ。この用紙はその大きさゆえに「テーブルクロス」と呼ばれたりもする。同国の上院では，1 選挙区の立候補者が 100 人を超えることもあり，全候補者名が掲載される投票用紙は当然大型化する。このような投票用紙が採用されているのは，その気があれば投票時に選挙区内の全候補者に順位付けできるからである。投票者の意思を順位で示す「1 票」が，後述のように開票作業の中で，定数が埋まるまで上位から下位に移されてゆく制度では，議席確定までに大変な労力を要するはずだ。しかも同国では選挙人登録と投票は義務であり，登録を怠ったり理由なく棄権したりすると罰金まで科される。

このように選挙制度は，国によって，また時代によって様々である。しかしその一方で，近代憲法に共通するものとしての選挙の原則も，歴史のなかで培われてきた。個々の選挙制度は，こうした普遍的原則と各国の実定憲法に枠づけられつつ，それぞれの政治文化の下で行われた制度の選択が集積されたものと理解できるのである。

2 選挙の原則

議会制民主主義における選挙は，代表の選出を通じて国民がその意思を表明する最も重要な機会である。民主主義の名にふさわしい選挙といえるために制度が踏まえるべき原則，すなわち「現代選挙法の公理」としては，次の 5 つが挙げられる。

①普通選挙　　誰を有権者とするかにおいて平等な取扱いを求める原則である。性別，財産，教育などを資格要件とする制限選挙は許されず，現代の民主主義国では年齢および国籍を要件とするにとど

38　Ⅱ　統治のシステム　1　議会

まる（憲法 15 条 3 項・44 条参照）。日本における選挙権年齢は，戦後初めての衆議院議員選挙以来 20 歳とされてきたが，2015（平成 27）年の公職選挙法改正で 18 歳に引き下げられた（施行は翌年）。

②**平等選挙**　各有権者が選挙に及ぼす効果の平等を求める原則である（憲法 14 条参照）。一部の有権者に複数票を与える複数選挙や，教育程度等で分けられた有権者の等級ごとに，それぞれの構成人数とは釣り合わない数の議員を選出する等級選挙は認められない。この点に関する日本での最大の問題は，後述の通り議員定数と有権者数の不均衡である。

③**秘密選挙**　誰に投票したかが第三者に知られないことの保障を求める原則である。様々な圧力を排して選挙人の自由意思に基づく投票を確保しようとするものであり，公務員の選挙を公開投票や記名投票にすることは許されない（憲法 15 条 4 項参照）。

④**自由選挙**　広くは「選挙の全過程にわたっての自由」（野中 1994・101）を要求する原則であるが，内容は論者により異なる。とはいえ，少なくとも投票行動の自由はこの原則から要請され，秘密選挙ともここで結びつく。この自由が棄権の自由にまで及ぶと考えれば**任意投票制**が当然に導かれるが（憲法 15 条 4 項後段参照），投票に公務的な側面があることを考えると，オーストラリアやイタリアのような**強制投票制**も違憲とまではいいきれないだろう。有権者の投票先の決定を左右する選挙運動の自由をここに含める見解もある。

⑤**直接選挙**　有権者による公務員の直接選出を求める原則である。これに対し間接選挙では，有権者は公務員の選出に当たる中間選挙人しか選べず，歴史的にはしばしば制限選挙とセットで導入された。すなわち，間接選挙という発想の根底には，有権者の政治的判断能力への不信があり，民主政における**自己統治**原理（→ Unit 2・2 (1)）とは相容れない面をもつ。一院制議会，そして二院制ならば少なくとも下院は，直接公選によることが求められるだろう。憲法は 93

条2項で地方選挙について直接選挙を規定するのみだが，43条1項を根拠に国政レベルでも直接選挙の原則が導けるとする見解もある。ちなみに公職選挙法上の選挙は，すべて直接選挙である。

3 選挙制度の構成要素

(1) 制度の違いを作り出す「パーツ」

以上の諸原則を共通のものとしながらも，現代民主政における実際の選挙制度は様々である。民主主義のとらえ方も一つではなく，理念として，少数派もできるだけ正確に代表されるべきと考えるか，それとも多数派を全体の「声」とみなそうとするかによっても制度に違いが生じる（→Unit 9・3(1)）。こうした違いを形づくる選挙制度のパーツ，つまり構成要素を，次に見てゆきたい。

①選挙区定数

選挙区当たりの定数を1とする小選挙区制と，複数議員を選出する大選挙区制とに大別される。

②投票方式

大きく候補者方式と政党方式に分かれる。

候補者方式には，候補者1名のみを選ぶ単記制，定数と同数の候補を選べる（完全）連記制，定数より少ない複数候補を選ぶ制限連記制がある。

主に比例代表制で用いられる政党方式には，順位付きの名簿に①政党名で投票（〔厳正〕拘束名簿式），ⅱ候補者名でも投票可（単純拘束名簿式），ⅲ順位なしの名簿に政党名か候補者名で投票（非拘束名簿式），などがある。各政党の名簿あるいは名簿外から候補者を自由に組み合わせて選ぶのは候補者方式の一つだ（自由名簿式）。

これらの方式以外に，オーストラリア上・下院のように候補者に順位をつける選好投票方式もある。

40 Ⅱ 統治のシステム 1 議会

③当選者の決定方法

　得票の多い順に定数が充足されるまで議席を付与する**多数代表制**と，政党を単位として得票率に比例した議席を配分する**比例代表制**がある。両者については，次で詳しく見ておこう。

(2) 多数代表制と比例代表制

多数代表制

　多数代表制では，多数派のみで代表が構成される。選挙区定数が小さいほど得票数と獲得議席数の開きが大きくなり，多くの死票が出る。そのため民意を正確には反映できないが，議会内に安定多数を構成しやすくなる。当選を得票の順位で決定する**相対多数制**が一般的だが，低い得票率で当選してしまうことを嫌って，過半数の得票を要請する**絶対多数制**を採る国もある。絶対多数制には，過半数獲得者が出なかったときに上位者で決選投票を行う**二回投票制**（例：フランス下院）や，二回投票を一度で済ませるのにも似た，**選択投票制**（例：オーストラリア下院）がある。選択投票制では，有権者が選好投票により全候補者を順位付けする。次に各投票用紙で1位とされた候補者を集計して過半数獲得者が出なければ最少得票者を落選とし，落選者に投じられた票をその投票用紙で2位とされていた候補者に配分して再集計する。この作業は過半数獲得者が出るまで繰り返される。以上は死票を減らす制度的工夫ともいえる。

比例代表制

　比例代表制では，多数派以外でも議席の獲得が可能であり民意をより正確に反映できる。その一方で，小党乱立を招き政治的不安定につながりやすい面もある。こうした状況が生じないよう，得票率や当選選挙区数によって政党の議会進出に条件を付すことがある（阻止条項）。政局の混乱によりナチスの台頭を許した経験から，ドイツ下院では政党への投票での得票率5%または3小選挙区での当選が，議席を得る条件とされている。

Unit 4　選挙制度　　41

主要国（下院）の選挙制度

国名	総定数	選挙制度の類型	任期	決定方法	投票方式
アメリカ	435	小選挙区制（二回投票制や選択投票制をとる州あり）	2年	相対多数（州により例外あり）	候補者
イギリス	650	小選挙区制	5年	相対多数	候補者
ドイツ	598（299小選挙区＋州を単位とする比例区）*	小選挙区比例代表併用制（拘束名簿式）	4年	各政党へはサン・ラグ／シェーパース式**で配分，その範囲で相対多数	候補者および政党に各1票
フランス	577	小選挙区二回投票制	5年	第1回投票は絶対多数，第2回投票は相対多数	候補者
日本（衆議院：1994年まで）	511（1993年総選挙時）	大選挙区（いわゆる「中選挙区制」）	4年	相対多数	候補者
日本（衆議院：1994年以降）	465（289小選挙区＋比例代表11ブロック）	小選挙区比例代表並立制（拘束名簿式）	4年	相対多数＋ドント式	候補者および政党に各1票
日本（参議院）	248（2合区を除き都道府県を単位とする選挙区148＋全国1区の比例代表100）	小選挙区＋大選挙区＋比例代表（非拘束名簿式＋特定枠）	6年（3年ごとに半数改選）	相対多数＋ドント式	候補者および政党（もしくは名簿に登載された候補者）に各1票

*　超過議席や調整議席により定数を超えることがある。

**「各政党の得票数÷配分基数」を各政党の議席数とする方式（端数0.5以上は切上げ，0.5未満は切下げ）。配分基数は「投票総数÷議員定数」を基に配分後の合計議席数が議員定数と一致する数に調整する。

（三輪 2006 に基づき筆者作成）

比例代表制で名簿が使用される場合，拘束名簿式では名簿の上位者から順に当選してゆき，単純拘束名簿式および非拘束名簿式では，名簿内の順位が候補者個人の得票によって変動する。名簿式のほか，当選確定者の得票のうち当選に必要な票数（当選基数）を超える票を，投票者が選好投票で示した支持の大小に応じて，残りの候補者に順次配分してゆく**単記移譲式**がある（例：オーストラリア上院）。

比例代表における得票の議席への換算には様々な方法があるが，日本では両院ともドント式を採っている（→詳細は Unit 7・3(1)）。

以上の要素の組み合わせパターンは膨大な数になる。では日本の選挙制度は，どのような選択をしてきたのだろうか。

4　日本の選挙制度とその課題

(1)　衆議院

中選挙区制の「伝統」

明治憲法の下，帝国議会では衆議院のみが公選とされ（35条），衆議院議員選挙法（1889〔明治22〕年）で市町村を選挙区とする小選挙区制を原則とした（例外的な2人区では連記式）。その後，単記非移譲式で府県単位の大選挙区制を原則とする時期，そして再び小選挙区制に戻った時期を経て，1925（大正14）年の男子普通選挙制の成立とともに，府県を細分して選挙区の定数をほぼ一貫して3から5とする，いわゆる**中選挙区制**が導入される。その後，日本国憲法の制定によって戦後の選挙制度の大枠が規定されたが（43〜47条），単記非移譲式の中選挙区制はその影響を受けず，GHQ の指示で府県単位の大選挙区を用いた戦後第1回の総選挙を除き，1994（平成6）年の選挙制度改革まで続いたのである。

中選挙区制では最低当選ラインがそれなりに低くなるので，少数派にも議席獲得のチャンスがあった。とはいえ当選を確実にするに

Unit 4　選挙制度　43

は候補者を絞らざるを得ないため，多数派を奪い取る可能性は極めて乏しく（「万年野党」），政権交代は実現しなかった。一方で，同一選挙区に複数候補を擁立できた与党自民党では，「政治とカネ」問題の舞台となる派閥の形成が促進されただけでなく，選挙区での党内競争を勝ち抜くために個人の資質や持論が強調されがちであった結果，党が統一的な政策形成を行う意義も薄くなり，政策本位の選挙になりにくかった。1990年代に進んだ政治改革においては，これらの問題に対応するとともに政権交代を可能にするための選挙制度改革が実施され，小選挙区比例代表並立制が導入されたのである。

小選挙区比例代表並立制 この制度では，小選挙区と比例代表（拘束名簿式）の選挙が別個に行われ，両方の獲得議席の合計が各党の議席となる。両者への重複立候補も可能であり，比例名簿に登載された小選挙区の落選者は惜敗率（＝当該候補者の得票数÷同区当選者の得票数）の高い順に復活当選する。

2009（平成21）年の民主党連立政権誕生，2012（平成24）年の自公連立政権復活という2度の政権交代は，得票率のわずかな変化が議席獲得率に増幅されて現れる，小選挙区制の特徴によるところが大きい。もっとも，改革後初の1996（平成8）年総選挙以降，緩やかに強まっていた二大政党への収斂傾向は，2012（平成24）年総選挙前の民主党の分裂以降，自民党以外の政党が多党化する制度改革時と同様の状態に後戻りしている（川人2013，増山2016）。

(2) 参議院

参議院は1947（昭和22）年の第1回通常選挙以降，各都道府県を選挙区とする地方区（1982〔昭和57〕年に選挙区と改称）と全国を1選挙区とする全国区とに議席を分け，双方で単記非移譲式の選挙を行ってきた。選挙区では，憲法46条が求める3年ごとの半数改選のゆえに，改選数1となる小選挙区と大選挙区の混在状況が続く。

一方，全国区は，「理の府」をめざす参議院に著名な有識者を送り出す制度のはずであったが，現実にはタレント候補や利益代表的候補が擁立され，選挙費用も多額にのぼるとして批判された。これを受けて 1982 年，全国区は拘束名簿式の比例代表制となった（2000〔平成 12〕年に非拘束名簿式に変更）（→Unit 7・3⑵）。

⑶　選挙制度の課題——議員定数の不均衡と是正の見通し

問題の所在

議員定数不均衡とは，形式上は 1 人 1 票であるにもかかわらず（公職選挙法 36 条），当選者を議会に送り出す上での 1 票の重みが，選挙区ごとに異なっている状態をいう。学説の多数は，1 人が実質的に複数票をもつ状態にならないよう，2 対 1 を超える選挙区間の較差を違憲と考えているが，1 票の重みは可能な限り 1 対 1 に近づけるべきであり，生じた較差に十分な正当化理由がなければ違憲とする見解も有力である（長谷部 2022）。

衆議院の定数不均衡

1972（昭和 47）年の衆議院議員総選挙では，選挙区間の 1 票の重みの較差が最大で 4.99 倍に達した。つまり，ある選挙区での 1 票が，別の選挙区ではほぼ 5 票（＝5 人）分の効果をもったことになる。

最高裁判所はこの較差につき，投票価値の平等を憲法の要求だとしたうえで，「選挙権の平等に反する程度」に至っているとした。そして，憲法の要求する合理的期間（→Column④）内にこの状態が是正されなかったため，当該較差を違憲としたのである（最大判昭和 51・4・14 民集 30 巻 3 号 223 頁）。最高裁は，「5 倍はひどいから違憲」といった単純な理屈ではなく，①定数不均衡による較差が平等に反し，かつ②それを是正するための合理的期間が過ぎていて初めて違憲，という二段構えで判断しているのだ。

小選挙区比例代表並立制移行後も定数不均衡が最高裁で争われたが，①のレベルでの合憲判断が続いていた。しかし，国会による是

Unit 4　選挙制度　　45

正の動きの鈍さに，2009（平成 21）年総選挙に関する最高裁判決は，あらかじめ都道府県に 1 議席ずつ配分する 1 人別枠方式は新選挙制度への移行時に採用された方策であるから，新制度が定着し安定運用されるようになった段階で合理性が失われており，これに基づく最大較差 2.304 倍の区割は「憲法の投票価値の平等の要求に反する状態」とした。もっとも②のレベルで，憲法上要求される合理的期間内に不均衡が是正されなかったとはいえないとされ，結論は合憲とされた（最大判平成 23・3・23 民集 65 巻 2 号 755 頁）。その後は，最高裁判決と国会による法改正の往還が見られ，最高裁が 2011 年・2013 年・2015 年の 3 度にわたり①のレベルでの違憲状態という判断を示したのに対し，較差が 2 倍以上にならないことを求める衆議院区画審設置法の趣旨に沿った取組みとして，定数削減，区割における区域・定数の改定が実施されていった。そして 2016 年の法改正で，小選挙区の都道府県別定数を，10 年ごとの国勢調査に基づきいわゆるアダムズ方式で配分するものとされたのである。これは，各都道府県の人口を小選挙区基準除数（＝その数で各都道府県の人口を割って得た数を足し上げれば小選挙区の総定数になる数）で割って得た数（端数切上げ）を，各都道府県内の小選挙区数とするものである。最大較差 1.979 倍となった 2017（平成 29）年総選挙に関する最大判平成 30・12・19 民集 72 巻 6 号 1240 頁は，それまでの立法措置と較差の縮小を受けて①のレベルで合憲とした。

参議院の定数不均衡　一方，参議院の選挙区は，半数改選への要請や，都道府県代表的な意義を有することから，衆議院より大きな較差が許容されてきた（5.26 倍の最大較差を合憲とした最大判昭和 58・4・27 民集 37 巻 3 号 345 頁を参照）。最高裁は 1992（平成 4）年通常選挙で地方区の最大較差が 6.59 倍となって初めて，「違憲の問題が生ずる程度の著しい不平等状態」とした（最大判平成 8・9・11 民集 50 巻 8 号 2283 頁）。しかし，その後最高裁は投

票価値の平等を強く求める姿勢を示すようになり，2010（平成22）年通常選挙の較差 5.00 倍，そして 2013（平成25）年の 4.77 倍について，そのような不平等状態に「至っていた」と判断し，より具体的に都道府県を単位とする選挙区定数の見直しを国会へ重ねて要請するに至った（最大判平成 24・10・17 民集 66 巻 10 号 3357 頁，最大判平成 26・11・26 民集 68 巻 9 号 1363 頁）。これを受けた 2015（平成27）年の公職選挙法改正は，人口の少ない隣接 2 県を 1 選挙区とする合区を初めて導入し，これを 2 区設けた上で定数を調整（10 増 10 減）した。その結果最大較差が 3.08 倍となった 2016（平成28）年通常選挙，2018（平成30）年の公職選挙法改正で選挙区が 2 増され，最大較差が 3.00 倍となった 2019（令和元）年通常選挙のいずれも，上記のような不平等状態とはいえないとされた（最大判平成 29・9・27 民集 71 巻 7 号 1139 頁，最大判令和 2・11・18 民集 74 巻 8 号 2111 頁）。

是正への展望　　1 票の較差是正は立法府で行うべきというのが裁判所の基本的スタンスだ。衆議院小選挙区ではアダムズ方式による新区割での選挙に対する最高裁の判断が待たれるが，端数を切り上げるこの方式では 2 倍程度の較差が恒常化する可能性も指摘され，是正の徹底度としては課題が残る。

　参議院では，合区での投票率が低下し，地方政治家からは合区解消が強く主張されている。また，2018 年の公職選挙法改正で，較差に関係ない比例代表を 4 増したうえで，拘束名簿式のように順位をつけた候補者を優先して当選させる「特定枠」をあわせて導入したために，制度選択の理念がわからなくなった。非拘束名簿式による候補は名簿に 1 人いればよいため，実質的に名簿登載者全員に順位をつけられるからである。

　折衷に折衷を重ねた感のある日本の選挙制度は，その理念においていよいよ混迷を深めている。選挙制度改革から 30 年で得られた経験を冷静に検証し，他国の例にも学んで，憲法の枠組みの中で選

挙によってどのような議会そして統治制度を目指すのか，真摯に検討することが喫緊の課題である。

さらに学ぶために

まず，加藤秀治郎『日本の選挙』（中公新書，2003年）で選挙制度の論点をつかもう。大林啓吾＝白水隆編『世界の選挙制度』（三省堂，2018年）は主要各国に関する行き届いた案内である。そして選挙権と選挙制度をめぐる今日的争点については，憲法研究5号（2019年）の「〈特集2〉選挙権と選挙制度をめぐる課題」に所収の各論稿を，加えて選挙運動規制が現在の日本で極めて厳しい理由をその形成過程から解き明かす，安野修右『競争を否定する選挙法』（日本評論社，2024年）もおすすめしたい。

Column④　平等に反しているのに合憲？──「合理的期間」論

選挙制度を作ったときには合憲だった定数配分も，その後の人口変動で較差が拡がれば，平等の要求に反する違憲状態になり得る。これを是正するには法改正が必要であるから，そのために憲法は一定の時間的猶予を許容しており，その期間内であれば違憲判断は下されない，という考え方が「合理的期間」論である。較差を憲法に反する不平等状態だと判断しつつも，合憲判決を導ける理屈であり，判例に定着している。もっとも，合理的期間が登場した前掲最大判昭和51・4・14では，これが認められる憲法上の根拠は明らかではなく，期間の起算点や長さに関する基準も不明確であった。その後，2013年の違憲状態判決は，合理的期間論の根拠を司法権と立法権との関係から説明し，それを徒過したかどうかは期間の長短だけでなく，採るべき立法措置をめぐる諸般の事情を考慮して，国会の取組みが司法の判断の趣旨を踏まえたものかで判断されるとした（最大判平成25・11・20民集67巻8号1503頁）。期間という客観的要素以外に，最高裁の出した「宿題」に対する国会の努力という主観的事情を評価する方向への変化がここに見られることが指摘されている（安念2019・33）。

Unit 5　政　　党

Topic　自民党派閥の政治資金パーティー裏金問題

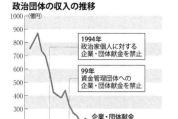

政治団体の収入の推移
※総務省届け出分を集計。パーティー収入は93年から公表

　自民党の大きな資金源はもともと企業・団体からの献金だった。しかし，1988年に発覚したリクルート事件をきっかけに見直しの機運が高まり，94年以降に段階的に規制が強化された。政治資金収支報告書（総務省届け出分）に記載された企業・団体献金は，ピーク時の約867億円（91年）から，22年には約120億円まで減少している。

　そんな中，政治資金パーティーは派閥の「集金マシン」として存在感を増した。（中略）パーティーといっても，飲食しながら交流を深める世間のそれとはやや雰囲気が異なる。（中略）祝宴が形ばかりとなっている様子は，収支報告書からも浮かぶ。清和研の18～22年分を見ると，パーティーの収入計約6億5000万円に対し，支出は計約1億4000万円で，利益率は平均約77％。さらに東京地検特捜部が立件した収入不記載額は約6億7000万円に上り，記載額と合わせると利益率は9割近い計算になる。

　安倍派では，コロナ禍の前後など時期によって違いはあるものの，当選回数や閣僚経験に応じて50～数百枚程度のノルマが設定されていた。特捜部が事実認定した収入から推計される販売枚数は年平均で約1万3000枚。会場の定員（2000人）の6倍超だ。

（毎日新聞 2024・1・21 東京朝刊）

1 政党の機能

　一党優位の自民党に社会党を軸とした野党が対峙する **55 年体制**は，1993（平成 5）年総選挙における自民党の大敗と細川連立政権の成立で崩壊した。以後，政党の結成と解党，分裂と合流が繰り返され，政党状況は流動化している。しかも無党派層は有権者の 5 割を超えるといわれ，党員数を人口比でみても国際比較ではかなり低いレベルにある。にもかかわらず，政党は現在の選挙制度に法的に組み込まれ，国民は政党を単位として政治的選択を行っているのである。

　民主政治における政党は，多様な民意を政治的争点に集約し，選挙によって議会へと媒介する機能をもつ。そして議会での政党は，討論を通じて民意をさらに濾過し統合して政治的決定へ導くと同時に，政府を組織して統治を行う存在だ。政党が国内にいくつあって相互にどのような関係にあるのか，各党の内部はどのような組織構造をとっているのかといった政党のあり方は，選挙制度の影響を受けながら政権の安定度や民意の議会への反映度を左右し，憲法に規定された統治機構の運用を方向づけている。このように現代の議会制民主主義は政党抜きには成り立たず，国家の意思形成過程に政党が深く関与している状況が生まれているのだ（政党国家）。

　しかし歴史を遡れば，憲法は，政党の存在を当然に予定していたわけではない。政党とはもともと，社会集団の利益を代表して，あるいは市民的自由の下に展開される政治的主張に共感が集まることで自然発生的に形成された経緯を持ち，法からは自由な存在だったからである。政党が法律や憲法に登場するのは，政党の担う民意の集約と議会への媒介機能の意義が理解され，現実政治の上で地位を固めていったことによるものだ。

2 政党の憲法上の位置付け

⑴ トリーペルの四段階説

このような政党と国家・公権力との関係を説明するのに，憲法学で伝統的に用いられてきた理論がトリーペルの四段階説である。同説によると政党に対する国の態度は，①敵視，②無視，③承認および合法化，④憲法的編入という段階的変遷をたどるという。実際，第二次世界大戦後には，イタリア憲法（1947年）およびドイツ基本法（1949年），フランス第5共和制憲法（1958年）のように政党を積極的に位置づけ，④の段階に至った憲法が見られるようになった。これらと同時期に制定された日本国憲法に政党への言及はないものの，結社の自由が保障され，法律も政党の存在を肯定していることから，日本は③の段階にあるとされてきた。後述のように政党へ優遇措置が講じられている現在では，単なる合法化の段階を超えているとも理解できる。

⑵ ドイツの選択・日本の選択

先に挙げた中でもドイツは，政党のあり方の根幹まで憲法で規定したという特徴をもつ。ドイツ基本法21条は，「国民の政治的意思形成に協力する」ことを政党の任務とし，政党結成の自由を保障して党内秩序にも民主制を求め，収支と財産の公開を義務付けた（1項）。そして自由で民主的な基本秩序を破壊し国家の存立を危うくすることを目指す政党を違憲として禁止したうえで（2項），政党への法律による規律を立法府に求めているのである（5項）。同21条5項を受けて制定された政党法は，政党の要件を厳格に定め，党内民主制について詳細に定めるとともに，政党助成を創設した。

とりわけ，21条2項の違憲政党の禁止は，公権力が政党を解散に追い込める，破壊力のきわめて強い介入である。これは，ナチス

が民主制の下で国民に支持されながら発展したという苦い経験から生まれた，「自由の敵には自由を与えない」という思想，すなわち「闘う民主制」に由来するものだ。禁止の手続は連邦憲法裁判所が行い，実際に連邦政府の提訴によって，1952年には社会主義国家党（SRP）が，1956年にはドイツ共産党（KPD）が違憲とされている。

　このようにドイツが，憲法に政党をあえて強固に組み入れ，法律で政党を厳格に規律した理由は，戦前に掘り崩されてしまった民主制の土台をどうやって作り直すかにあった。つまり，戦後ドイツにおいて民主制の土台とは，政党が通常の結社と同じように自由や民主制を有効に活用し，政治文化を育成してゆけば維持・形成されるものではなく，政党に法による義務付けと特権付与を行って，直接的・人為的に作り出さなければならないものと考えられたのである（高田 1999）。これに対し憲法で直接に政党を規定しなかった日本では，政党が与えられた自由を有効に活用することを通じて民主制の発展を期待するという，ドイツでは採られなかった道が選ばれたといえよう（高田 2008）。

3　政党に対する憲法的規律

　政党について，憲法学では，「一定の政策を掲げ，それに対する国民の支持を背景に，政府機構の支配の獲得・維持を通じてその実現を図ろうとする，自主的・恒常的な政治組織団体」という定義がある（佐藤 2020・460）。政党は，選挙で勝ち，それによる政府役職の獲得を通じて政策実現を図る点で，他の政治団体・結社と区別される。こうした特性から，憲法学説はいずれも，政党が憲法 21 条にいう結社であると同時に，議会制民主主義における「公的役割」の担い手でもあると考えているのだ。

最高裁も八幡製鉄政治献金事件で,「憲法の定める議会制民主主義は政党を無視しては到底その円滑な運用を期待」できないから,「憲法は,政党の存在を当然に予定している」と述べた（最大判昭和45・6・24民集24巻6号625頁）。また,共産党袴田事件においても,政党を「国民がその政治的意思を国政に反映させ実現させるための最も有効な媒体であって,議会制民主主義を支える上においてきわめて重要な存在」と位置づけており（最判昭和63・12・20判時1307号113頁）,政党の持つ公的側面を認識しているものと理解できる。

　政党に関わる法整備は,1990年代の政治改革に伴って日本でも急激に進んだが,政党を国家による一定の規律に服させる際には,政党が憲法の保障する結社の自由を基礎とする私的団体であるとともに,上記のような公的機能をもつという二面性に留意を要する。この点で,政党の結成の自由を保障し政権交代を予定する憲法の下で,その明らかな前提となる複数政党制の実質化のために「政党の機会均等を図る」のは当然であり,さらに政党の公的機能からして党内民主主義も一般論としては憲法上の要請と見うるとする見解が注目される（大石2021）。また,自由で開かれた政治的コミュニケーションによって民主制が支えられることを考えると,法律で政党を規律しようとする際には少なくとも,党内部においては民主主義,活動の自律性・透明性・公開性,党員・支持者の自発性が,外部との関係では新党の形成および議会進出の機会が損なわれない形での制度設計が必要になるだろう。政党に対する法的規律を評価する基準は,憲法の基本的枠組みの中で民主制の遂行に不可欠な政治的コミュニケーションの質を高め,現在および将来にわたってそれを活性化させるか否かにあるとの見方も示されている（高田1999）。しかし政党に関する現在の法規定を見てみると,そこでは,政党の結社としての自律と公的機能とを,両立させ調整することの難しさが様々な場面で浮き彫りにされる。

4 政党法制

(1) 政党法制の過去と現在

近代日本の政党法制は，民権運動の拡大を背景に，「国事政体」を論じる結社への視察と禁止処分を警察に命じた 1878（明治11）年の太政官達29号に始まる。以後，政党に関する法的規律は治安法制

近代日本の「政党法制」
1878（明治11）年 太政官達29号
1880（明治13）年 集会条例
1887（明治20）年 保安条例
1890（明治23）年 集会及政社法
1900（明治33）年 治安警察法
1925（大正14）年 治安維持法

の一部に組み入れられ，大正デモクラシー期には本格的な政党内閣の成立を見るものの，時の政治動向によっては政党活動に厳しい取締りが加えられた。そして 1940（昭和15）年には全政党が解党され，**大政翼賛会**が結成される。この時点での状況は，トリーペルの理論でいえば，敵視の段階というべきだろう。

敗戦からまもなく，治安警察法や治安維持法は廃止され，政党には，戦後民主主義を支えるものとして積極的な役割を果たすことが期待されるようになる。一変した状況の中で，包括的な政党法制定の動きもあったが実現しなかった。政党への規律は，現在，個別の法律によって行われており，政党法案の流れを部分的に汲んだ**政治資金規正法**（1948〔昭和23〕年），公職選挙法（1950〔昭和25〕年），**政党助成法**（1994〔平成6〕年），政党交付金の交付を受ける政党等に対する法人格の付与に関する法律（同年）がその中軸である。

(2) 政治資金規正法の問題点

政治資金規正法上，**政治団体**とは，①「政治上の主義若しくは施策を推進し，支持し，又はこれに反対すること」，または②「特定の公職の候補者を推薦し，支持し，又はこれに反対すること」のいずれかを「本来の目的とする団体」および，これらの活動を「主た

54　Ⅱ　統治のシステム　1　議会

る活動として組織的かつ継続的に行う団体」を指す（3条）。そして同法は，すべての政治団体に対して設立から7日以内に目的，名称，所在地，活動区域，代表者等の個人情報についての届出を義務付け（6条），収支について毎年度の報告義務を課している（12条）。ここでの広汎な「政治団体」概念によれば，あらゆる結社は政治的主張をもつ限り，公権力に把握されなければならないことになる。会計報告については罰則（25条）まで及びうるこの義務付けは，結社という行為だけでなく，まだ代議機関に反映されていない市民の政治的主張そのものも萎縮させてしまうのではないか。届出と会計報告の義務付けが許されるのは，その団体についての情報公開が権力への統制の一環となるような，国家権力と特別の関係をもつに至った政党に対してだけと考えるべきだろう（毛利2001）。

また，政治資金規正法21条は，政治団体以外のあらゆる団体をひとくくりにして，その団体から政治家個人（正確にはその資金管理団体）への寄付を禁止している。癒着や腐敗の防止という目的からは，営利活動の主体とそれに対抗する主体である会社や労働組合の献金禁止はわかるとしても，その他の団体まで同様に扱うのは規制として広すぎる疑いがある。しかも団体に許される寄付の相手先が，政党と政党に資金上の援助をする政治資金団体とに限定されることにも説得的根拠がない。政党以外に宛てた献金の禁止は，議会に到着する前の民意がもちうる影響力を削ぐ効果を生んでいる。そしてより大きな問題として，政党だけは資金管理団体を経由せずに，政治家個人（法文上は「公職の候補者」）に宛てて直接寄付できることが挙げられる（2024〔令和6〕年改正による削除前の同法21条の2）。いわゆる「政策活動費」（法令用語ではない）であり，それを受け取った政治家自身は，億単位の額であっても政治団体に課された会計報告義務を免れていることから「ブラックボックス」と呼ばれてきた。これは政治資金の量的な適正化を阻害し，公開性に大きな例外を設

けるものであり，「政治活動の公明と公正を確保」するという法の趣旨（同法1条）にも反するといわざるをえない。どんなに小規模であっても政治団体のすべてに会計報告義務を課す一方で，政治家個人が受領するなら献金に上限はなく，使途も秘匿できるというのでは，バランスがまったくとれておらず「お手盛り」というほかはない（毛利2001）。こうした不透明性はTopicの裏金問題にも通底する（結果としての法改正については，→Column⑤）。

(3) 政党助成法の問題点

政党への国庫による資金援助は，政党助成法によって可能となった。同法における政党とは，①所属国会議員を衆参両院で計5名以上有する政治団体か，②所属の国会議員を有し，かつ，直近の国政選挙（前回の衆院選あるいは前回または前々回の参院選）でその選挙の有効投票総数の2%以上を獲得した政治団体に限定される（2条1項）。現職国会議員を擁する政治団体のみを対象とし，所属国会議員数と選挙での得票数に応じて政党助成金を配分する現行制度では，既存の大政党を財政面でより強化することになり，これから議会へ進出しようとする萌芽的な政党は相対的に不利になる。そのような制度は，政党間の平等な取扱いという点で平等原則と矛盾しうるだけでなく，民主制の未来に開かれた継続的プロセスを損なう可能性があると指摘されている（高田2008）。

また，交付金額に上限がないことは，政党の財政運営上の国家依存が高まることにもつながる。これによって活動の自律性が失われれば，「自由な結社」性も危うくなろう。さらに党員個人ではなく政党への助成交付により，使途・配分を決定する執行部への集権化が進み，党内民主主義にマイナスになる可能性もある。助成などの特権が大きくなればなるほど，政党の内部手続を法律で規律して公明性や適正性を確保し，党内民主主義を高めるべきとの主張もみら

れる。この点，政党の自律性を尊重して所属議員の除名処分に対する行政の統制を排除し，内部手続が公明・適正に行われたかについての審査も行わなかった**日本新党事件**最高裁判決（最判平成7・5・25民集49巻5号1279頁）には批判がある（高田2013）。

5　展　　望

「政党」という領域が，財政と並ぶ現代憲法学の「未開発問題圏」（手島1985・1）と認識されていた時代から40年が経過した。90年代の政治改革・選挙制度改革で政党に関する法規定が飛躍的に増大したことを考えれば，政党の法的研究には，今なお「未開発問題圏」が多く含まれているだろう。加えて，2000年代以降の改憲論の中には，政党に関する明文規定を憲法に置こうとする動きもある。

憲法学からも，政党のように議院内閣制に重大な影響を与える社会的権力が憲法で捕捉されていないのは，権力の制限を旨とする**立憲主義**の観点から問題であり，与えられるべき特典と遵守すべき義務を明記する必要があるとの主張もなされている（井上2014）。このような方向性を検討するに際しては，ここで原点に立ち返り，日本国憲法が政党について「沈黙」していることの意味——議会制民主主義において政党が重要だからこそ，その自由な活動をよりよく保障するために「規定の不在」が敢えて選ばれたこと——を噛みしめつつ（本2005），民主政治への道が戦後再び開かれたときに政党に寄せられた期待はかなえられたのか，そうでないとしたらその理由は何かを考えてみる必要があるだろう。

さらに学ぶために
①高田篤「民主制における政党と『結社』」法学教室226号82〜88頁（1999年）は，政党をめぐる憲法解釈論のあるべき立脚点を

提示する。政党法制に関して憲法が定める原理については②林知更「政党法制——または政治的法の諸原理について」『現代憲法学の位相』（岩波書店，2016年）が興味深い。そして競争性，開放性，利害感応性という視点から政党の新たな理念像を探る近年の研究として③植松健一「第3章　憲法と政党——21世紀仕様の『理念像』？」只野雅人編『講座　立憲主義と憲法学〈第4巻〉統治機構Ⅰ』（信山社，2023年）69～102頁の一読を薦めたい。

Column⑤　政治資金改革と政党助成

　Topicの自民党裏金問題を受けて，2024年6月に政治資金規正法が改正された（令和6年法律64号）。パーティー券購入者の政治資金収支報告書記載は20万円超の購入から5万円超に引き下げられるとともに，同報告書にはその適法性を議員が確認した旨を記載した確認書添付が義務付けられた。議員の確認不十分は処罰され，選挙権・被選挙権の5年間停止対象となったが，これは不記載や虚偽記載で会計責任者が処罰された場合に限られる。さらに同年10月の衆議院議員総選挙での自民党大敗を経て，12月には政治改革関連3法が成立し，6月改正では検討事項として附則に盛り込まれるにとどまった政策活動費の2025年末限りでの廃止と，政治資金全般の使途を監視する第三者機関として政治資金監視委員会の国会設置が決まった（令和7年法律1号～3号）。しかし同委員会による監視の実効性は未知数であり，企業・団体献金禁止の議論は先送りされた。改革は一定の前進を見たが，不透明性が払拭されたとは言えず，政党助成のあり方もなお，問われざるをえない。

　政党交付金は，基準日における人口に250円を乗じた額を基準としており（政党助成法7条），2020年の国勢調査人口で計算した2024年分の交付総額は，約315億円にのぼる。2023年分の政治資金収支報告書によると各党本部の収入総額に占める政治交付金の割合は，自民党が70.5％，立憲民主党が85.0％であり，「政党を支える政治資金の50％以上が国庫からまかなわれるとすれば，政党の自由な結社としての憲法的性格が脅かされることにな」るとの指摘（高田2008・29）に対し，現実は50％を優に超えている。交付金の受領

を拒否している政党や，新聞発行などの事業収入で自ら党財政を支える政党を除けば，国庫依存は「重症」である。

　しかも政党交付金からは選挙供託金（→Unit 7・2⑶）も支出可能であり，衆院選があった2021年分の政党交付金使途等報告書によれば，社会民主党が6300万円，日本維新の会が約5億円，自民党となれば19億円余りを政党交付金から支出している。税財源で賄われる供託金が，「立候補について慎重な決断」（大阪高判平成9・3・18訟務月報44巻6号910頁）を促す機能を果たすかは疑問である。規正の過少と助成の過剰を特徴とする現在の政治資金のあり方は，憲法の前提とする政党間の機会均等を損ない，政権交代促進に逆行する状況の維持・固定化を招いていることが，有権者によって強く自覚される必要があるだろう。

Unit 5　政　　党　　59

Unit 6　議会の構造
——二院制あるいは一院制

Topic　二院制はムダか？

（写真：衆議院 web サイトより）

日本国憲法改正原案要綱
（2012 年 4 月 27 日，衆参対等統合一院制国会実現議員連盟提出）
第 1　一院制の導入
　国会は，一院で構成するものとすること。（第 42 条関係）
第 2　一院制の導入に伴う議員定数の削減
　国会議員の定数は，500 人以内において法律で定めるべきものとすること。（第 43 条第 2 項関係）
第 3　国会が解散された場合の議員の任期
　国会が解散された場合の任期については，その任期によって直ちに終了することなく，その解散の後に総選挙が行われたときに終了するものとすること。（第 45 条関係）
（以下省略）

1 1つか2つか？

(1) 2つの議院

日本の国会（一般に議会という）は，**衆議院**と**参議院**という2つの組織体（議院）から成り立つ（憲法42条），「国の唯一の立法機関」である（憲法41条後段）。2つの組織体（一般に上院・下院という）の考え方が一致したときに国会としての意思が成立するという仕組みを，一般に「二院制」（両院制）という。衆議院・参議院のメンバーは，いずれも「全国民を代表する選挙された議員」である（憲法43条1項）。衆議院議員の任期は4年（ただし解散により任期の途中で議員の身分を失うこともある）であるのに対して，参議院議員の任期は6年（解散はない），衆議院議員の選挙（総選挙）は全員まとめて行うのに対して，参議院議員の選挙（通常選挙）は全員の半分ずつを3年ごとに行う（憲法45条・46条）。

(2) 2つも必要なのか？

しかし，国会が意思を形成するために，組織体をわざわざ衆議院・参議院の2つも設置する意味はあるのだろうか。1つで用が足りるのであれば，2つも必要ない。二院制は，昔から批判の的であった。フランス大革命の指導者の一人アベ・シェイエスは，新憲法を審議する会議において，「第1院と同じ決定をする第2院は不要である。第1院と違う決定をする第2院は有害である」と述べた。しかし，この一見歯切れのよい言葉には要注意である。もしかしたら，「不要」なのは，議論もしないではじめから第1院と同じ決定をすればいいと思っている第2院，「有害」なのは，第1院とまったく折り合うつもりがなく自らの決定にこだわり続ける第2院だということかもしれない（前田1997）。これまでのところ世界の議会の約40％が二院制を維持している。多数派ではないが，絶滅が危

Unit 6　議会の構造　61

惧されるほどの超少数派でもない。二院制が一定程度支持されているのには，それなりの理由があるのではないか。

2　なぜ二院制か？

(1)　二院制の典型２タイプ

①連邦制タイプ

アメリカ合衆国やドイツが採用している。アメリカ合衆国は，日本の地方自治体とは比較にならないくらい，強い権力をもつ州（地方政府）が集まってできた国家である（一般に連邦国家といわれる）。アメリカ合州国と呼んだ方がよいという人もいるくらいだ。アメリカ合衆国の連邦政府（行政権）は，州が担いきれない国防・外交，州際通商等を任されている。同国の連邦議会（立法権）が二院制を採るのは，そのような連邦国家の重要なアクターである州の意見を立法に活かすためだ。アメリカ合衆国の両院のうち下院（第1院）は，日本の衆議院や参議院と同じように，一般国民（各州の人民ではなくアメリカ合衆国の全国民）を代表する。これに対して上院（第2院）は，州を代表する。上院議員は，各州から２名ずつ直接選挙される。人口が少ない州からも，多い州からも同じ２名である。各州は対等だと考えるからだ。ドイツもまた，一般国民を代表する下院と州を代表する上院を有している。しかし，ドイツの上院は，州政府の幹部が州民の直接選挙を受けないまま議員を兼任している点や，下院が支持する法律案の成立を阻止できない場合がある点で，アメリカ合衆国の上院と異なり，下院と対等の力を有する上院とはいえない。

②貴族院タイプ

イギリスは，一般国民とは生まれが違う貴族という身分が認められている国家である。明治憲法下の日本もまた，そうだった。その

ような国で，一般国民とは別に，貴族の意見を立法に活かそうとしたのが「貴族院」である。「権力分立」（→Unit 1・2）を説いたとして，有名なシャルル・ド・モンテスキューが『法の精神』で描いたように，イギリスは，国王・貴族（の代表）・庶民（の代表）の3身分がそれぞれの利益を反映させるためいっしょに法律を作ってきた。イギリスの貴族院（上院）・庶民院（下院）は，その歴史を今日まで受け継いできたわけである。かつての日本もまた，**大日本帝国憲法**（**明治憲法**）のもとで貴族院（上院）・衆議院（下院）をおいていた。しかし，今の日本に限らず，特定身分を代表する上院をおく国は今日ほとんどない。1999年以降，イギリスもとうとう貴族院（上院）議員を一般国民の選挙により選ぶべきか検討をはじめ注目されたが，現時点では貴族院の公選は実現していない。

(2) 連邦制でもなく貴族院タイプでもない二院制

日本は，アメリカ合衆国のような連邦国家ではない（一般に単一国家といわれる）し，貴族もいない（政治に関わらない天皇・皇族はいるが）。日本は第2次世界大戦に大敗した後，アメリカ合衆国をはじめとする連合国により占領された。憲法改正を求めた連合国軍総司令部は，日本は単一国家であり，貴族制度を廃止する予定になっている等の理由により，一院制（定数300〜500人）を採ればいいと考えていた。これに当時の日本政府は反対して，二院制の方が安定性に優れるとして参議院の設置を主張した。総司令部は，一般国民が選挙するという条件で参議院を認め，日本国憲法に正式に盛り込まれることとなったわけである。

現在の日本と同じように，貴族もおらず連邦国家でもないのに，二院制を採っているのがフランス・イタリアである。両国はいずれも一般国民を代表する下院のほかに，上院をおいている。ただし，フランスの上院議員は，憲法上地方公共団体の代表と明記され，国

Unit 6　議会の構造　63

会議員や地方公共団体議会議員により選挙される（複選制といわれる）。日本の参議院議員は，憲法上は「全国民の代表」であって一般国民により直接選挙される点でフランスの上院議員と異なる。イタリアの上院議員は，その大多数を一般国民が直接選挙する点では日本と同じであるが，一部の上院議員は，大統領経験者が終身議員として任命される点が日本と違う。フランスは，アメリカ合衆国やドイツほどはないが，立法に地方公共団体の意見をある程度反映させようとしている。イタリアは，イギリスほどではないが，一般国民とは異なるエリート層の知恵を少しでも立法に活かそうと考えている（二院制の諸類型について，高見 2008）。

(3) 参議院の選挙制度

　フランス・イタリアはともに，上院議員をどう選任するか，だれが選任するかについて下院にはない特色を多少なりとも持たせようとしている。では，日本の参議院の選任方法には衆議院と異なるどんな特色があるのであろうか（選挙制度について→Unit 4・4）。

　日本国憲法は，両院の定数・選挙方法について平等原則を守るという条件付きで法律が決めてよいと定めている（憲法 43 条 2 項・44 条）。現在衆議院議員の定数は 465 人，うち小選挙区（全国 289 区）選出議員が 289 人，残りの 176 人が比例代表選出議員（全国 11 ブロック）である。参議院議員の定数は 248 人，うち 100 人が比例代表選出議員（全国 1 ブロック），残りの 148 人が選挙区選出議員（全国 45 区〔都道府県〕）である。

　定数や，選挙区・ブロックが広いか狭いかの違いはたしかにある。最上位 1 名しか当選者の出ない小選挙区選挙は大政党に有利である。また，比例代表選挙（政党ごとに集計した票数を比例配分し政党が提出した候補者名簿の順番に当選者が決まる）も集計範囲が広い 1 ブロックより狭い 11 ブロックごとで行われた方が小政党には不利という意

見がある。そうすると，衆議院議員選挙は大政党に有利であるのに
対して，参議院議員選挙の方が小政党の生き残る可能性はあるとい
えなくもない。

　しかし，参議院議員選挙において改選数1の選挙区（定数2）は，
45選挙区中32選挙区にのぼる。改選数1の選挙区選挙は，小選挙
区選挙と同じで，小政党候補者の当選は他政党との協力がない限り，
とても難しい。比例代表選挙も集計範囲が11ブロックか1ブロッ
クかで，結果はそう違わないという人もいる。だとすると，日本は
今のところ，フランス・イタリアと異なり，誰が・どのように議員
を選任するか，両院のあいだに違いを認めていない国だといえる。
同じ人が同じように選ぶ二院制。ほかに日本の二院制の意義はない
だろうか。

3　日本の二院制の意義

⑴　「変化」と「安定」

　上述のように，憲法が定めた衆議院・参議院の違いは任期が4年
か6年か，解散があるかないか，議員全員いっせいに選挙するか半
数ずつ選挙するかである。これは，参議院に衆議院とは異なる性格
を与えようとした規定だと読む余地がある。任期が長く解散がない
参議院議員は，任期が短く解散もある衆議院議員に比べて，議員の
身分が安定している。全員改選される衆議院は，一度の選挙で議員
の顔触れが大きく入れかわるかもしれない。これに対して，半数ず
つ改選される参議院の顔触れの変化は，衆議院より緩やかになる。
要は，衆議院は「変化の議院」であり，参議院は「安定の議院」だ
といえる。「変化の衆議院」に所属する議員と「安定の参議院」に
所属する議員とでは，モノの見方・考え方が違ってくる可能性は否
定できない。

Unit 6　議会の構造　　65

(2) 一般国民との距離の遠近

　衆議院と参議院の「変化」と「安定」という違いは，両院と一般国民との距離の違いも意味する。任期が短く解散もあり全員改選される衆議院議員の身分は，参議院議員より不安定である。しかし，議員の身分が不安定だということは，一般国民の選挙を受ける回数が多いということでもある。議員の身分が安定しているということは同時に，一般国民の選挙を受ける回数が少ないということもまた意味する。間接民主制を採る国家において，一般国民による選挙が権力者のもっとも強い正統性を担保する。衆議院は参議院に比べて，民主的正統性がより強く，一般国民との距離がより近いといえる。

(3) 「変化」と「安定」の組み合わせ

　現行の選挙制度を前提にすると，日本の二院制の意義は，民主的正統性が強い「変化の議院」の衆議院と，民主的正統性は衆議院より弱い分「安定」を得た参議院とが共同して，国会としての意思形成を国民のために行うことだといえる。すぐ目の前に迫る選挙を常に意識しながら，国民に身近な立場で活動する衆議院に対して，民主的正統性は弱いものの，参議院は安定した身分と構成を背景に，長期的な視点に立って国民のために活動するというイメージである。任期・解散・改選規模の違いによって，両院のキャラクターに違いが生じる。異なったキャラクターを有する両院がともに多角的な視点から，慎重に立法等の諸活動を行う。さしあたり，日本国憲法は，そのような二院制を目指しているといえるのではないか。

4　日本の二院制の課題

(1) 効率の悪さ

　一方で，「変化」と「安定」の組み合わせといっても，結果が出

せないことには仕方がないという意見もある。国際・国内情勢の変化はますます激しくなっている。立法等の国会の諸活動もまた，その動きに対応してできるだけ素早い判断を示す必要がある。これを妨げる二院制は，一院制に移行すべきというわけだ。冒頭の Topic は，衆議院・参議院の対等合併によって一院制を実現させようとする超党派の衆議院議員連盟が衆議院議長に提出した憲法改正原案（要綱）である。しかし，同案は，提出議員の所属する政党（会派）の承認がなければ提出できないという慣例に反すると判断されたため，審議入りしなかった。これと同旨の憲法改正原案が参議院に提出されたことは，今のところない。

(2) ねじれ国会

　日本の二院制は非効率であるばかりか，国会の働きを止めてしまうことがあるといわれる。衆議院において多数派である政権与党が，参議院においては少数派に転落することがある。これをねじれ国会という。「ねじれ」が行き過ぎてしまうと問題が生じる。もともと二院制は，キャラクターが異なる両議院がいっしょにじっくり考えながら，国会としての意思形成を行っていくことを目的としている。しかし，両院でそれぞれ過半数を制した政党が対立した場合，両議院が法案審議で妥協に失敗し，法律を作っていくプロセスがストップする可能性がある。日本では，戦後間もない時期に参議院で与党が過半数を獲得できず，しばしば国会運営に苦しんだ。また，1989年以降，野党が参議院で過半数を制し，法案審議等のスケジュールに影響を与えることが多くなった。

　日本国憲法は，予算の議決（憲法60条2項），条約の承認（憲法61条），内閣総理大臣の指名（憲法67条2項）については，参議院が反対しても最後は衆議院が決めてよいとしている。しかし，法律案の議決は，話がちょっと違う。参議院が否決した法律案を衆議院が通

Unit 6　議会の構造　　67

したければ，出席議員の3分の2以上で再可決しなければならない（憲法59条2項）。通常は過半数集めればすむ法律案なのに，今度は3分の2という高いハードルが課される。このハードルを越えるのはそう簡単ではない。越えられなければ，衆議院，そして政府（内閣）が実行したい政策のために用意した法律案も成立しないことになる。他方で，参議院が通したい法律案があったとしても，衆議院が可決してくれなければ成立しない。このように，「ねじれ国会」においては，法律案がいっこうに成立しないという困ったことになるわけである。これをメディアは，**決められない政治**といって批判する。

(3) 考えるべきポイント

二院制は効率的ではないという指摘や，「決められない政治」という言葉には，物事が素早く決まることはよいことだという意味が込められているようだ。例えば，企業経営において決定しそれを実行に移すスピード感は大事かもしれない。しかし，**民主主義国家における立法**を同じように考えてもよいのであろうか。みんながある程度納得するまで議論を尽くした上で決定を行うからこそ，仮にその決定によるリスクが生じたとしても，「残念だけど仕方ないよね」とみんなが我慢できるのではないか。逆に生じ得るリスクを背負いきれないとみんなが判断した時は，あえて「決めない」という選択も，企業と違って民主主義国家は取り得るのではないか。国家は潰れるわけにはゆかないからだ。

二院制を採る以上，「ねじれ国会」は常に起こり得る。日本国憲法は，衆議院と参議院の意見が対立した場合の手当てとして，「両院協議会」の開催を認めている（59条3項）。両院の代表者が一堂に会して，見解を擦り合わせる場である。両院同数の協議委員は，お互いの意見を主張しあうばかりで，話がまとまることはほとんどないらし

い（白井 2013）。しかし，ガチンコ勝負ばかりに熱心になるのは好ましくない。先に紹介したシェイエスのいう不要・有害な二院制にならないよう，国会議員の先生方がやれることはまだあるのではないか（長谷部 2022）。

さらに学ぶために

　まずは，原田一明「両院制」大石眞＝石川健治編『憲法の争点』（有斐閣，2008 年）190 頁を熟読し，そこにあがっている文献を順に読んでいくとよいのではないか。もう少し詳しく日本の議会法制を説明する大石眞『議会法』（有斐閣，2001 年），さらに，やや専門的ではあるが，二院制の最新状況を教えてくれる岡田信弘編『二院制の比較研究——英・仏・独・伊と日本の二院制』（日本評論社，2014 年）も，とてもためになる本である。

Column⑥　参議院改革論

　近時は，現状にしびれを切らし，参議院の性格や選挙制度を大胆に見直すよう提案する学説が目につく。例えば，「全国民」の「代表」（憲法 43 条 1 項）を，地方公共団体の「代表」も含むものと柔軟に解釈し，参議院を都道府県代表である「地方の府」として再定義しようとする主張（高見 2012），フランス等の上院に学んで，参議院議員は直接選挙ではなく，間接選挙（複選制）により選任すべき余地もあるのではないかという主張（大石 2001）などがある。これに対して，1 票の格差を最小限に抑え直接選挙制を維持しながら，なお衆議院とは異なる特色を持たせるために，地域ブロック（10 ブロック）ごとの大選挙区制を導入するべきだという主張（竹中 2010）もある。それぞれの提案のメリット・デメリットを考えてみると面白い。

Unit 7　議　　員

Topic　国会議員の収支報告

ながつま昭が代表を務める政治団体及び後援会の収支報告

	昭尽会	ながつま昭を応援する会	立憲民主党東京都第27区総支部
収入総額	20,738,639	3,832,428	13,725,972
前年からの繰越額	7,451,059	2,171,865	3,323,952
本年の収入額	13,287,580	1,660,563	10,402,020
個人の負担する党費又は会費	0	330,000	0
寄付（個人）	13,287,557	1,308,201	0
寄付（政治団体）	0	0	0
機関紙誌の発行その他の事業による収入	0	0	0
借入金	0	0	0
党本部又は支部から供与された交付金に係る収入	0	0	10,402,000
その他の収入	23	12	20
支出総額	13,694,189	1,216,997	7,456,323
経常経費の合計	11,781,711	961,632	5,190,589
人件費	8,789,149	0	1,188,382
光熱水費	247,087		
備品・消耗品費	1,354,130	242,785	102,846
事務所費	1,391,345	718,847	3,899,361
政治活動費の合計	1,912,478	255,365	2,265,734
組織活動費	1,210,692	184,431	983,526
選挙関係費	0	0	0
機関紙誌の発行事業費	0	49,538	185,680
宣伝事業費	574,156	0	1,096,528
政治資金パーティー開催事業費	0	0	0
その他の事業費	0	0	0
調査研究費	8,173	0	0
寄付・交付金	0	0	0
その他の経費	119,457	0	0
翌年への繰越金	7,044,450	2,615,431	6,269,649

（令和5年1月～12月　単位：円）

●昭尽会（しょうじんかい）…ながつま昭が代表の資金管理団体
●ながつま昭を応援する会…ながつま昭の後援会
●立憲民主党東京都第27区総支部…ながつま昭が総支部長を務める東京第27区の立憲民主党総支部

1　国会議員の活動

　憲法41条は，「国会は，……国の唯一の立法機関である。」と定めている。確かに，法律案は国会で採決されなければ法律とはならない。それでは，すべての国会議員が法律の制定に深く関わっているかといえば，それは疑問だ。第213回（常会）（令和6年1月26日〜6月23日）を見るなら，**内閣提出法律案**は61件が成立し，議員提出法律案は8件が成立しているにすぎない。内閣提出の法案が圧倒している（内閣法制局webサイト）。

　この内閣提出法案について，津村啓介（民主党議員）は，「法律の多くは官僚によって霞ヶ関で作られ，役所の幹部が永田町の与党有力議員に根回しを終えた段階で，事実上立法プロセスはほぼ終わる」という。「議員立法や修正協議は極めて例外的なもの」（林＝津村2011・103）なのだ。もっとも，「永田町の与党有力議員」に対する根回しは，各省庁における起草段階の法案が対象となることから，「官僚から大幅な譲歩を引き出すことも可能で，与党議員の影響力は大きくなる」（大山2011・83）という点も重要だ。与党内の「密室での協議」で法案の内容が決まるとなれば，野党による法案修正は難しく，「国会での与野党による法案審議は，一種のアリバイ作り」（林＝津村2011・103）と言われることさえある。

　国会議員といっても，1年生議員から，当選10回を超える有力議員まで多様だ。1年生議員の仕事は「次の選挙に勝つこと」（林＝津村2011・103）と言われているが，有力議員は国政の行方に大きな影響力を持つ。このような国会議員の「姿」を憲法や法律を通して見てみよう。

Unit 7　議　　員　　71

2 議員になる条件

(1) 参政権の拡大

憲法44条は，両議院の議員の資格について法律で定めるとしたうえで，「人種，信条，性別，社会的身分，門地，教育，財産又は収入によつて差別してはならない」と規定する。歴史をひもとけば，納税額に基づく制限選挙が廃止されて男性の**普通選挙権**が導入されたのは1925（大正14）年，女性の普通選挙権はさらに遅れ，1945（昭和20）年になってようやく実現した。選挙権を持っていることが議員になるための条件だから，女性が立候補し，議員になることができたのは1946（昭和21）年4月の選挙以降だった（女性が議員として登場したのは，明治憲法改正草案が上程された同年5月16日の第90回帝国議会である）。

(2) 選挙権の喪失

公職選挙法は，衆議院議員に就くための要件として日本国民で満25歳以上であること，参議院議員について日本国民で満30歳以上であることとしている（10条）。このように，衆参両院議員（都道府県知事・市区町村長，都道府県・市区町村議員）に就くことのできる権利を**被選挙権**という。そして，選挙権を喪失した場合，被選挙権を失う。被選挙権を失う者を具体的に挙げると，拘禁刑以上の刑に処せられその執行が終わるまでの者や，公職選挙法が定める選挙犯罪や政治資金規正法が定める犯罪により選挙権・被選挙権が停止されている者である。

(3) 供託金と立候補の自由

議員に立候補する場合，衆院小選挙区・参院選挙区は300万円，衆院参院比例区は600万円（ただし，衆院については小選挙区との重複

立候補者は300万円）を供託しなければならず，候補者の得票が一定の投票数に達しないときは没収される（公職選挙法92条〜94条）。選挙に金がかかることはよく知られているが，さらに供託金が必要となれば，政党交付金が入る既成政党とは別に立候補する場合，一般人（あるいは新党）には大きな障害となる。県議会議員選挙における供託金および供託金の没収が立候補の自由を制限し違憲ではないかと主張された事件で，大阪高等裁判所は，公職選挙法92条，93条は「憲法47条により選挙に関する事項について合理的裁量権を有する国会が定めたものであり」，「自由かつ公正な選挙の実現のため，供託を求めることによって立候補について慎重な決断を期待している」（大阪高判平成9・3・18訟務月報44巻6号910頁）として合憲とする。しかし，「立候補についての慎重な決断」が，供託金による立候補に対する制約を正当化できるかは，「財産又は収入」による差別を禁ずる憲法44条そして参政権を保障する憲法15条の観点からも疑問だろう。また，先進国のなかでも供託金の額の大きさが際立っている点も注目したい（アメリカ・ドイツ・フランスには供託金制度は存在せず，イギリスでは500ポンド〔約7万4000円〕，韓国では1500万ウォン〔約150万円〕となっている〔毎日新聞2017・10・13〕）。

3 議員の誕生

(1) 衆議院議員

　衆議院議員は，小選挙区選出が289名，そして比例代表選出が176名（11ブロック）である。有権者は，小選挙区については候補者名1名の氏名を自書し，比例代表については政党名を自書する（公職選挙法36条・46条1項・2項）。

　比例代表とは，各党の得票に応じて議席を配分する制度だが，衆議院議員については，ブロックごとに集計し，ドント式で獲得議席

を決定する。例えば，定数が8議席のところに，A党が120万票，B党が60万3000票，そしてC党が30万6000票を獲得したとする。ドント式によれば，1，2，3，4……で割っていく。商の大きい順に当選が決まっていく。

	A党	B党	C党
÷1	120万票①	60万3000票②	30万6000票⑤
÷2	60万票③	30万1500票⑥	15万3000票⑩
÷3	40万票④	20万1000票⑨	10万2000票⑬
÷4	30万票⑦	15万 750票⑪	7万6500票⑭
÷5	24万票⑧	12万 600票⑫	6万1200票⑮

　このブロックの定数は8だから，A党が5議席，B党が2議席，C党が1議席を獲得する。このやり方だと小政党にも議席獲得のチャンスがある。

(2)　**参議院議員**

　参議院議員は，**選挙区選出が148名**（都道府県が選挙区），そして**比例代表選出が100名**（全国集計）である。有権者は，選挙区については候補者名1名を自書し，比例代表については候補者1人の氏名あるいは政党名を自書する（公職選挙法36条・46条1項・2項）。

　公職選挙法の改正（2000〔平成12〕年法律118号）により，**非拘束名簿式比例代表制**が導入され，政党は当選順位を記載しない比例名簿を提出し，投票は，名簿登載者または名簿届出政党を記入する。衆議院の比例代表選挙と異なり，有権者は「候補者1名の氏名あるいは政党名」を自書するわけだ。政党名の得票数と候補者の得票数の合計を基に，ドント式で各党の議席を配分し，「名簿登載者の間における当選人となるべき順位は，その得票数の最も多い者から順次に定める」（公職選挙法95条の3）。この結果，候補者は全国集計で得票数を競うことになる。この方式については，参院旧全国区の再来となり，お金のかかる「銭酷区」となるのではないか，メデ

ィア露出度の多い有名人やタレントが有利になるのではないか，と
いった批判がだされた。実際，非拘束名簿式比例代表選挙が初めて
行われた 2001 年の選挙では，舛添要一（国際政治学者），扇千景（女
優），大仁田厚（プロレスラー）が大量得票により当選している
（2001 年の参院選挙は 50 名のタレント候補が出馬した。もっとも，落選し
た「タレント候補」も多く，所属政党の集票力が重要なファクターとの指
摘がされている〔日本経済新聞（夕刊）2001・7・30〕）。

最近では，2022 年の参議院東京選挙区選挙で，生稲晃子（元おニャン子クラブ）が 62 万票弱を集め，当選している。

(3) 党籍変更

衆参両院における比例代表選出議員が，当選後，所属政党を変え
ることは許されるのか。具体的には次のようなケースである。衆議
院の比例代表選挙で当選した B 党所属の X 議員（B 党の名簿第 2 位）
は，選挙が終わって半年たった 5 月に B 党を離党し，政権与党で
ある A 党に入党した。衆議院の比例代表選挙は**拘束名簿式**で政党
名を記載する方式である。そこで，X 議員の党籍変更に対し，有
権者は B 党に投票したのだから，この変更は認められないとの批
判がわき起こった。これは架空の話だが，似た事例は 1980 年代か
ら 90 年代にかけて起きている（八代英太参院議員の福祉党から自民党
への移籍〔1984 年〕，平野清参院議員のサラリーマン新党〔前代表〕から自
民党への移籍〔1990 年〕）。ここで，まず検討すべきは，**全国民の代表**
（憲法 43 条）だ。これは，議員は，自らの選挙区の代表ではなく全
国民の代表であるから，選挙区の個別的な命令に法的に拘束される
ことなく，議会で自由に発言し投票する権利をもつという意味で用
いられる。

二つの考え方がある。まず，X 氏は議席を喪失すると考える説
は，**比例代表選挙**（特に拘束名簿式による選挙）は政党を中心に置く

Unit 7　議　　員　　75

ものだから，党籍がなくなれば議席も失うとする。全国民の代表（憲法43条）としての議員は「当選時の党籍を有している」ことが前提なのだ。これに対し，X氏は議席を保有すると考える説は，選出方法がいかなるものであろうと議員は「全国民の代表」であり，一度選挙された議員は党籍を失っても身分を喪失することはない。「党籍を失った者から議員資格を剝奪する制度」は憲法43条違反とする（野中ほか2012・64〔高見勝利〕）。

この問題について，次のような立法的解決がなされた。衆参院の比例代表選出議員が，当選後に所属政党などを移動した場合，当選を失うとする（国会法109条の2，公職選挙法99条の2）。X氏の例でみると，B党を離党後（あるいは除名された後），A党に所属することは禁止される。X氏が，無所属または（選挙後に設立された）新党Cを経由してA党に所属することも禁止である。ただし，この原則には「例外」が認められている。X氏が，無所属になること，または（選挙後に設立された）新党Cに所属することは禁止されていない。

議席喪失説からすれば，無所属になる，あるいは（選挙後に設立された）新党に移れば議席を失わないとするのは許されないかもしれないし，議席保有説からすれば，所属政党を移動しても議席は失わないと見るからこの立法的解決は問題ありだろう。党籍変更はややこしい問題をたくさん含んでいる。

4 議員の特権

(1) 不逮捕特権

憲法は両議院の議員にその特権として，国会会期中の不逮捕と，会期前に逮捕された議員の（議院の要求に基づく）釈放を規定する（憲法50条）。これは歴史的にみれば，国王の命による議員の逮捕を

防止するためのものであったが（イギリス），現在では，行政権による不当な逮捕防止や議院の活動確保が，その目的と考えられている。不逮捕特権の例外は，現行犯逮捕（国会法33条），および所属する議院の許諾がある場合の逮捕である。現行犯逮捕の例は希だが，議院の許諾が出された例はかなりある（2003年7月7日，衆院本会議で坂井隆憲議員の逮捕許諾が議決されている）。

　また，議員の資格を喪失した場合は不逮捕特権は認められない。議員の資格を失わせる「除名」は，「出席議員の3分の2以上の多数による議決」が必要であって（憲法58条2項但書），これまで2例しかなかった。参議院は，2023年3月15日，当選以来，国会を欠席しているガーシー（本名：東谷義和）議員について，「議員ガーシー君懲罰事犯の件（委員長報告のとおり『除名』とすること）」を可決した。翌16日，警視庁は，ガーシー元議員について，YouTubeでの「暴力行為法違反（常習的脅迫）などの疑いで逮捕状を取った」（日本経済新聞2023・3・17）。

(2) 発言表決の免責特権

　憲法51条は，衆参議員が，「議院で行つた演説，討論又は表決について，院外で責任を問はれない。」と規定する。これは議員が国会でその職務を十分に行うことができるよう，「演説，討論又は表決」について民事上および刑事上の責任，つまり法的責任を問われないことを意味する。このような規定は，アメリカ合衆国憲法やドイツ基本法にも見られるが，ドイツ基本法はこの特権が及ばない例外として，議会での議員の「誹謗中傷的な侮辱」を挙げている（46条1項）。日本国憲法にはこの種の「例外」は規定されていないが，国会での議員の発言が事件の核心となった最高裁判例がある。

　衆議院社会労働委員会での医療法の改正案審議に際し，Y議員は，S市のA病院問題を取り上げ，A病院の院長は複数の女性患

者にハレンチな行為をした，同院長は薬物を常用するなど通常の精神状態ではないのではないか，現在の行政ではこのような医師はチェックできないのではないか，と発言した。その後，この病院長が自殺したため，その妻Ｘは，夫の名誉が毀損され，同人が自殺に追い込まれたとして，Ｙ議員および国に対して損害賠償を求めて出訴した。

　最高裁はこの訴えを認めずＸは敗訴となったが，最高裁は国会議員による院内での発言について注目すべき判示を行った（最判平成9・9・9民集51巻8号3850頁）。国会議員が，立法や行政の監督といった議員に与えられている「権限の趣旨に明らかに背いてこれを行使したものと認め得るような特別の事情」がある場合には，国の**賠償責任**が生ずる（この場合でもＹ議員個人には賠償責任は生じない）と最高裁は判示する。具体的には，国会議員の「職務とはかかわりなく違法又は不当な目的をもって事実」を指し示し，あるいは，「虚偽であることを知りながらあえてその事実」を指し示す場合である。**国会議員の職務**は立法や行政統制など広範だから，国に賠償責任が命じられる議員による個人の名誉や信用を傷つける発言は，めったに起きないだろう。それでも，裁判の場面で議員の発言が取り上げられる（当該議員に対する）マイナスの効果は一定程度ある。そのため，議会での議員の発言を裁判で取り上げること自体が許されないとする主張も根強い。憲法は**議院の懲罰権**に基づく自律的な責任追及（国会法121条～124条）に委ねている，というのである（野中ほか2012）。

さらに学ぶために

　国会議員について，衆参両院の法制局メンバーによる，浅野一郎＝河野久編著『新・国会事典〔第3版〕』第5章（有斐閣，2014年）が全般的な説明をする。また，林芳正＝津村啓介『国会議員の

仕事』（中公新書，2011年）は現職の国会議員が執筆したもので，国会議員のリアルな状況を描き出している。さらに，党籍変更については松井茂記『LAW IN CONTEXT 憲法』（有斐閣，2010年），免責特権については上脇博之「議員の免責特権」大石眞＝石川健治編『憲法の争点』（有斐閣，2008年）がある。

Column⑦　議員の"サイフ"

　憲法49条では，両議院の議員は「国庫から相当額の歳費」を受けると規定され，具体的には，国会議員の歳費，旅費及び手当等に関する法律で定められる。国会議員の給料（歳費）は月額約129万4000円で，期末手当を合わせて総額約2170万円である（2024年）。「相当額の歳費」と言ってよい。また，議員は「公の書類を発送し及び公の性質を有する通信をなす等のため」，文書通信交通滞在費（2022年より「調査研究広報滞在費」に変更）を年間1200万円受け取る。これは「領収書も使途報告も不要であるため，どのように使われているのか，チェックされることはない」（林＝津村2011・115〜116）。調査研究広報滞在費の使い途の透明化は当然に要求されるところだ。さらに，立法事務費として月額65万円が所属政党に交付される（国会における各会派に対する立法事務費の交付に関する法律）。

　「JRの無料利用パスもしくは月4往復分の航空券，無料の議員会館，割安な議員宿舎などの特権」もここであげる必要がある。これ以外に，パーティ収入や支援者の寄付を原資とする政治資金が重要だ（日本経済新聞2014・10・26）。2023年に露見した自民党国会議員の政治資金に関するスキャンダルは，パーティ券疑惑だった。安倍派や二階派の議員等が，派閥のパーティ券について，販売ノルマを超える分のキックバックを受けていた。その額は，安倍派が6億円超，二階派が2億円超に上り，政治資金規正法で義務付けられている政治資金収支報告書には記載がなかった。受け取った議員の最高額は4800万円超に達し，何にでも使える裏金になった（NHK政治マガジン2024・3・27）。また，政党から国会議員に渡される政策活動費を，自民党の二階俊博元幹事長は，在任中，50億円を受け取っていたと

されるが，これは使途公開の必要はなかった（地方議会でも「政務活動費」について同様の問題がある）。2024年6月に成立した改正政治資金規正法は，パーティ券の公開基準を現行の20万円超から5万円超に引き下げた（ただし，回数制限はない）。さらに，同法は，政治資金収支報告書の議員自身の確認を義務付け，および，報告のオンライン提出の義務化を定めた（日本経済新聞2024・6・26）。また，政策活動費については，支出に係る項目別の金額・年月日を当該政党の会計責任者に通知しなければならないとするが，領収書等の公開は10年後としていた。

　2024年12月24日，政治改革関連3法が参議院本会議で可決，成立した。主な内容は，政策活動費の廃止，政治資金全般を監視する第三者機関の国会設置，そして，外国人による政治資金パーティ券購入の禁止・政治資金収支報告書のデータベース化である。なお，企業・団体献金の廃止は先送りされた（朝日新聞2024・12・25）。一番のポイントは，既述のように，問題の多かった政策活動費の廃止であろう。2024年総選挙で少数与党となった自民党政権は，野党側の政策活動費廃止の要求に応じるしかなかった。

　なお，調査研究広報滞在費（旧文書通信交通滞在費）については，2024年12月の歳費法改正により，「議員は毎年，使途を明記した報告書と領収書の写しを議長に提出し，公開することになる。残金があれば国庫に返納する」（毎日新聞2024・12・25）。もっとも制度の具体化は今後の課題である。

Unit 8　議会による行政の統制
——国政調査権，質問権

Topic　総理公邸には幽霊が出る？——質問主意書の役割

第 183 回国会（常会）
質問主意書

質問第 101 号
　総理大臣公邸に関する質問主意書
右の質問主意書を国会法第 74 条によって提出する。
　　平成 25 年 5 月 15 日
　　（氏名）　○○○○
　　　　　　　参議院議長　平田健二　殿

———————————————————————————

　　総理大臣公邸に関する質問主意書
一～五　（略）
六　安倍総理は総理大臣公邸に引っ越す予定はあるのか。あるとすれば，いつ頃を予定しているのか。
七　旧総理大臣官邸である総理大臣公邸には，2・26 事件等の幽霊が出るとの噂があるが，それは事実か。安倍総理が公邸に引っ越さないのはそのためか。
八　（略）
　　右質問する。

1 議会による行政統制の意味

(1) 「政府」統制の考え方

　国会は単に立法機関であるだけではない。議院内閣制の仕組みを通じて，合議体としての内閣に対して政治責任を追求する機関でもある（憲法66条3項）。ただ，その場合でも，行政事務を司る行政組織（中央省庁＝行政各部）に対しては，政府（内閣）が直接に指揮監督を行うことになっている（憲法72条）。すなわち，国会はあくまでも内閣を通じて行政各部をコントロールするわけである。したがって，ここで行政統制という場合の「行政」は，中央省庁としての行政各部ではなく，「政府＝内閣」を指していることに注意が必要である（以下「行政統制」とはこの意味で用いる）。

(2) 直接統制から間接統制へ

　ところが，2009（平成21）年の民主党政権の発足前後の政官関係の見直しや政治主導の強調を受けて，行政統制をめぐる議論に変化があらわれた。すなわち，従来主として議論されてきた国会による政府（内閣）への直接的統制から，国会が直接コントロールする「政府＝内閣」を通して，いわば間接的に「行政＝中央省庁」を統制する，間接的統制へと関心が移行したのである。民主主義原理が働く「政治」の領域と官僚制という専門的な「行政」との対抗・緊張関係が強調されることによって，政治主導のスローガンの下，「政治」による中央省庁コントロールとしての間接的行政統制に関心が集まったわけである。

　このことは，議会による行政統制のあり方が，時代ごとの「この国のかたち」の検討の中で，その意義が強調されたり，その姿が変容したりすることを教えている。

(3) 行政統制の手法

　こうした行政統制の対象についての意味の変化はあるものの，今日，国会が政府（＝内閣）の活動に対して事後的な批判・監視の権能を持つことは，国政上の決定に関し国民に対して何らかの責任を負う者がなくてはならないという**責任政治**の観点からも，国会の権能の中核に位置付けられている。具体的な内閣に対する責任追及の仕組みには，以下のものがある（大石 2021・243）。

---

　①　中央省庁に対応する省庁別の常任委員会制度
　②　大臣・内閣に対する質問制度
　③　**国政調査権**に基づく情報収集と調査権限
　④　大臣・内閣に対する問責決議・不信任決議
　⑤　内閣任命人事への両議院の同意権

　これらの仕組みのうち，ここでは，常任委員会制度，国政調査権および質問制度を取り上げて，その現状と問題点を考えよう。

2　常任委員会による行政統制

(1) 常任委員会の役割

　国会両議院には，本会議からの付託を受けて法律案その他の議案の審査をおこなう常設的な内部機関として**常任委員会**が設けられている（国会法 41 条 2 項・3 項）。現在では，委員会の名称が両院間で微妙に異なるものもあるが，原則として中央省庁に対応して，両議院ともに 17 の常任委員会が設置されている。これらの常任委員会では，提出された法律案等の議案に対する予備的審査などの議案審査を通じて，同時に各省庁に対する監視・批判をも行うという，行政統制の役割が期待されている。

Unit 8　議会による行政の統制　　83

(2) 委員会中心主義

法律案などの多くの重要議案は，委員会での審査・報告を経て，本会議で審議・議決される。したがって，現在の議事運営（すなわち，行政統制）の中心は，委員会であって，これを**委員会中心主義**と呼んでいる。もちろん，委員会中心主義の議事運営に対しては，本会議の役割を取り戻すための制度改革も行われてきた。本会議における**趣旨説明**（国会法56条の2）や**中間報告**（国会法56条の3）の創設がそれで，これらには委員会審議の遅延を防止する役割も期待されている。

(3) 常任委員会制度の機能不全

ところが，行政統制の主戦場であるはずの常任委員会の実際の活動については，今日では，与野党双方からのスケジュール闘争によって十分に機能していないとの指摘がある。つまり，「予算を除くすべての議案は，ほとんど例外なく，提出と同時に（閣法〔内閣提出法案〕や与党提出の衆法〔衆議院議員提出法案〕であれば野党から，野党提出の衆法であれば与党から）本会議趣旨説明要求が付されて委員会付託が止められ，容易には委員会に付託されない状況」（白井2013・18）となっているからである。

そして，その取扱いの協議の場は，議院運営委員会であり，最終的には，「国対による政治的かけ引きが制度化された」議院運営委員会理事会の筆頭理事による協議に付されることになる。まさに，そのような状況において，「委員会の活動は限定され，身動きが取れなくなれば，直接交渉，いわゆる政党間協議に上げられて局面の打開が図られることになる」（白井2013・19）とされ，委員会審議はインフォーマルな政党の内部組織である国会対策委員会（国対）での議論に委ねられている。このような委員会運営が実際の姿であるとするならば，今日の委員会審議は，委員会の筆頭理事間やそれに

類する実務者協議の合意を前提として、これらの合意をただ単に追認する場に過ぎないことになろう。ここでは、行政統制の理念に基づいた常任委員会制度の理念と実際の運用との間に著しい乖離が生じていることになる。

3 国政調査権と国会事故調——どこが問題か

(1) 国政調査権の根拠

次に、行政統制権の柱の一つである国政調査権について見てゆこう。そもそも国政調査権は、憲法 62 条によって両議院に与えられた権能である。ただ、この国政調査権は、各議院が行政統制の権能を有効・適切に行使するために、国政全体についての情報の収集が不可欠であることに基づく権能であると考えられた。したがって、行政統制権としての国政調査権は、必ずしも憲法や法律に規定がなくても、議院内閣制の枠組みの中で議会制度を採用する以上、各議院には当然に付与される権能とされたのである（→Unit 10・1）。

(2) 憲法 62 条の意味

明治憲法下においても、「査問権」という形で一定の国政調査権能は一応認められていた。しかし、そこでは、調査手段（証人の出頭、証言、記録の提出）が著しく制限されていたが、現行憲法では、調査権限があることを憲法で確認したうえで、その調査「手段」も明示された。つまり、憲法 62 条は前半部分で広義の国政調査を、後半部分で手段としての国政調査をも含めて、国政調査の委員会活動をひとまとめに規定するという、特色のある規定となっている（原田 2018・270）。

Unit 8 議会による行政の統制 　85

(3) 国政調査権の形式化

そして，今日では，国政調査は，むしろ個別具体的な付託事項に関する国政調査から，委員会による一般的な国政調査へと力点が移動している。いわば狭義の国政調査から広義の国政調査への変化である。

この点，国会開設初期の頃の国政調査は，その時々の具体的テーマに関して，特に**特別委員会**を設置してその設置決議の中で証人の出頭，証言，記録の提出要求権が包括的に付与されるなど，憲法62条の後半部分を強く意識した**独立権能的な手法**（憲法41条の「立法機関」性ではなく，「国権の最高機関」性を根拠とする広範な権能）による国政調査が通例であった。しかし，55年体制の安定化とともに，三権分立原理を損ないかねない国政調査，人権を侵害しかねない国政調査，政争の具としての国政調査を回避すべきとの議論が高まった。この結果，特定事項に関する国政調査から，委員会活動に伴って行使される国政調査（＝**国政調査の一般化**）へと変化していったのである。実際，そうした変化から，衆議院では，1998（平成10）年に，国政調査を少数派中心のものとするために，予備的調査制度（衆議院規則56条の2〜56条の4，同86条の2）が導入されている。

このような国政調査の一般化という変化を受けて，以下の証言は，国政調査の場が形式化し断片化している現状をうまく伝えている。

「……各委員会の活動は，一般論として言えば，いわゆる国対政治の中で，一律・横並びの管理によって，自主性，自立性を損ねている。国政調査の場は議案審査の場と並ぶ委員会活動の二本柱でありながら，日程闘争ともいうべき与野党双方の議案審査スケジュールの思惑の中で，多くが埋め草のような扱いとなって断片化されている。そこでの議論が，連動性をもって委員会活動に活かされることは難しい状況にある。」（白井 2013・185）

⑷ 「事故調」の設置と国政調査権

このような国政調査権の実際を踏まえたとしても，2011（平成23）年のいわゆる「事故調」（東京電力福島原子力発電所事故調査委員会）の設置は，従来の国政調査権の在り方からすれば，まさに異例中の異例ということができる。つまり，事故原因の客観的な解明のために，高度の専門性と独立性，政治的中立性を確保するとの観点から，「各議院」の国政調査権を「国会」の国政調査権と読み替えたうえで，国会の付属機関として衆参両議員で構成される両院合同協議会（国会法附則6項）の下部機関として設置されることになったからである（森本2024・59）。確かに時限的とはいえ，ここでは，各議院の国政調査権が事故調査委員会に実質的に委任されることになった。この「事故調」の設置については，先に言及した国政調査の一般化という実態を踏まえたうえで，とりわけ原発利用の適否は，国民に対して不可逆的で重大なリスクを伴うことから，高度な政策判断が必要なはずで，国民への政治責任の観点からも，国政調査権の今後にとって重大かつ無視できない前例になったといえよう。

なお，この事故調は，2011（平成23）年9月30日成立の改正国会法附則6項から11項および東京電力福島原子力発電所事故調査委員会法（同年10月30日施行〔1年間で失効〕による）によって同年12月8日に設置された。その設置から約7か月間の調査を経て，2012（平成24）年7月5日に報告書が公表され（報告書については国会図書館WARPのサイト参照），その役割を終えている。

その後，衆議院は，第183回国会（常会）の召集日（2013〔平成25〕年1月28日）に，原子力に関する諸問題を調査するための委員40人（現在は35人）よりなる「原子力問題調査特別委員会」を設置した。しかし，残念ながら，そこでの議論が，国民への有益な情報発信として，見える形で国民に届いているということはできないように思われる（活動状況については，衆議院のwebサイト参照）。

4 質問は文書で——口頭質問ができない議会制度?

(1) 文書質問中心の質問制度

次に，議会による行政統制のもう一つの標準装備である質問制度について取り上げよう。わが国における質問制度の特質は，**口頭質問は緊急質問に限られ**，「発言権から切り離された，つまり，原則として議院の会議から切り離された，文書（質問主意書）による制度」（白井 2013・58）が中心とされている。

(2) 利用されない口頭質問

このように，わが国では，口頭質問は緊急質問に限られている。ところが，緊急質問は，国会法76条で「質問が，緊急を要するときは，議院の議決により口頭で質問することができる。」と定められているが，緊急を要することの実質的な判断は議院運営委員会が行うことになっており，しかも緊急質問を行う場合には会派間の協議対象とされている。そして，このことによって，緊急質問は，「議員の権能としての個性を失い，各会派横並びの制度となっていった」（白井 2013・58）と評されている。

また，衆参両院の**先例**では，「緊急を要する」とは，第5回（特別）国会（1949〔昭和24〕年4月12日）の議院運営委員会での申し合わせ内容が現在でも踏襲されている。そこでは，「緊急質問は緊急やむを得ざるものに限る。緊急やむを得ざるものとは，天災地変，騒擾等に関するもので，その他議院運営委員会において緊急やむを得ざるものと認めたものを言う」とされている。

このように各会派横並びの緊急質問は，その対象もかなり限定されて，結局のところ，衆参両院ともにあまり利用されることなく，廃れてしまった。

(3) 文書質問の提出方法

　それでは**文書質問**はどうか。戦後制定された**国会法**では，本会議での**自由討議の導入**（1955〔昭和30〕年改正前国会法76条・77条）の見返りとして，口頭質問を緊急質問に限定し，質問主意書による文書質問を質問制度の中核とするように改めた。ところが，自由討議制度は結局わが国には馴染まずに，1955（昭和30）年の国会法改正で早々に廃止されてしまった。その結果，質問制度としては，前述したように緊急質問と文書質問だけが生き残ったが，今日では，文書質問がほとんど唯一の個々の議員ができる質問手段となっている。そこで，この文書質問について，質問主意書の提出から内閣による答弁までの流れを，はじめに確認しておこう。

---

① 　提出にあたっては，議員によって簡明な主意書を作成し，これを議長に提出する（国会法74条2項。なお，国政一般について内閣に質問できるが，国会，裁判所，会計検査院には質問できない。資料要求的なものも受理されない）。

② 　議長は，資料要求など協議の必要な場合には担当理事間や議院運営委員会理事会で協議するが，通常は承認し（同法74条1項），印刷（各議員に配布）したうえで，内閣に転送する（同法75条1項）。

③ 　内閣は，原則7日以内に議長宛に答弁書を送付する。答弁延期の場合はその理由と期限を明示する（同法75条2項）。

④ 　議長は，答弁書を質問者に伝達するとともに，2019（令和元）年にペーパーレス化への両院規則の改正が行われたことにより電磁的記録の提供として各議員に提供されている（衆議院規則158条，参議院規則153条）。

　この**質問主意書**は，議院の会議から切り離されたものであるために，会派による管理や統制が比較的緩やかで，また，議院運営委員会（理事会）の協議の対象となることも事実上なかった。このことから，議員にとっても自由度の高いものとしてそれなりに活用され，上記②の議長の承認権限が意識されることもなかったわけである。

Unit 8　議会による行政の統制　　89

(4)　文書質問の制限と改革

　ところが，2000 年代に入ると，質問制度の趣旨に反しかねない資料要求的な質問の激増という事態を招いた。また，具体的な質問内容についても，議員の見識が疑われるようなものが散見されるようになった（Topic の質問主意書に対して，政府は答弁書で「お尋ねの件については，承知していない。」と回答）。このような事態を受けて，議長の承認権限を前提として，資料要求的な質問主意書は，議院運営委員会（理事会）の協議対象となるとの運用がなされるようになった。今日では，文書質問についても，「質問主意書で資料を要求するものは，受理しない」というように，議員の自由に枠をはめる形での制度化が進んでいる。

　しかしながら，このような制度化という名の書面質問の提出数の制限が，わが国の質問制度の目指すべき方向なのかについては別途検討されるべきであろう。そもそも質問制度とは，イギリス下院などを手本に，大臣の説明責任を追及する機能を果たすために，議員個人の発言の機会を確保するとの観点から歴史的に作り上げられてきたものである。たとえば，イギリス下院では，現在でもしばしば，質問の形式，内容および手続に関する詳細な規律や答弁内容に関する特別委員会での精査など質問制度それ自体に対する改革（見直し）が行われ，質問制度の実効化が図られている。このように，イギリスでは，質問制度の改革のために，わが国のようにごく単純に，提出数の制限という議論に流れるのではなく，まさに質問の形式や内容を含めてそのあり方に対する不断の検証を行ってきたのである（木下 2005）。どちらの議論が質問制度の発展に資することになるのか，冷静に分析することが必要であろう。

　以上，概観してきたところからも，わが国の議会による行政統制手段に関しては，常任委員会制度，国政調査権，質問制度のいずれについても，制度上の問題というよりは，むしろそれらの実際の制

度運用上における問題点や課題がなお多く残されているということができるのである。

　　さらに学ぶために
　　現在の国会制度の理解のためには，大山礼子『日本の国会』（岩波新書，2011年），同『政治を再建する，いくつかの方法』（日本経済新聞出版社，2018年），原田一明「現代『行政国家』における議会による行政統制」公法研究83号49頁以下（2022年），また，政治家自身による議会論としては，林芳正＝津村啓介『国会議員の仕事』（中公新書，2011年）が興味深い。日本と世界の議会との比較については，大石眞＝大山礼子編著『国会を考える』（三省堂，2017年）。なお，事故調については，岡田順太「国政調査権と国会事故調」法学セミナー712号28頁以下（2014年）がある。

Column⑧　日本の衆議院とイギリス下院の質問制度の実際

日本（衆議院）			イギリス（下院）	
年・国会回次	会期	質問主意書件数	会期	文書・口頭質問数
平成31・令和元(2019)年		計515件	2017～19年	文書質問103,339件 口頭質問　11,456件 質問合計114,795件
第198回(1月28日～6月26日)	150日	309件		
第199回(8月1日～8月5日)	5日	20件		
第200回(10月4日～12月9日)	67日	186件		
令和12(2020)年		計390件	2019年	文書質問　3,642件 口頭質問　　363件 質問合計　4,005件
第201回(1月20日～6月17日)	150日	276件		
第202回(9月16日～9月18日)	3日	31件		
第203回(10月26日～12月5日)	41日	83件		
令和3(2021)年		計322件	2019～21年	文書質問 69,250件 口頭質問 14,624件 質問合計 83,874件
第204回(1月18日～6月16日)	150日	236件		
第205回(10月4日～10月14日)	11日	22件		
第206回(11月10日～11月12日)	3日	22件		
第207回(12月6日～12月21日)	16日	42件		
令和4(2022)年		計265件	2021～22年	文書質問 49,632件 口頭質問　6,680件 質問合計 56,312件
第208回(1月17日～6月15日)	150日	156件		
第209回(8月3日～8月5日)	3日	41件		
第210回(10月3日～12月10日)	69日	68件		
令和5(2023)年		計297件	2022～23年	文書質問 75,243件

Unit 8　議会による行政の統制　　91

				口頭質問　6,753件
第211回(1月23日～6月21日)	150日	156件		質問合計 81,996件
第212回(10月20日～12月13日)	55日	141件		
令和6(2024)年		計420件		
第213回(1月26日～6月23日)	150日	206件		
第214回(10月1日～10月9日)	9日	56件		
第215回(11月11日～11月14日)	4日	51件		
第216回(11月28日～12月24日)	27日	107件		

　この表からも，イギリスでは口頭質問・文書質問ともに，わが国よりも活発に利用されていることがわかる。イギリスでは，個々の議員と政府との間でこれだけ頻繁に情報のやり取りが行われ，質問の数の多さは，議員・政府ともに質問制度を議会制度の柱と考え，有効に運用されてきたことを示している。

　なお，わが国では，コロナ禍にあって，質問主意書の件数もそれまでの500～600件から300件前後と半減した。

2 内　閣

Unit 9　議院内閣制

Topic　変わりゆく議会・内閣関係

イギリス国会議事堂の時計塔「ビッグ・ベン」

「私はイギリスの歴史のなかで，議会の解散をこちらから女王に願い出る権利を手放す最初の首相である。……それは大きな変革であり，よい変革である。」

（キャメロン英首相。2010 年議会任期固定化法案の提出に先立ち）
（出典：BBC ニュース）

1 議院内閣制とは何か

(1) 国会と内閣だけでOK？

日本国憲法が採用した政治の仕組みは，議院内閣制であると理解されている。なるほど，憲法を見てみると，政治の担い手としては「国会」と「内閣」があって，「大統領」は登場しない。そして天皇は「国政に関する権能を有しない」（憲法4条1項）。確かに大統領制ではなさそうだし，まして君主が自分で政治を行う体制でもなさそうだ。しかし「議会と内閣がありさえすれば議院内閣制！」という理解はあまりに単純である。そもそも議院内閣制とは，いったいどのような制度なのだろうか。

(2) 議会と政府の関係

3つの類型 民主政治を行う統治機構での議会（立法権）と政府（行政権）との関係モデルは，**大統領制**，**議会統治制**，そして議院内閣制に大別できる。

大統領制では，行政権の長である大統領が議会とは別個の選挙で選出され，議会に対して責任を負わない。つまり大統領を議会が信任せず，辞職させる仕組みがないのだ。その代わり議会が大統領によって解散されることもない。このように，選ばれ方にせよ存在の仕方にせよ，議会と政府がはっきりと分離されているところに，アメリカに代表される大統領制の特徴がある（→Column⑨）。

議会統治制は，それとは逆に議会と政府が一体化したパターンだ。ここでの政府（＝内閣）は，議会によって選出され，議会内の一委員会にとどめられる。議会による政府の不信任や罷免権および政府の議会解散権という仕組みがないのは大統領制と同じだが，それは内閣が議会の内部にあるためである。したがって内閣は議会に対して責任を負える存在ではなく，議会の意思に従属するのである。

議院内閣制は，議会と政府の距離からいうと，先の2つの類型の中間的な統治スタイルとされる。この類型では，政府（＝内閣）は議会によって選出されるが，議会とは別個の存在として分立する。そして議会（二院制の場合は下院）に対して責任を負う。内閣は議会から信任されなければ辞職を余儀なくされるのだ。

議院内閣制の成立史

議院内閣制は，イギリスの歴史の中で形作られていったものである。**名誉革命以後**，国王の輔弼（ほひつ）を通じて行政権を手にした大臣たちから成る「内閣」は，議会の協力なしでは政務がうまく運ばないことを認識するようになる。そうして，国王に信任されていても下院である庶民院の信任が失われれば，内閣は辞職するという慣行が成立していった。さらに国王の権限が名目化する19世紀には，国王が下院の多数派に支持された内閣を更迭し，自ら首相を任命しようと試みたが失敗に終わる事件が発生した。これは国王が信任しなくても議会の信任さえあれば内閣が存続できることを示す出来事となった。この流れを内閣の責任の点からみれば，国王と議会の双方に責任を負う**二元型議院内閣制**がまず成立し，それが議会のみに責任を負う**一元型議院内閣制**へ推移したと整理できる（樋口1992，元山＝ユーイング1999）。

君主が政治的権力を失った現代における議院内閣制の理解は，一元型の制度ということになろう。首相と大統領が同時に存在する統治制度であっても，大統領が儀礼的な存在にとどまるなら，やはり一元型の議院内閣制に分類される。

2 議院内閣制とその本質

(1) 憲法における議院内閣制

日本国憲法における議院内閣制

日本国憲法を見ると，国会に対して内閣が信任を問い，責任を負い

得る仕組みが備わっている。具体的には，国務大臣を任免する内閣総理大臣が国会議員の中から国会の議決で選出される（憲法67条1項）ほか，内閣は行政権の行使について国会に対し連帯責任を（憲法66条3項），大臣は議案について説明責任をそれぞれ負い（憲法63条），衆議院の内閣不信任の議決に対して**衆議院解散か内閣総辞職**を選ぶ（憲法69条，解散によらない総選挙の後も総辞職する〔憲法70条〕）とする規定などである。憲法が議院内閣制を採用しているといえる根拠は，ここにあるのだ。

明治憲法下の「議院内閣制」

この意味での「議院内閣制」は，日本で長い歴史をもつとはいえない。内閣は明治憲法に明文規定をもたず，天皇の**官制大権**による**内閣官制**（1885〔明治18〕年）を法的根拠とした。憲法は，国務各大臣が天皇を**輔弼**し，天皇に対して責任を負うと定めるのみで（55条），議会と政府は憲法上切り離されていた。とはいえ，現実政治では，議院内閣制的な憲法運用も見られた。当初，議会と政府は互いに分立した存在であり，内閣の構成員は議会の支持に関係なく任命されていたが（超然内閣），議会が法律案の議決権・予算の承認権をもつ以上，政務遂行に議会の協力が不可欠であったことから，衆議院多数派のトップが首相となる，本格的な**政党内閣**が成立するようになる。**憲政の常道**といわれる政治慣行の下，内閣は天皇の解散権行使において輔弼権限を活用し，議会の不信任決議による大臣の辞職慣行も確立していった。しかし5・15事件で倒れた犬養毅首相の後継に軍人が就くに至り，議院内閣制的憲法運用は途絶えたのだった。

憲法的裏付けをもたない議会―政府関係の制度的「弱点」は，連合国側によって的確に把握されていた。そのことはポツダム宣言が，日本占領から連合国が撤収する際の条件の中に，「責任ある政府（responsible government）」の樹立を挙げていたことを見るだけでもわかるだろう。日本国憲法で議院内閣制が採用されたのは，旧制度

の批判的評価に基づく判断にほかならない。

(2) 議院内閣制の「本質」と議会解散権

　では，「それがあれば議院内閣制」といえるような，ミニマムの要素を議院内閣制から取り出すとしたら，それは何だろうか。ここまでの議論から，議院内閣制の本質的な要素としては，少なくとも政府の議会に対する政治責任を挙げることができそうだ（責任本質説）。これに加えて，政府による議会解散権を挙げる見解もある（均衡本質説）。均衡本質説には，議院内閣制の由来――イギリスの古典的な二元型議院内閣制の下では，議会の内閣不信任決議権と国王（実質的には内閣）の議会解散権が対抗し，相互抑制的に作用して両者の権力が均衡していた――を重視してこれを主張する論者や，歴史とは無関係に，議院内閣制を抑制と均衡を旨とする権力分立制の一形態と理解して主張する論者がいる。

　このように議会解散権が議院内閣制に必須の要素かどうかについて意見は分かれる。もっとも，必須かどうかはいったん措いて，「現代民主主義によりふさわしい議院内閣制」像はどのようなものかを考えてみるならば，議会解散権を備えている制度のほうがよさそうだ。なぜなら，解散権によって議会と政府が国民の信任を競い合うアリーナが作られ，そこでは両者による国民への説明と説得および民意の取り込み作業が繰り広げられるだけでなく，議会による倒閣が抑制されて政治の相対的安定ももたらされ得るからである。

3　議院内閣制の類型

(1) ウェストミンスター型 vs. コンセンサス型

レイプハルトの分類

政府が議会に対して責任を負う制度が議院内閣制であるとしても，現実の各国制度に

Unit 9　議院内閣制　　97

はバリエーションがあり，類型化が試みられている。よく知られた
レイプハルトによる分類は，イギリスの議院内閣制から導き出され
るウェストミンスター型と，ベルギーなどをモデルとするコンセン
サス（合意）型とを対比させる。

　イギリス議会の開催場所にちなんだ名前をもつウェストミンスタ
ー型は，多数決型とも呼ばれ，小選挙区制による二大政党制，それ
に由来する一党単独の過半数内閣，政党内の政策選好の一致度（凝
集性）の高さがもたらす内閣の議会に対する優越を特徴とする。こ
の型が均質な社会を前提とするのに対し，コンセンサス型は民族，
言語，文化などによって分断された多元的な社会を前提とし，社会
の分断状況を議会の政党構成に反映させる比例代表制，これに由来
する多党制および連立内閣，政党の凝集性の低さに由来する政府と
議会の勢力均衡を特徴とする（レイプハルト 2014）。

　これらのモデルはより広い民主政モデルの一部を構成するもので
あり，議会と政府の関係だけでなく選挙制度や政党制度の在り方を
も含むことで，議院内閣制がその周囲の政治制度と影響を及ぼし合
っていることを明らかにしてくれる。いずれの型でも最終的には多
数派の選好に即した意思決定が行われるが，ウェストミンスター型
では首相の強いリーダーシップの下で立法権と行政権が融合し，迅
速・果敢で効率的な政治運営を実現しようとするのに対し，コンセ
ンサス型は意思決定までの過程で，異なった意見をもつ集団の間の
合意形成を重視し，対話と説得を通じて多数派の規模を最大化しよ
うとするという，理念上の相違がある。

日本における「ウェストミンスター化」　　戦後日本の議院内閣制に目
を向けると，55 年体制の
下，衆議院の中選挙区制を要因として多党制の状況が作られながら，
自民党の一党優位によって単独過半数内閣が形成されていた。しか
し中選挙区制は同時に派閥政治をも生み出し，自民党は執行部に権

98　Ⅱ　統治のシステム　2　内閣

力が集中しない，分権的で凝集性の低い党内構造をもつに至り，内閣の議会に対する優越は生まれにくかった（→Unit 4・4(1)）。

このように2つの類型の特徴が混在していた制度の在り方に対して，90年代以降の一連の政治改革は明確にウェストミンスター型の制度を指向し，選挙および政党助成にかかわる改革や内閣機能の強化を図ってきた。憲法学においても，イギリス的な内閣中心の議院内閣制にならった憲法運用を主張する理論が登場する。選挙を通じて，政策プログラムと首相を国民が事実上直接選出できるようにし，そのために二大政党制と小選挙区制の確立を求める一方で，国会——とくに野党——に内閣のコントロールを担わせる「国民内閣制」がそれである（高橋1994）（→Unit 10・1）。

改革のインパクトは小選挙区比例代表並立制の衆議院への導入一つをとっても大きく，新制度で小選挙区に置かれた大きな比重が，大量の死票という問題を伴いつつも小党を徐々に淘汰して政党数の収斂傾向を生んだ（→Unit 4・4(1)）。のみならず，党公認や重複立候補の可否，また比例選挙での名簿順位の決定権限を通して，とくに自民党内部で執行部への権力集中と党運営のトップダウン化を促した。与党が各院で過半数の議席さえ確保できれば内閣は確実に案件を処理できる——与党議員の造反の芽はすでに摘まれている——という意味でなら，内閣は議会に対し優位に立ったともいえる。

しかしそれ以上の「ウェストミンスター化」については，否定的な見解もある。イギリス貴族院とは違って参議院が衆議院とほぼ対等な，日本国憲法に規定された二院制（→Unit 6）の枠組みからすると，内閣は実は衆議院だけでなく参議院の信任にも依存しているのであって，下院の信任獲得のみを念頭に置けばよいイギリス式の制度を導入しようとしても必ず行き詰まる，というものだ。この論者は，両院の多数派が一致しない「ねじれ現象」の起こり得る二院制が採られていることは，憲法自体が政党間の妥協と協調を求めるコ

Unit 9　議院内閣制　　99

ンセンサス型の構造をもつことを意味するととらえ，この点を踏まえて議論すべきだと主張している（高見2008）。実際，2013年の参院選以降「ねじれ」はみられず内閣の優越が続いたものの，それは自民党が少数与党に転落した2024年の衆院選後には脆くも崩れ去り，コンセンサス型への接近ともいいうる動きが生じている。

(2) モデルからの離脱

ところで，日本の議院内閣制がウェストミンスター型へ歩みを進めるのをよそに，本家本元のイギリスでは，実は「逆方向」の改革が行われていた。中でも特筆すべきは2011年の，小選挙区制から選択投票制（→Unit 4・3⑵）への選挙制度変更の可否を問う国民投票の実施と，議会任期を5年に固定する議会任期固定化法の制定である（→Unit 10・4⑶）。これは2010年総選挙でどの政党も過半数を獲得できず，単独内閣が作れずに保守党と自由民主党の連立政権が発足した時の連立合意に基づくものである。

結果的に選択投票制の導入は国民投票で否決された。もっとも，選挙での得票率低下が示す二大政党離れの中での選挙制度のあり方や，得票率と獲得議席率の乖離が拡がって生じた議員の民主的正統性への疑問が，小選挙区制の維持という国民の審判によって解決されたわけではない（高安2011）。また，議会任期の固定は保守党の一方的な解散権行使による「連立外し」を恐れて自由民主党が主張したものであり，解散を全く否定するものではなかった（下院の3分の2以上の賛成による早期総選挙の承認または下院での内閣不信任議決後14日以内に新たな政府への信任案が可決されない場合の，下院解散が規定されていた）。けれども，この法律が解散の機会を大きく制限したことには違いなく，それまでの「自由な」解散権は首相の手から消えたのである。ところが，同法の下で初の2015年総選挙は任期満了で実施されたものの，2017年にはEU離脱承認に向けて下院自

らが特別多数で同意しての解散総選挙となった。さらに 2019 年の
ジョンソン政権時には，早期解散に必要な特別多数が 3 度にわたり
得られず離脱プロセスが停滞したため，過半数で解散を可とする特
例法が制定されて再び解散総選挙に至った。議会任期固定化法から
すれば例外的な事態が続いたことで，同法は 2022 年に廃止され，
首相の判断に基づく国王大権行使としての議会解散権を復活させる
議会解散および召集法が制定されたのである（田中 2023）。

　このように揺り戻しを伴いつつも，政権のありよう，二大政党制
と選挙制度，そして内閣と議会の関係にも変化が生じている状況は，
イギリスでもウェストミンスター型モデルが必然ではないことを窺
わせる。翻って日本では，2014 年の「アベノミクス解散」で「正
当化」された消費税 10% 引上げ延期は，2016 年には民意を問わず
に再度実施され，解散の意義が否定された。さらに 2017 年には，
多数の野党議員からの召集要求に，憲法上の疑義にもかかわらず 3
か月近く応じず，ようやく召集された直後の臨時国会冒頭で，審議
をまったく行わず理由もはっきりしないまま「国難突破解散」に至
り，「大義なき解散の常態化」を招いている（大山 2018）。このよう
な形で発現する「内閣の優越」に対し，近年では野党だけでなく学
説においても，解散権の制約が議論され始めているほか（大山 2018,
植村 2018），政権および政権党に緊張感をもたらす制度の在り方が
模索されている（高安 2018）。イギリスを参照しながら改革が進め
られてきた日本においては，かの国が経験した変化とその推移に，
学ぶところは大きいだろう。

　さらに学ぶために
　①赤坂正浩「スイスの協調デモクラシー」法学志林 120 巻 4 号 1
〜58 頁（2023 年）はスイスを議会統治制の実例としてきた日本の
憲法学の理解を丹念に検証する。②高安健将『議院内閣制──変貌

Unit 9　議院内閣制　　101

する英国モデル』（中公新書，2018 年）はイギリス議院内閣制の静かな改革を丹念に描き，日本政治への示唆を与える。③大山礼子「審議回避の手段となった衆議院解散権」憲法研究 2 号 135〜147 頁（2018 年），④植村勝慶「解散権制約の試み」同 149〜160 頁は近年の解散権行使を異なる角度から批判的に検討していて興味深い。

Column⑨　大統領制

　大統領制は，独立に際して国王なしで統治制度を構想しなければならなかったアメリカで生まれた制度である。合衆国憲法では，国王の代わりに公選の大統領を置きつつ，大統領と議会の両者を厳格に分離し，相互に抑制を働かせることでそれぞれの権限が適切に行使されるよう制度が設計されている。具体的には，大統領は，議会と別個の選挙で選出される独任制の行政機関として政務を執り，議会は弾劾など例外的な場合を除き，大統領を辞めさせることができない。反面，大統領は議会に対する法案提出権も解散権ももたず，教書を通じて国の状況や予算・法律を含む必要な施策について報告・勧告を行うにとどまり，大統領の諮問機関に過ぎない閣僚スタッフの議員兼職は禁止されている。このように，両者の間に議院内閣制におけるような信任・責任関係は存在しないのだ。とはいえ，両者を分離するだけではそれぞれの権限行使の適切性を担保できないので，大統領には法案拒否権——ただし両院が定足数の 3 分の 2 で再議決すれば覆せる——を，また，閣僚や最高裁判事などの人事について議会上院に承認権を付与することで，両者が互いに抑制しつつ協働を試みる工夫も施されているのである。

　なお，大統領制からは半大統領制という統治形態が派生し，拡がりを見せている。半大統領制では，大統領と議会の信任に依存する内閣とが併存し，両者が行政権を分掌して政務に当たる。この典型とされるフランスでは，大統領の任命する首相に対し，議会が不信任権をもつため，大統領は議会の信任を得られる首相を選ばざるをえない。結果として大統領と首相の所属政党が異なる，コアビタシオンと呼ばれる状況がしばしば生まれている。

Unit 10　内閣制度

Topic　本当に強い首相とは？

閣議冒頭の写真（朝日新聞〔夕刊〕2013・1・8）

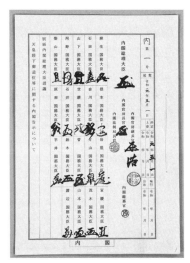

閣議書の例（第4次安倍晋三内閣，2019・5・1）

1 国会と内閣の関係──国民内閣制か，国会の再生か

内閣制度を考えるに当たっては，その前提として，国会と内閣との関係（議院内閣制）を理解することが大事である。ただ，この点については，Unit 9 で詳しく解説されているので，ここでは，国会の機能をめぐる二つの考え方について，ごく簡単に述べておく。

そもそも，政府の個々の政策判断について国民にもたらされる情報はいつの時代も限られている。その場合に，国会は，政府と国民をつなぐ伝声管としての役割を担い，**国民への情報提供機能**を果たしてきた。国民はまさに国会を通じて政府情報を入手し，政府の施策を理解してきたのである。

ところが，今日，国民と政府との間をつなぐ役割は，マス・メディアに取って代わられた。このことから，国会の役割は不明確なものとなり，その存在理由自体が揺らいでいる。近年における，政府が国民に，直接，責任を負うべきであるとか，内閣総理大臣を国民が直接選任する首相公選制を導入すべきであるといった主張もこの国会の役割の変化と無関係ではない。

現在では，憲法学説においても，議院内閣制（議会政）を，国民（有権者），国会，内閣との三面関係から捉えなおして，国民が内閣を選択する仕組みに組み替えてゆこうとする「**国民内閣制論**」が有力に主張されている（高橋 2006）。これは，民主政の論理を内閣にまで及ぼし（内閣までの民主主義），内閣を強化しようとする考え方である。

その一方で，むしろ国会の国民への情報提供機能を重視し，議会の行政統制権限（→Unit 8）などの積極的役割を再確認した上で，政府の自律性は，国民に対する統治のあり方の公開＝情報化を含めた「政治責任」，「説明責任」と常にセットであると説く学説も提示されている（奥平＝樋口 2013・52〜55〔石川健治〕）。つまり，国民・国

104 Ⅱ 統治のシステム 2 内閣

会・内閣の役割に関連して内閣と国会のどちらに力点を置くかについて，二つの異なる視点からの議論が闘わされていることになる。

　以上のような今日のわが国の国会と内閣の位置付けを前提として，わが国の内閣制度はいかに設計され，どのように運用されているのか，そこでの問題点は何かについて，本 Unit では，わが国と同様，議院内閣制を採用するイギリスとドイツの内閣制度を参照しながら（両国については，上田 2013 参照），わが国の内閣制度をめぐるいくつかの論点について考えてみることにしたい。

2　イギリスとドイツの内閣制度の特徴

(1)　イギリスの首相と内閣制度

　まずは，イギリスの内閣制度と首相の地位と権限について見ておこう。第 2 次世界大戦後のイギリス政治は，しばしば「内閣統治制」から「首相統治制」へ，さらには「大統領制化」への変化であると観察されてきた。

　確かに，今日のイギリスの首相は，大臣の任免権を持ち，内閣の運営に関しても閣議主宰権を有している。とりわけ閣議主宰権には，議会にどのような議案を提出するかという議事日程の決定，閣議での司会とそのとりまとめ役，閣議議事録の編纂等が首相に委ねられ，この主宰権によって，首相は，文字通り，他の閣僚に対してかなり強力な権限をふるうことができる仕組みになっている。

　さらに，首相は，重要問題の検討・総合調整など閣議の準備のために設置される内閣委員会（Cabinet Committees）を活用することで，自らの政策を実現可能なものにしている（2023 年 12 月 25 日のスナク保守党政権〔当時〕下での内閣委員会のリストは，次の通り。「国家安全保障会議」，「国家安全保障会議〔原子力〕」，「国家安全保障会議〔ヨーロッパ問題〕」，「国家安全保障会議〔強靱化〕」，「国家安全保障会議〔経済安保〕」，

Unit 10　内閣制度　　105

さらに,「国家科学・技術会議」,「国内経済問題」,「国内労働組合問題」,「エネルギー,気候・温暖化問題」,「議事運営・立法」,「内務委員会」が設置されていた)。

また,この強い首相を支える補佐機構としては,内閣官房や首相府があり,そこには,秘書室,政務室,報道室,政策室などが配置され,日程管理,議会・政党等との連絡調整,マスコミ対応から,政策提案までのサポート態勢が整えられている。さらに,ブレア・ブラウン労働党政権期(1997~2010年)以降,特に顕著な傾向として,首相や大臣を補佐するために,政治任用として「特別顧問 Special Adviser」が多数任用され,与党政治家と職業公務員との橋渡しを担っている。そしてこれらを支えているのが,連帯責任や信任原則といった不文の憲法上の慣習とされている。

この憲法習律を通じて,首相を中心とする政府部内での「全員一体活動義務」が導かれ,このことによって,イギリスの首相は,主導性を発揮できる体制になっている。

ただ,その一方で,首相に対しては,大臣,与党,野党,さらにその背後に控える国民による政治的コントロールが効果的に働いているとも言われている。これが,首相の権限濫用に対する究極の安全弁であり,大統領制と異なる制約とされている。

(2) ドイツの首相と内閣制度

次に,ドイツの内閣制度について見ておこう。ドイツの場合も,イギリスの貴族院と同様,二院制のあり方に特色がある。ドイツの上院である連邦参議院は各ラント(州)政府の代表者の合議機関であって,その議員は公選でなく,任期もない。その意味で,ドイツも,連邦議会(下院)中心の議院内閣制である。

ただ,連邦議会による不信任が,内閣に対してではなく,連邦首相に対してなされるという点(連邦首相不信任制度)はイギリスと異

なる。さらに，ドイツの不信任制度は特有の仕組みとなっている。すなわち，連邦首相に対する不信任は，連邦議会がその過半数で後任の連邦首相を選出した後でなければできないと定められている（ドイツ基本法67条）。これを**建設的不信任制度**といい，連邦議会の不信任決議が制約されるとともに，不信任議決の前後における内閣間の継続性が維持され（初宿2014），安定政府を形成できる仕組みとなっている。

ドイツの議院内閣制では，下院の解散は，内閣不信任案が可決され，下院の首相選挙で総議員の過半数を得た者がいないか，信任案が否決されたときに限られている。つまり，不信任案が可決されただけではできないが，信任案が否決されれば可能という点に特色がある。

その上で，ドイツの首相の地位と権限については，不文の慣習ではなく，ドイツ基本法（憲法）や制定法によって明確に定められている点で，イギリスとは異なるが，両国の首相の実態は，ほとんど変わりがない。

ドイツでも，首相は大臣の実質的任免権を有し，他の大臣に対して優越的な地位を有する。また，内閣の運営についても，**首相の基本方針決定権**および**執務指揮権**（ドイツ基本法65条）を通じて，さらには，**組織編成権**や**人事権**を介して，首相には強い権限が維持されている。さらに，連帯責任の観念については，ドイツでは，執務指揮権に基づく**総合調整権**から導かれるが，各大臣の自律性はあくまでも相対的なものにとどまり，首相は，大臣を議会から守ることを通して，大臣を自らの政策に従わせている。なお，社会民主党（SPD），同盟90／緑の党，自由民主党（FDP）によるショルツ連立政権が発足した2021年には，省庁再編が行われ，都市開発・建設省が新設され，経済エネルギー省は，経済・気候保護省に，交通・デジタルインフラ省は，デジタル・交通省に改編されている。

日英独の内閣制度比較

	イギリス	ドイツ	日本
議会と内閣の関係	下院中心の議院内閣制 非公選の貴族院	連邦議会中心の議院内閣制 非公選の連邦参議院	実際は両院対等の「国会内閣」制 公選の強い参議院
首相の位置付け	強い首相統治制	強い宰相制	首長（短期間で交代，弱い首相→強い首相へ？）
連帯責任・信任原則	憲法習律（「全員一体活動義務」）	基本法65条，法律（執務指揮権，総合調整権）	憲法66条3項
内閣不信任議決権	内閣に対して行使	連邦首相への不信任制度	内閣に対して行使（憲法69条）
大臣任免権	首相	大統領，首相の提案（基本法64条1項）	首相（ただし，全員一致原則で権限制約，憲法68条）
閣議主宰権	首相	首相（執務規則，基本法65条）	首相（内閣法4条2項）。実際には内閣官房長官が司会
閣議議事録の編纂	首相	書記官署名，大臣に送付	内閣官房長官
重要政策実現手段	首相は内閣委員会活用	首相が委員会制度を主宰	非公式な正副官房副長官会議など
首相の補佐機構	内閣官房，首相府	宰相府	内閣官房，内閣府

　以上から，ドイツの首相は，強い権限を背景に政治の実権を握っており，内閣全体を実質的に指導し調整する政治的リーダーと位置付けられている。その意味で，ドイツの首相も，イギリスの首相同様，まさに「宰相」と呼ぶに相応しい強さを備えている。

3　比較の中のわが国の内閣制度の問題点

　以上のような英独の首相に対して，わが国の首相は，4(3)で述

べるように，日本国憲法で定められた強力な地位にもかかわらず，その運営上の実質的な権限の「弱さ」が常に問題とされてきた。その原因としては，明治憲法時代に確立した各省大臣（国務大臣）の絶対責任（大臣の平等原則，所管事項の分担管理原則，明治憲法 55 条）が日本国憲法にも事実上引き継がれたことが挙げられる。また，行政組織法定主義についても，各省設置法によって省の独立性が維持され，各省大臣の絶対責任性を強めて，内閣と各省に対する首相の指導力を弱める結果となっていた。しかし，2014（平成 26）年 5 月に内閣人事局が新設され，キャリア公務員の人事権が各省大臣から内閣官房によって一元的に管理されるようになったことを受けて，首相の指導力にも（弊害を含めて）変化がみられるようになった（この点については，→Column⑩）。そこで，以下では，日本国憲法が定める首相の強い地位を実質化するためのこれまでの取組みについて概観しておくことにしたい。

4　わが国の内閣制度

(1)　日本国憲法下の内閣制度

現行憲法は，明文で内閣制度を規定（憲法 65 条以下）し，その組織法である内閣法（憲法 66 条 1 項）が定められている。わが国においても行政改革は長く懸案事項であったが，1997（平成 9）年 12 月 3 日の「行政改革会議最終報告」に基づいて，内閣総理大臣の指導力の強化，内閣機能の強化を図るために中央省庁等改革基本法が制定された（1999〔平成 11〕年 7 月）。

さらに，1999 年には，内閣法，国家行政組織法の改正や内閣府の設置，いわゆる国会審議活性化法の制定による副大臣・大臣政務官の新設など次々に制度改革が行われた。これらの改革を受けて，現在では，内閣総理大臣を直接に支える内閣構成メンバーとしては，

Unit 10　内閣制度　　109

国務大臣（内閣法2条2項），副大臣，大臣政務官など，総勢70名ほどで構成されている。

それに加えて，第2次安倍内閣では，英独のような内閣委員会制度ではなく，非公式の「正副官房長官会議」が，首相の最高意思決定機関として，ほぼ毎日開かれていた（田崎2014）。さらに，第3次安倍内閣では，元首相・党総裁クラスの「シニア・サークル」（御厨2015）を，副総理・財務大臣（麻生太郎），党幹事長（谷垣禎一），対中国対米外交補佐役（福田康夫）に起用して政策形成の安定化が図られた。

また，内閣の事務を一般的・日常的に補助する政治的機関として，**内閣官房**が設置された（内閣法12条）。さらに，内閣総理大臣を長とする**内閣府**は，従来の総理府を改編して，他の省庁より一段上の存在として，「内閣の重要政策に関する内閣の事務を助けることを任務」（内閣府設置法3条1項）とする組織として，**内閣の総合調整機能**を担っている。なお，内閣府には，国家行政組織法が適用されない（同法1条参照）ことから，柔軟な組織編成が可能であるとされている。

(2) 国務大臣

憲法74条は，「法律及び政令には，すべて主任の国務大臣が署名し」と規定する。また，国家行政組織法5条3項では，「各省大臣は，国務大臣のうちから，内閣総理大臣が命ずる」とされる。つまり，観念上は，すべての大臣は，まず内閣の構成メンバーとして国務大臣に任命され，その上で，行政事務ごとの主任の国務大臣，あるいは，**各省庁大臣**，「行政各部」の長として任命されることになっている。ただ，内閣法上は，「行政事務を分担管理しない大臣の存することを妨げるものではない。」（同法3条2項）と定められ，いわゆる無任所大臣の存在も予定されている。なお，**内閣総理大臣**

は内閣府の主任大臣であるが，内閣府には，そのほかに複数の特命担当大臣も置かれている（内閣府設置法9条）。

(3) 内閣総理大臣の地位と権限

内閣の組織者　わが国の内閣総理大臣も，内閣の「首長」（憲法66条）として，国務大臣（そして各省大臣）の任免権（憲法68条），**内閣総理大臣臨時代理指定権**（内閣法9条）をはじめ，副大臣，大臣政務官，内閣官房副長官の実質的な選任権も有することから，「内閣の組織者」としての強い地位を有している。

首相の権限としての大臣の任免権については，憲法68条1項但書が，「その過半数は，国会議員の中から選ばれなければならない。」と定められている点に注意が必要である。同条によれば，半数未満であれば，国会議員以外からの大臣の任命が認められており，こうした制度面に着目すれば，わが国の首相は，イギリスの首相とは違って，議院内閣制の枠組みを超えて，むしろ大統領制の下での**政治的任用権**も有するといえよう。

内閣の代表者　次いで，内閣総理大臣は，「内閣の代表者」として，内閣提出の予算案や法案などの議案提出権，一般国務や外交関係についての国会報告および行政各部に対する指揮監督権（憲法72条，内閣法5条・6条）なども有している。

さらに，内閣総理大臣は**衆議院解散**の実質的決定権をも有するとされている。この点で，内閣総理大臣は，内閣の組織者・代表者として，内閣の存立にとって欠くべからざる基礎であるとの立場に立った上で，しかも，解散権は「内閣総理大臣の専権事項」とする理解が国会議員の中に浸透しているとすれば，解散権も内閣総理大臣の権限とする慣行（習律）が形成されていると考えられることになる（この点，イギリスでは，2011年に議会任期固定化法が制定され，解散権に関する首相の裁量権が制限されたが，内閣信任案が否決されても，内

閣は解散総選挙に訴えられないなど，法の不備が明らかになり，同法は，
2022 年に廃止された→Unit 9・3⑵）。

⑷　内閣総理大臣の内閣運営上の権限

閣議主宰権　　内閣法 4 条 2 項は「閣議は，内閣総理大臣がこれを
主宰する」と規定する。この「主宰」の意味につい
ては，「議長として議事を整理し，その他会議の進行のため必要な
一切の措置をとること」（林 1965・41）とされるだけで，英独のよう
な大臣行為規範の制定，議事日程や議事参加者の決定，議事進行，
議事録の確定などの閣議運営についての諸権限が詳細に論じられて
いるわけではない。

閣議主宰権については，2014（平成 26）年 4 月から公開されるこ
とになった**閣議議事録**（首相官邸 web サイト参照）でも明らかなよう
に，実際には，**内閣官房長官**が閣議の開会および閉会の宣言，発言
者の指名，議事の整理などを行っている（例えば，2019〔令和元〕年
5 月 1 日の天皇陛下御退位等に関する「臨時閣議及び閣僚懇談会議事録」で
は，閣議後の「閣僚懇談会」も含めて，官房長官が司会役を務めている）。
この官房長官の実際の閣議での役割は，首相の委任を受けたものだ
としても，ここに首相の閣議主宰者としての実際の位置付けが表れ
ているということもできよう。

閣議と閣僚懇談会　　確かに，今日，閣議は，閣僚によるサイン会
（閣議書に閣僚が順に花押を印し，最後に総理大臣
が押印する。Topic 参照）であって，事前に行政内部で調整が済んだ
議案（法令については，内閣法制局の審査済のもの）が提出される，形
式的な会議に過ぎないと称されている。その意味で，閣議事項は限
定されており，細川護熙内閣によって新設された，閣議終了後に行
われることになっている閣僚懇談会も，そこに内閣の大局的な方針
や生成途上の政策が提出され，閣僚間で率直な議論がなされる場と

112　　Ⅱ　統治のシステム　2　内閣

はなっていないことこそが，憲法上，内閣の機能強化にとっての最大の課題といえるのかもしれない（赤坂 2024）。

閣議決定の全員一致原則　閣議決定には，内閣構成員全員の明示的な（花押による署名）賛成が必要とされている。そして，この「全員一致原則」は憲法上の要請とされている。つまり，一人でも反対する国務大臣が出た場合には，内閣総理大臣はその大臣を罷免しない限り，内閣としての意思決定を行うことができない。その意味で，この「全員一致原則」こそが，内閣総理大臣による内閣運営に対する一番の障害となっている。

　そこで，閣議決定に関しては，内閣法に，内閣総理大臣の基本方針・政策の発議権を明記（4 条 2 項）するなどの改革がなされてきたが，閣議決定における全員一致原則を改めて，「多数決の採用」を行うことについてはなお検討の段階にとどまっている。

大臣・政務官規範　2001 年の行政改革関連諸法律の施行に併せて「国務大臣・副大臣及び大臣政務官規範」（平成 13 年 1 月 6 日閣議決定，内閣官房 web サイト）が定められた。これは，大臣の服務規範，大臣の職務・遂行基準としての広義の内閣の運営に関する規範が定められたものであるが，実際の閣議運営に関わる規範が含まれていない等の問題はあるものの，内閣運営の枠組みを明確にしたという点で，大きな意義をもつ。ただ，模範とされたイギリスの大臣行為規範（Ministerial Code, 2022 年にジョンソン首相〔当時〕，スナク首相〔当時〕によって改定）では，わが国のように，閣議決定によるのではなく，首相が専権的に定めることになっている。さらに，イギリスでは，大臣行為規範違反の調査等を行う「独立顧問」が任命され，違反行為に対しては，大臣給与の支給停止などを含む首相による制裁措置の用意があるなどの違いもある。

　以上のような内閣運営の改革の試みは，まさに，内閣の自律性を確保し，首相のイニシアチブを強めるための着実な第一歩となった。

さらに学ぶために
　第2次安倍内閣の運営については，田崎史郎『安倍官邸の正体』（講談社現代新書，2014年）。英独などの比較法的な本格的な研究書としては，上田健介『首相権限と憲法』（成文堂，2013年）。行政改革に参画した佐藤幸治「日本国憲法と行政権」同『日本国憲法と「法の支配」』（有斐閣，2002年）も重要である。

Column⑩　内閣人事局の弊害

　安倍晋三首相の友人が理事長を務める学校法人「加計学園」の獣医学部新設問題をきっかけに，各省庁の幹部人事を内閣人事局が管理する「官邸主導」の弊害が指摘されている。官邸が強い人事権を握ることで政策や改革が進みやすくなった半面，締め付けられた官僚が過度に政権を「そんたく」したり，不満を抱いたりして政官の関係がきしむ恐れもある。……（内閣人事）局の設置はもともと，省庁が「省益」を優先して政策が頓挫したり，族議員の利益誘導を招いたりする弊害をなくし，政治主導を進める狙いがあった。ただ柔軟な抜てき人事などの半面，官邸の意向に反した幹部が冷遇されるケースもある。……ある省庁幹部は「長期政権の弊害だ。何とも言えない腐敗臭がする」と漏らした。……東大の牧原出教授（行政学）は「政権が人事権で官僚を威圧すれば，行政をゆがめる。官邸や政権が自制すべきだ」と指摘する。（毎日新聞2017・6・3朝刊）

Unit 11　安全保障

Topic　国家は平和と安全をどう守るべきか？

東京湾の横須賀市沖で停泊する米海軍の補給艦（左）のそばを通過する，海上自衛隊のヘリコプター搭載型護衛艦「いずも」。この後，安全保障関連法に基づく米艦防護を実施した（写真：毎日フォトバンク）

国会前で安全保障関連法などに反対し，抗議する人たち（写真：朝日新聞社）

1 第2次安倍内閣以降の安全保障政策

(1) 戦後日本の安全保障政策の転換

2012（平成24）年，再び内閣総理大臣に就任した安倍晋三は，戦後日本の安全保障政策を大きく変えた。安倍内閣はまず，外交や安全保障に関する政府の決定や関連情報の収集をスピーディに行うために**国家安全保障会議**（日本版NSC）を設置した。また，外交・安全保障上の重要機密を指定・管理し，これを外部に漏らした公務員などを処罰する**特定秘密保護法**も成立させた。「**武器輸出三原則**」（武器輸出を原則禁止）の代わりに**防衛装備移転三原則**（武器輸出を原則許容）を閣議決定した。そして，歴代の政府が違憲だとしてきた**集団的自衛権**の行使を一部可能とする憲法解釈の変更に踏みきり，「**平和安全法制**」（安保法制）の成立・施行にこぎつけた。さらに，2021年に誕生した岸田文雄内閣は，新たな「**国家安全保障戦略**」をはじめとする「**安保関連三文書**」（2022年）を策定し，「**反撃能力**」の保有による抑止力の強化，防衛予算増額により防衛力の抜本的強化を図ると宣言した。

(2) 「平和憲法」との整合性

しかし，上記の内閣の諸政策には，少なくない批判が浴びせられた。日本国憲法は，我々の「平和のうちに生存する権利」を確認し，「政府の行為によつて再び戦争の惨禍が起ることのないやうに」（憲法前文），「戦争」を「放棄」し「戦力」を「保持」しない（憲法9条）と定めている。政府は，そのような憲法の求めに反し日本を再び戦争ができる国家にしようとしているというわけだ。国家は，国民の平和と安全を守る義務を負う。これを否定する人はおそらく誰もいない。にもかかわらず，日本はどのような安全保障政策を採るべきか，現在，深刻な対立が生じている。それはなぜか。

2 国連憲章上の安全保障体制

(1) 国連憲章

人類は，20世紀に入って2度の世界大戦を経験し，あまりにも多くの人命を失った。第2次世界大戦後，国際の安全保障を実現するための強固な仕組みを作ろうということになった。そのもっとも基本的なルールが国際連合憲章（1945年発効）である。同憲章は，国際連合を，世界の平和と安全を破壊しようとするものを排除し，人権を尊重するよう加盟国に働きかける中心的な組織だと規定した（憲章1条）。とりわけ，国連加盟193か国（2024年現在）のうち，15か国で構成される安全保障理事会（国連安保理）が平和と安全を維持する主な責任を負う（憲章23条・24条）。

(2) 集団的安全保障

国際紛争は，平和的に解決するのが一番よい。しかし，国連加盟国を武力攻撃する国家が現れたらどうするか。国連安保理は，武力を使わないやり方（憲章40条・41条）では平和と安全を回復できない場合，国連加盟国の派遣兵により構成される国連軍を用い得る（憲章42条・43条）。国連加盟国は，お互いの平和と安全を守ると約束しているので，国連安保理の求めに応じず武力攻撃を行う国家は，いわば仲間を裏切ったのと同じである。このように，仲間（攻撃された国）を裏切った者（攻撃国）に対して，他の仲間（国連安保理・国連軍）が共同して罰を与えることを集団的安全保障という。

(3) 個別的自衛権と集団的自衛権

とはいっても，国連安保理が何かしてくれるまで，裏切り者の仕打ちに耐えられる国家ばかりではないだろう。また，これまで常任理事国すべてが賛同した，本当の意味での国連軍は組織されたこと

Unit 11　安全保障　117

はない。そこで，国連憲章は，国連安保理・国連軍の助けが来るまで，国連加盟国に個別的または集団的自衛の固有の権利を行使することを認めている（憲章51条）。ただし，自衛権の行使は，そのつど国連安保理に報告しなければならない。自衛権の行使は，国連憲章の下，集団的安全保障がうまく機能するまでの「つなぎ」に過ぎず，国連安保理の監視下に置かれる。

個別的自衛権とは，不正な武力攻撃を加える国家Aに対して，攻撃を受けた国家Bは抵抗し追い払うことができる権利をいう。人Aに殴りかかられた人Bは，人Aを殴り返すなどして身を守ることができるということと同じである。個別的自衛権の発動は次の3つの要件を満たしていなければならない。①他国から実際に不正な攻撃がなされていること（違法性），②外交交渉など問題解決の方法が他にないこと（補充性），③他国からの攻撃を押し返す反撃にとどまること（均衡性）。

集団的自衛権の意味については，いろいろな解釈が唱えられている（集団的自衛権の成立史について，森2023）。とりあえず，ここでは，国家Aによる不正な武力攻撃に対抗する国家Bを助けるために，国家Cが国家Aに武力を行使できる権利と解しておこう。突然わけもなく殴りかかった人Aに立ち向かう人Bを助けるために，人Cは人Aを突き倒してもよいということと同じである。

(4) 集団的安全保障と集団的自衛権

集団的安全保障と集団的自衛権とは区別される。集団的安全保障は，前述したように，仲間うちの裏切り者を仲間みんなで懲らしめるということである。これに対して，集団的自衛権は，そもそも仲間ではない何者か（仮想敵国）に対抗する権利だ。集団的安全保障の相手は「内部の敵」，集団的自衛権の相手は「外部の敵」である。集団的安全保障は，すべての国連加盟国（仲間）に対して，自国の

できる範囲で裏切り者に罰を与える（手伝いをする）義務を課す（憲章43条）。集団的自衛権は，自国の同盟国（仲間）の敵を攻撃するか否かについて，条約等により負う義務に反しない限り自国が選択する余地がある点で，集団的安全保障とは異なる。

3 日本国憲法の平和主義

(1) 戦争の放棄と戦力の不保持

ところが日本国憲法は，前述のような国連憲章の安全保障の仕組みとは正反対の発想をしているようにみえる。憲法前文は，すべての人間が「平和のうちに生存する権利」を認め，「政府の行為」による悲惨な戦争を二度と繰り返してはならないと述べる。これを受けて，憲法9条1項は，①「国権の発動たる戦争」（攻撃をはじめる前に宣戦布告〔これから攻撃をしますよと相手国に知らせること〕を義務づけるなど，フェアプレイの精神にもとづく国家間の戦闘行為），②「武力による威嚇」（言うことを聞かなければ攻撃を加えるというおどし），③「武力の行使」（①を除く，国家間の戦闘行為）を，「国際紛争を解決する手段としては」，「永久に」放棄すると定める。同条2項は，「陸海空軍その他の戦力」の保持も，「交戦権」も「認めない」。

不戦条約（1928年）を受けて国連憲章は，「戦争」を違法としている（憲章2条）。日本国憲法9条1項もまた，その趣旨を受けたものである（上記①）。しかし，国連憲章は，世界平和の維持のために武力行使を許容し，これを厳格にコントロールしながら平和を回復しようとしている。逆に日本国憲法は，武力行使をすべて否定した上に，武力の行使の可能性を予告し，そのための装備を整えること自体が平和を脅かす，と考えているかのようである。

Unit 11　安全保障　119

(2) 自衛隊の憲法適合性

①違憲説

　日本国憲法が上記のように武力の行使などを徹底して忌み嫌っているのだとしたら，今なぜ自衛隊は活動できているのであろうか。警察力を上回る装備を有する自衛隊を，憲法学者の多くは，憲法9条2項が禁止する「戦力」に該当し違憲であるから，現状は肯定できないとみる。しかし，国連憲章が保障する個別的自衛権はどうなるのか。他国からの侵略に対して，どう対処すればよいというのか。

　違憲説は，日本国憲法を，武力による安全保障という従来の常識を乗り越えようとした憲法だと解する。武力を備えるから，他国の警戒心をかきたてる。武力で抵抗するから，かえってひどい報復を受ける。外交努力等により国際的な信頼関係を構築することこそ，他国からの攻撃を抑止する。仮に攻撃があっても，警察力や一般国民の非暴力活動による抵抗は可能だし，何より国連が黙っていない。現在の自衛隊は，災害救援や国境警備に特化した装備に縮小すべきである，とする。違憲説によれば，日本国憲法は，通常の意味での個別的自衛権の放棄ないしその大胆な変容を目指していることになる（野中ほか2012〔高見勝利〕参照）。

②合憲説

　自衛隊違憲説に対して，日本国政府は次のように考える（内閣法制局について→Unit 13）。国民の幸福追求権（憲法13条後段）を保障すべき日本は，他国による武力攻撃に対して，個別的自衛権を当然行使できる。日本国憲法の平和主義は，国際法の個別的自衛権とうまく調和するよう解釈すべきである。日本国憲法と国連憲章は，武力の行使をできるだけ控えようとする点では共通する。しかし，第2次世界大戦で，他国に甚大な被害をもたらし，大敗北を喫した日本は，その反省をもとに，戦後，国連憲章が認めるよりさらに限定的に，個別的自衛権を行使しようと決めた。

政府解釈によれば，したがって，憲法9条がいう「戦争」「戦力」の放棄とは，フツーの国連加盟国による武力行使や軍を放棄するという意味に過ぎない。警察力を上回るが「戦力」に至らない，「自衛のための必要最小限度の自衛力」＝自衛隊を用いて，他国による武力攻撃を退ける程度であれば，憲法9条に反するとまではいえない。最高裁判所は，自衛隊の憲法適合性について，これまで一度もはっきり判断したことはないが，この政府解釈と矛盾しない平和主義に関する解釈を示したことがある（砂川事件判決，最大判昭和34・12・16刑集13巻13号3225頁）。

(3) 自衛力＝自衛隊の限界

　このような政府解釈は，自衛隊違憲説によれば，「戦力」と「自衛力」との境界は不明確であって，結局は，自衛のための「戦力」保持を認めたのに等しい，と批判される。これに対して，政府は，従来，次のように反論してきた。たしかに，「自衛力」の範囲は，その時々の国際情勢により変化し得る。しかし，「戦力」に該当してはならない以上，自衛隊の装備と活動範囲には限界がある。一国を破壊しつくす大型核兵器，自国の領域防衛に不要な大陸間弾道ミサイルや航空母艦の保持は憲法上許されない。また，日本の領域を防衛すべき自衛隊が海外で武力を行使することも原則禁止される。この意味で，やはり日本の「自衛力」とフツーの国連加盟国の「戦力」とは区別されるというわけである（阪田2013年）。

4　自衛力の補完・拡大？──安保法制の成立

(1) 日米安全保障体制

　自衛隊違憲説，政府解釈いずれの考え方によっても，日本は国連憲章が認める個別的自衛権を，他の国家のようにフルには行使でき

ないことになる。自衛隊違憲説は、警察力を上回る実力組織を日本が保持することを認めない。政府解釈は、自衛隊を合憲とするが、これも他国の有する軍事力に比べて抑制されている。したがって、日本は、個別的自衛権の行使を何かで補わなければ、自国の平和と安全を維持できなくなる可能性がある。

この点政府はクールに考えた。日本はフル装備の軍隊は持てない以上、場合によっては他国に援助を求めるしかない。日本は、アメリカ合衆国との「相互協力」をうたった**日米安全保障条約**（1952年旧条約発効、1960年新条約発効）を結んだ。同条約が認める日米共同の武力行使は、日本にとっては個別的自衛権の行使、米国にとっては集団的自衛権の行使にそれぞれあたる。ただし、この同条約の定めはあくまで日本の領域への武力攻撃の場合の話であって、米国の領域への武力攻撃に日本の自衛隊が出動するということではない。米軍が日本の個別的自衛権の行使を援助する代わりに、日本は、米軍に基地を提供し米軍の東アジアでの存在感を高める援助をする。

(2) 安保法制の成立──集団的自衛権の限定的行使

日米安全保障条約を中核とした日米の防衛上の結びつきは、その後作られた「日米防衛協力のための指針」（ガイドライン）に基づき、徐々に強化された。しかし、日米の防衛協力の前には、常に従来の政府解釈が立ちはだかってきた。例えば、日本周辺の海上で米艦と自衛艦とが並走している場合、米艦に武力攻撃があっても、自衛艦は、従来の政府解釈上、米艦とともに反撃できない。日本への攻撃ではない以上、自衛艦による反撃は自衛力の限界を超えることになる。従来の政府解釈は、集団的自衛権の行使を、現行憲法上許されないと解してきたわけである。

従来の政府解釈を前提にすると、集団的自衛権を行使するには憲法改正が必要となる。しかし、憲法改正手続は厳格である（→Unit

22・1(1)) し（憲法96条），世論の支持が得られるかも怪しい。そこで，安倍内閣は，日米の防衛協力をさらに進め，東アジアの安全保障環境の変化に応じ，抑止力を高めるには，従来の政府解釈を変えるしかないと考えた（**積極的平和主義**）。国連憲章が認める集団的自衛権を個別的自衛権と同じように控えめに行使するという解釈に変更すればよい，つまり，①日本に対する攻撃だけではなく，日本と密接な関係にある国家に対する攻撃によって，日本国民の人権が根底から覆され，日本国の存立が脅かされる明白な危険が生じた場合，②他に適当な手段がないときに限り，③必要最小限度の実力を行使できると考えようというわけである（**武力行使の新三要件**）。

この新しい政府解釈をもとに，2015（平成27）年，安倍内閣は，国会に対して，安保法制の整備のため一連の法案を提出し，同年，国会は一部修正のうえ同法制を成立させた。同法制の内容をかいつまんで説明すると，以下のようになる。①日本への武力攻撃が発生した場合（**武力攻撃事態**）以外に，同盟国への武力攻撃により日本の存立等が脅かされる明白な危険が生じた場合（**存立危機事態**）にも，自衛隊による防衛出動（武力行使）が可能となる（自衛隊法76条1項等），②日本の平和と安全に重要な影響を与える事態（**重要影響事態**）に際して，自衛隊は，日本の周辺に限らず，米国をはじめとする外国軍への弾薬等の補給といった後方支援を行える（重要影響事態安全確保法1条等），③国連平和維持活動（PKO）において，自衛隊は，治安維持のほか他国軍等の救出活動（**駆けつけ警護**）が可能となる〔PKO協力法3条5号トおよびラ〕，④国連平和維持活動（PKO）以外にも，平和・安全を確保しようとする国際的な活動であれば自衛隊員による後方支援が許される（国際平和支援法1条・3条等），⑤自衛隊は，平時から，米軍の艦船や航空機を護衛し，そのために武器を使用できる（**武器等防護**。自衛隊法95条の2）（阪田2016参照）。冒頭で触れたように，岸田内閣以降の政府は，さらな

Unit 11 安全保障　　123

る防衛力強化を図っているが，その財源をどう捻出するか，「反撃能力」が従来の抑制的な自衛権理解と果たして両立するのか，議論は必ずしも深まっているとはいえない。

さらに学ぶために

　岸田政権による「安保関連三文書」については，防衛省・自衛隊webサイトで読むことができる。政府の9条解釈変更と学説の反応については，齊藤正彰『多層的立憲主義と日本国憲法』（信山社，2022年）245頁以下がトータルな整理・分析を加えている。

Column⑪　「存立危機事態」とは何か？

　安保法制の国会審議において，一番議論になったのが「存立危機事態」の具体例である（読売新聞政治部編 2015）。政府は，自衛隊の「海外派兵」（他国領域への武力行使を目的にした派遣）を，一般に許されないとしたうえで，①ペルシャ湾ホルムズ海峡における機雷除去（日本への原油輸入を確保するため），②朝鮮半島有事における米艦船の防護（在韓邦人の日本への移送等を支援するため）を，「存立危機事態」における集団的自衛権行使の具体例として答弁した。しかし，①については，ホルムズ海峡における「危機」により，直ちに，日本は原油を全く輸入できなくなるのか，日本の存立や日本国民の人権保障は「根底から」覆されるのか，という疑問が野党のみならず与党幹部からも上がった。政府は，①を「現実的に想定しているわけではない」と答弁を修正するに至っている。②については，自衛隊が韓国の領域内で活動すること自体が現実的に想定しにくい，朝鮮半島周辺の有事（公海上）は，武力攻撃事態ないし武力攻撃切迫事態（自衛隊法76条1項1号）として，個別的自衛権の行使の対象として解し得る，という指摘もある。もっとも，政府は，上記①②以外にも，「存立危機事態」は「法理上」あり得る，とも答弁している。同「事態」の中身は，いまだはっきりしない（その問題点の詳細は，長谷部＝杉田 2015 参照）。

124　Ⅱ　統治のシステム　2　内閣

Unit 12　独立行政委員会

Topic　内閣から独立した委員会を設置することはできるか？

現在の独立行政委員会（10 委員会）

省	根拠法	委員会	関係法律
内閣府	内閣府設置法49条	公正取引委員会	私的独占の禁止及び公正取引の確保に関する法律 27 条
		国家公安委員会	警察法 4 条
		個人情報保護委員会	個人情報の保護に関する法律 59 条
		カジノ管理委員会	特定複合観光施設区域整備法 213 条
総務省	国家行政組織法別表第一（第 3 条関係）	公害等調整委員会	
法務省	同上	公安審査委員会	
厚生労働省	同上	中央労働委員会	
国土交通省	同上	運輸安全委員会	
環境省	同上	原子力規制委員会	
	国家公務員法 3 条	人事院	

国家行政組織法別表第一（昭和 24 年法律 123 号による改正後・一部）
（廃止された委員会はゴチック）

省	委員会
総理府	公正取引委員会，国家公安委員会，**統計委員会**，**全国選挙管理委員会**，**公職資格訴願審査委員会**，**外国為替管理委員会**
法務府	**中央更生保護委員会**，**司法試験管理委員会**
大蔵省	**証券取引委員会**
運輸省	**船員労働委員会**
労働省	中央労働委員会，**公共企業体仲裁委員会**，**国有鉄道中央調停委員会**，**専売公社中央調停委員会**，**国有鉄道地方調停委員会**，**専売公社地方調停委員会**
経済安定本部	**外資委員会**

125

1 独立行政委員会とは何か，憲法上の問題点は？

(1) 概 説

独立行政委員会（以下では，単に「行政委員会」という）とは，法律によって設置された，内閣から独立した合議制の機関である（国家行政組織法3条参照）。これらは，その事務処理に当たって，公正中立性や専門技術性等の必要性から行政決定権限と行政処分権限を併せもつ機関となっている。この点で，国家行政組織法8条に基づく諮問を受けて調査や審査を行い，意思決定過程に補助的に参画する**審議会**等とは区別される。なお，**会計検査院**は，国の収入支出の決算統制のための組織として，憲法90条に基づいて設置される内閣から独立した機関である（会計検査院法1条）。憲法上の独立機関である点で，ここで取り扱う行政委員会とは区別されるので，注意が必要である。

現在の行政委員会には，統一的な中央人事行政機関として，内閣の所轄の下に国家行政組織法の適用を受けない組織である**人事院**，これに対して，内閣総理大臣の所轄の下，内閣府の外局として，私的独占の禁止や不当な取引制限，不公正な取引方法等の規制事務を担当する**公正取引委員会**をはじめ，内閣府設置委員会としては，**個人情報保護委員会**や新設された**カジノ管理委員会**，内閣府大臣委員会としての**国家公安委員会**がある。また，**Topic** の**公害等調整委員会**をはじめとする5委員会は国家行政組織法3条に基づく3条委員会で，各省に外局として設置されている。

さらに，委員長や委員には強い**身分保障**が認められている。例えば，人事院の人事官3人は両議院の同意を得て内閣が任命し（国家公務員法5条1項），天皇により認証されることになっている（同条2項）。人事官は，欠格事由や国会・裁判所による弾劾手続等がない限り罷免されない（同法8条）。そのために，人事官の権限行使が内

126 Ⅱ 統治のシステム 2 内閣

閣の意思に反しても，内閣は人事官を罷免できないことになっている。

(2) 第2次世界大戦後の導入と統廃合

　これらの行政委員会は，アメリカの独立規制委員会（independent regulatory commissions）をモデルとしたもので，わが国には，戦後の対日管理政策の一環として「行政の民主化」の名の下に広く導入された。もともと，アメリカの独立規制委員会は，国民によって選挙される大統領制を前提に，大統領の政治的公務員任命権が広く認められて，専門的官僚制の形成が遅れたアメリカの政治体制の下で，主として経済活動への規制を行う組織として，設置されてきた。ところが，わが国へは，戦後の連合国による対日管理政策を受けて，官僚行政の排除という要請から多数設置されることになったのであるが，サンフランシスコ平和条約締結による独立回復後，わが国の風土になじまないとして，その多くが廃止された（Topicの表を参照）。ただ，その反面，「独立性」の観点から残存された行政委員会については，必ずしも十分な憲法上の検討が加えられることなく定着したともいわれている。

　現在，国の行政委員会としては，Topicに掲げた10委員会がある。ただ，その改廃は，近年でも行われており，2004（平成16）年には，それまで法務省の外局として設置されていた司法試験管理委員会が「司法試験委員会」に改められ，国家行政組織法の8条委員会（審議・諮問機関である審議会）として法務省大臣官房に設置されたことを受けて廃止された。また，2008（平成20）年には，国土交通省設置法の一部改正法により国土交通省の外局として設置されていた船員労働委員会も廃止されている（これによって，かつては多数設立されていた各種の労働委員会は中央労働委員会だけとなった）。他方で，新設された委員会としては，環境省の外局として2012（平成24）年に設

Unit 12　独立行政委員会　　127

置された原子力規制委員会（→Column⑫），2020（令和2）年にはカジノ管理委員会が内閣府の外局として設置され，改組されたものとしては2016（平成28）年の個人情報保護委員会がある。

(3) 憲法65条との関係

これらの行政委員会の設置理由は，前述したように，一定の行政分野に関して内閣からの政治的影響力を排し，中立公正な法執行を確保する点に求められた。しかしながら，憲法65条が「行政権は内閣に属する」と定めている以上，内閣から独立の組織が行政権限を行使することは違憲ではないかとの議論が根強く唱えられてきた。

2 合憲論の検討

(1) 憲法65条に適合＝合憲説

まず，行政委員会の合憲説には2通りの考え方がある。一つは，行政委員会が，内閣の指揮監督の下にあり，内閣による何らかのコントロールがあることを合憲論の根拠とするものである。行政委員会に対しては一般の行政機関に対する指揮監督権より弱いとはいえ，人事・財務会計などの事項についての任免権・予算編成権や「行政指導的性質を持つ『指導・助言』等の手段」（藤田2022・92）により内閣のコントロールを受けることから，憲法65条の例外といわなくても，内閣は行政委員会に対して一定の監督権を行使できるので，65条に適合し，合憲であるとされる。

(2) 憲法65条の例外＝合憲説

いま一つの考え方は，行政委員会を65条の例外と位置付ける。ここでは，65条はすべての「行政」を内閣のコントロールの下に

置くことを予定するものではないとするのである。つまり，権力分立原理は歴史的に行政権を制約することを主眼としており，行政権の集中を積極的に求める論理ではないこと，事務の性格により政治的中立性が要求されるときには，内閣の指揮監督権を例外的に制約する方が適正な行政権行使を確保できることなどから，合憲だと考えるわけである。行政委員会が内閣のコントロールに服するということは，結局のところ，国会の監督を受けること（憲法66条3項）と考えるのである。したがって，たとえ内閣のコントロールが十分に及ばないとしても，国会によるコントロールを及ぼすことができれば憲法上問題ないと解されている。芦部信喜が，「内閣から独立した行政作用であっても，とくに政治的な中立性の要求される行政については，……最終的にそれに対して国会のコントロールが直接に及ぶのであれば，合憲であると解してよい」（芦部2023・349）と説くのもこの考え方に基づいている。

　さらに，第三者的紛争解決（中労委）や公務員の任用試験（人事院）などについては，むしろ内閣の直接の指揮監督権から生ずる政治的支配を排除することが望ましいとの合憲論も主張されている。

(3) 執政権説の登場

　以上に対して，最近の注目すべき見解として，憲法65条は，内閣を原則として**執政権者**と解する考え方に立って，行政委員会の合憲性を導く考え方が提起されている（木村＝西村2014）。

　そこでは，憲法65条の行政のうち国政の基本計画や外交・防衛などの高度な政治的判断を要する権限である「執政」と呼ばれる部分については，内閣に独占させることに強い理由があると説かれている。これらの**執政権**については，首相の強力な権限により統一された内閣に委ねられ，国会，とくに内閣不信任決議権を持つ衆議院の統制を受ける内閣に執政権を独占させる必要があるとするのであ

る。したがって，執政権についての実質的な決定権は内閣自らの責任で行わなければならず，この権限を他の機関に委任し，国会の同意を要件とすることは憲法65条に違反する疑いが強いと説かれることになる。

その一方で，法律の内容を忠実に実現する**執行権限**については，国会の監督が及ぶのであれば内閣に独占させる必要性は強いとは言えず，内閣から独立した行政委員会にその権限を行使させても問題はないとされたのである。ただ，その際にも，行政委員会の設置が法律でなされ，行政委員会が国会のコントロールを離れて活動した場合には，法律改正によって当該委員会を廃止するという選択肢を残しておくことが重要だとされている。

以上の考え方をまとめれば，憲法の趣旨は「執政」作用を内閣に独占させることにあり，政治的中立の立場から法の執行をなす行政委員会の事務はそれに当たらないということになる。したがって，この執行作用を内閣に独占させることまでは必要でなく，法律に基づいて，内閣から独立した行政委員会を設置することも可能だとされたのである。ただ，この法律による設置という要請は，憲法上の要求でもあるという点（憲法73条4号）に注意が必要である（大石2021・318）。

(4) 執政権説への反論

これらの合憲論については，行政権を内閣に帰属させることの根拠について，とりわけ「執政権」概念を用いた説明に対しては，憲法65条の行政とは立法機関が作った法律を適用することであるとする**法律執行説**の立場からの批判がある。そこでは，憲法65条は，そもそも内閣の対国会責任を通じて行政に対する国民からの監視を確保する狙いがあると説かれる。したがって，内閣からの「独立」は国民からの距離を拡大することになる。そして，何が「執政」か

についても国民の議論抜きには決まらないのであるから，安易に「執政権」概念を用いて内閣の職権を奪うことは許されないと説かれている（毛利 2014）。

さらに，行政委員会の合憲性をめぐっては，別の観点からの主張も提示されている（駒村 1999。この点については，→Unit 21・3(2)）。

(5) 考え方の整理

では，この問題をどのように考えたらよいのであろうか。まず，「三権の分立」の要素を強調すれば，立法・司法以外の国家作用は厳格に内閣が独占するとして違憲論に傾くことにならざるを得ない。これに対して，「権力の分立」の要素を強調すれば，立法・司法以外の作用であっても，立憲主義の理念から見て制度的な合理性が認められれば，必ずしも内閣が独占すべきことまでは要求されないことになる。

この後者の考え方からすれば，行政作用が多種多様であることを前提として，とりわけ人事院が行う公務員の任用試験などについては，内閣や政党の政治的支配を排除することへの制度的な合理性が認められ，合憲と位置付けられよう。なお，人事院については，国家公務員の人事管理計画・総合調整などが，内閣人事局に移されたことから，執政権説との関係でも問題は解消されたと考えられている（大石 2021・317〜318）。

3 残された憲法問題──公正取引委員会の合憲性

(1) 公正取引委員会の特殊性

そこで，依然として残された問題は，公正取引委員会を憲法上いかに位置付けるかということになる。そもそも，独占禁止法に基づいて設置される公正取引委員会は，私的独占，不当な取引制限，不

公正な取引方法などにつき調査のための**強制処分権限**を有するとともに，**違反行為事業者に対する課徴金の納付命令や当該行為の差止め**，事業の一部の譲渡などの強い行政処分権限を有している（独占禁止法7条の2・8条の2・8条の3・17条の2・20条など）。さらに規則制定などの**準立法機能**（同法76条）も併せもっている（なお，私的独占の禁止及び公正取引の確保に関する法律の一部を改正する法律〔平成25年法律100号〕により，従来公正取引委員会の行政処分〔排除措置命令等〕に関する審判制度は廃止され，その不服審査については東京地方裁判所で審理されることになった〔改正後同法85条〕）。また，委員長および委員は，内閣が両議院の同意を得て5年任期で任命し（再任も可），職権行使の独立（同法28条），任期中の身分保障も認められている（同法31条）。

(2) 人事院との違いをどう見るか

　このような私人への強制的な権限行使を有する公正取引委員会は，内閣の指揮監督も内閣総理大臣その他の主任の大臣の指揮も受けずに，独立して，その所掌する行政事務を遂行することができることになっている。

　これを人事院等と同一視できるであろうか。この点については，昭和50年3月6日の参議院予算委員会で，**公正取引委員会違憲論**を提起した青木一男参議院議員の質問に答えた吉國一郎内閣法制局長官の答弁がまずは参照されるべきである。そこでは，公正取引委員会の行政事務は行政権に属し，憲法65条の内閣の権限に属すること，また，憲法72条により，内閣総理大臣は行政各部に対する指揮監督権も有するとしたうえで，次のように述べられている。

　「……ただ，公正取引委員会に対しましては，その行政事務の性質上，……政治的な中立，公正の立場からその事務を処理することが社会的にも要請されているというようなものにつきましては，内

閣総理大臣の指揮監督権が制限をせられまして，これは，具体的には問題の〔独占禁止法〕第28条の規定によって明らかにされて〔いるが〕，……公正取引委員会の所掌する事務の特異な性質によりまして，内閣総理大臣が一般の行政機関に対して有するような指揮監督権がおのずから制限をせられ〔ている。〕」

また，憲法66条3項の行政権の行使に内閣が国会に対して連帯責任を負うことについては，「公正取引委員会につきましても，内閣なりあるいは内閣総理大臣の一般的な行政機関に対する指揮監督よりは弱い関係ではございまするけれども，あるいは人事あるいは財務，会計その他の事項を通じて一定の監督権を行使するものでございまして，これらを通じてやはりその行政に対しては国会に対して責任を負うというふうに考えております。」（第75回国会昭和50年3月6日，参議院予算委員会議事録3号12頁）

以上からも明らかなように，**内閣法制局**は，公正取引委員会についても他の行政委員会と同様に，職権行使の独立性が求められる行政事務の遂行に当たっては，憲法65条との関係で，事務の性質のみならず，少なくともこれを担う人事と予算を通じて内閣によって統制され，これについて最終的な責任を内閣が負える仕組みになっているとして合憲としてきたのである（阪田2013・153）。

ただ，この内閣法制局の見解では，公正取引委員会による強い強制権限の行使について内閣が責任を負う範囲や程度が明らかになっているとは言い難い。この意味で，独占禁止法28条（職権行使の独立性）に関する**違憲論**は，未だ完全には克服されてはいないことになる。確かに，行政作用は多種多様であり，例外的に試験の判定，高度な専門技術的判断，警察の管理など，分野を限定したうえであれば，職務の性質上，公正を保つ必要から，現在では内閣から独立した組織の存在が不可欠であるともいえよう。しかし，これが内閣や国会からのコントロールを離れて，無限定に法律に基づいて拡張

されることに対しては，やはり憲法上の問題があるとの観点から，慎重な見極めが必要であることも忘れられるべきではない。

さらに学ぶために
　わが国の行政委員会制度については，伊藤正次『日本型行政委員会制度の形成』（東京大学出版会，2003 年），アメリカの行政委員会制度に関しては，駒村圭吾『権力分立の諸相』（南窓社，1999 年）が詳しい。さらにわが国の学説については，同「内閣の行政権と行政委員会」大石眞＝石川健治編『憲法の争点』（有斐閣，2008 年）228 頁がある。

Column⑫　原子力規制委員会の設置

　原子力規制委員会設置法は，2012（平成 24）年 6 月 27 日に公布され，9 月 19 日に委員長と委員が任命されて，委員会が発足した。この行政委員会は，環境省の外局として設置され，事務局には原子力規制庁が置かれた。それ以前の原子力安全委員会が十分にその職責を果たせなかったとの批判を受けて，権限，人事，予算等の面で体制の見直しが行われた結果である。

　委員会設置の理由として，従来の原子力規制の在り方においては，原子力発電の推進を担う経済産業省とその規制を担当する原子力安全・保安院とが一体であったために，相互に独立すべき，規制のための判断と決定が確保されず，安全規制がゆがめられたと考えられた。つまり，原子力の安全規制を行うためには，規制と利用の分離が必要とされ，高度な専門技術的な判断については政府から独立した原子力規制委員会が担うことになったのである。この点で，今後も，この委員会をめぐっては，高度な専門技術性と内閣からの独立性との関係が検証される必要がある（詳しくは，新藤宗幸『原子力規制委員会』〔岩波新書，2017 年〕参照）。

Unit 13　内閣法制局

Topic　内閣法制局

◇〔未完の最長政権〕解釈変更「神様が人間になった」

　法制局は「法の番人」と言われてきた。法制局のメンバーは前例を調べ上げ、様々な法律との整合性を説き、自信をみなぎらせていた。他府省の官僚たちは、課長級に過ぎない法制局参事官が言うことであっても、閣僚や事務次官が言うことと同等か、それ以上にとらえた。

　横畠〔裕介〕が集団的自衛権をめぐる解釈変更を認めたことによって、法制局をとりまく、そんな空気が大きく変わった。解釈を変更した〔20〕14年7月1日の閣議決定からすぐ、法制局のメンバーに横畠が作った想定問答が配られた。横畠が自らのパソコンで打ち込んで作ったこの文書は法制局では「バイブル」と呼ばれた。

　バイブルに載っている問答であれば法制局側も対応できるが、載っていない問答には対応できなかった。解釈を変えたことで前例が意味をなさなくなったためだ。防衛省側が「この法案の、この条文は合憲と言えるのか」といくら質問しても、法制局側は「横畠長官に上がるまで、我々は『合憲だ』と断定できない」と繰り返した。防衛省中堅は言う。「神様だと思っていた法制局の人たちも我々と同じ人間になった」(敬称略)。

(朝日新聞 2021・1・16 東京朝刊)

1 内閣法制局は「憲法の番人」？

(1) 裁判所の出番――「具体的事件」

「憲法の番人」が憲法解釈を最終的に行うとすれば，それは，普通，最高裁判所を指す。ところが，最高裁判所は原則として具体的事件があるときに限り憲法判断を行う（→Unit 15・1(1)）。例えば，自衛隊を海外の紛争地域に派遣する法律案が問題になる場合，法律案の段階ではそもそも裁判所の出番はないだろう。法律として施行されたとしても，上記の内容を持つ法律から，一般国民の権利や法的利益の侵害が直接の争点となることは普通考えられない（自衛隊が中東某国に派遣されたことから，国民の「平和のうちに生存する権利」が侵害されたとする訴訟が提起されたとしても，国による強制を伴う国民の具体的な損害がない限り，裁判所は法律の中身を判断することはないだろう）。そうすると，最高裁判所の出番はない。

(2) 内閣法制局の二つの顔――「憲法の番人」と「権力の侍女」

内閣が提出する法律案が憲法に違反していないかどうかの判断は，内閣に設置された内閣法制局が行う。自衛隊を中東地域へ派遣する内閣提出法案もそうである。その意味で，内閣法制局を「憲法の番人」と言うことは間違いではない。財務省や，総務省などの霞が関の憲法解釈が役所ごとに異なっては大変なことになるので，内閣法制局がまずは統一的見解を示す必要があるのだ。

内閣法制局の重要な任務は，後述するように，内閣が提出する法案の審査である。政令案や条約案の審査もある。その際，憲法との整合性だけではなく，これまでの法律，条約，および政令との整合性もチェックする必要がある。このように，内閣法制局は一貫した法体系の確保を目指しており，その意味で，広く「法の番人」と呼ぶことができる（西川 2013）。内閣法制局は普段は表に出てこない。

それが世の注目を集めるのは，時の政権がこれまでの憲法解釈を変えることを求めたときである。内閣法制局は内閣に設置された組織であり，内閣の意向に沿うことを求められる。その一方で，憲法を頂点とする**法体系の一体性**を確保する役割を持っている。この二つの役割から，内閣法制局は場合によっては，難しい立場に立たされる。内閣法制局は「法の番人」なのだろうか。それとも「権力の侍女」なのだろうか（西川 2013）。それとも，「法の番人」でもあり「権力の侍女」でもある組織なのだろうか。

2　内閣法制局の歴史

(1) 誕　生

内閣法制局の歴史について見てみよう（高辻 1972 による。高辻は，内閣法制局長官の後，最高裁判事，法務大臣を歴任している）。1885（明治 18）年，内閣制度の発足に合わせて，フランスの**国務院**（コンセイユ・デタ）をモデルとして設置された。法制局には，行政部，法制部および司法部が置かれた。行政部は，「外交内務勧業教育軍制財務逓信」に関する法律命令の起草審査，法制部は，「民法訴訟法商法刑法治罪法」およびこれらに関する命令の起草審査を所管とした。注目されるのは，司法部で，「恩赦特典及諸裁判所ノ官制及行政裁判」を担当している点である。モデルとされた国務院と同じく，行政諮問と行政裁判をその任務としていた。その後，法制局の任務の一部が他の国家機関に移される。法制部は「民刑事その他の基本法典編纂のための法律取調委員会」に，そして司法部は（1889 年に創設され，司法権には属さず行政権に含まれていた）行政裁判所に移された。

明治憲法下では，法律に基づかず（帝国議会の協賛を要することなく），勅令だけで処理できる事項が多かった。そのため，勅令審査

Unit 13　内閣法制局　　137

にあたる法制局の責任や影響力は大きく，また，天皇の官制大権を背景にして，各省庁の組織，定員を審査・査定することができ，各省に対する影響力を行使し得た。このように，明治憲法下における法制局は，「スーパー官庁」と評し得るものであった。

(2) 解体と復活

その後，GHQ により 1948（昭和 23）年，法制局は解体される。内閣の最高法律顧問としての地位は，新設された法務総裁に移された。法制局は（サンフランシスコ条約発効後の）1952（昭和 27）年に復活するが，衆参両院に置かれている法制局との混同を避けるため，内閣法制局と改められた（1962〔昭和 37〕年）。

3 内閣法制局の組織と任務

(1) 組 織

内閣法制局は 4 部および長官総務室から成り，長官の下，次長，部長（4 名：第 1 部〜第 4 部），総務主幹，そして参事官（各部に 5〜6名）という構成である（参事官は各省からの出向者で占められ，内閣法制局生え抜きの参事官はいないという）。内閣法制局設置法 3 条は 5 つの任務を定めるが，なかでも重要なのが，1 号の「閣議に附される法律案，政令案及び条約案を審査し，これに意見を附し，及び所要の修正を加えて，内閣に上申すること」，そして，3 号の「法律問題に関し内閣並びに内閣総理大臣及び各省大臣に対し意見を述べること」だろう。前者は審査事務と呼ばれ，第 2 部〜第 4 部が担当し，一方，後者は意見事務と呼ばれ，第 1 部が担う。

(2) 審査事務

審査事務は内閣提出法案を対象とする。第 213 回（常会）（令和 6

年1月26日〜6月23日）を見ると，内閣提出法律案として提出されたものが62件あり，そのうち61件が成立している。内閣提出法案が立法において占める重要性は一目瞭然だろう（もっとも，提出件数自体が少ない点は留意すべきである）。次に，**審査事務のプロセス**を見てみよう。まず，省庁で立案した原案に対して，「憲法や他の現行の法制との関係，立法内容の法的妥当性」，「立案の意図が，法文の上に正確に表現されているか」，「条文の表現及び配列等の構成は適当であるか」，「用字・用語について誤りはないか」といった点について，審査を行う（内閣法制局 web サイト）。これは予備審査と呼ばれ，実に細かなやり取りが内閣法制局の担当参事官と各省庁の担当者との間で行われる（詳細は，西川 2013）。その後，「法案を一通り了承した参事官は，今度は一転して部長から審査される立場に回る」。研究者としては久しぶりに参事官を務めた仲野武志（現・京都大学教授）によると，「この部長説明こそが法制局における法案審査の山場」（仲野 2011・2076）である。

(3) 意見事務

第1部が担当する意見事務は，**憲法 9 条をはじめとする政府による憲法解釈の構築**が主要なテーマである。この点について，阪田雅裕（元・内閣法制局長官）は，法律や条約については所掌の省庁があるのに対し，「憲法は，特定の官庁が所管をしているわけではなく，また，同じ憲法の規定について省庁によって理解が異なるようなこともあってはならないから，政府において憲法に関わる問題が生じたときの第一義的な対応には，内閣法制局が当たらざるを得ない」（阪田 2011・105）と述べている。ところで，**集団的自衛権**は意見事務のなかで，最大の問題である。阪田は，政府の 9 条解釈について，次の 2 点を土台としていると述べている（阪田 2011・107）。

①自衛隊が合憲であること——憲法は 9 条だけで成り立っている

わけではない。幸福追求権を保障した憲法13条など，憲法全体を踏まえるなら，「外国からの武力攻撃によって国民の生命や財産が危機に瀕しているとき」に，それに「対処するための必要最小限度の実力の行使，つまり個別的自衛権の行使とそのための実力組織である自衛隊は，9条に違反するものではない」。

②「海外での武力行使は，原則として許されないこと――自衛隊は自衛のための実力組織であり，自衛権の発動要件が満たされないのに，すなわち外国からの武力攻撃がないにもかかわらず，自衛隊が実力行使に及ぶことを9条が許容しているとは考え難い」。

阪田は55年体制の下，①はもっぱら左派陣営から厳しい批判を受け，近年は逆に，②の海外での武力行使の禁止に関して，右派陣営から論難されることが多いと言う。集団的自衛権を認めようとする立場からも，②は批判の対象とされる。なにせ，集団的自衛権は，日本が外国から武力攻撃されていなくとも，日本と「密接な関係にある外国に対する武力攻撃」を実力をもって阻止しようとするものだからだ。9条についての政府見解，そして，それを築いてきた内閣法制局見解は，集団的自衛権認容にとっての高いハードルになっていたのである。

4　内閣法制局と政権との距離――モデルとしてのコンセイユ・デタ

(1)　コンセイユ・デタ

内閣法制局のモデルとなったコンセイユ・デタ（国務院）は，政府提出法案のチェックを行うほか，行政裁判についての最高裁判所であり，さらに，行政からの諮問に応答する役割を持っている。内閣法制局と異なるのは行政裁判を担う点である。一方で，コンセイユ・デタのメンバーは国立行政学院（ENA）の卒業者が大半を占め，法曹資格は必要とされてない（2022年1月，マクロン大統領はENAを

廃止し，代わって「司法や公衆衛生などの上級公務員育成校グランゼコール〔高等教育専門機関〕を統合」した国立公務学院〔INSP〕を創設した。毎日新聞 2022・1・30 参照）。この点，法曹資格のない各省庁からの出向者が参事官となる内閣法制局との類似点がある。

　次に，政府がコンセイユ・デタに憲法上の争点を含む問題について諮問し，コンセイユ・デタが回答を示した例を使って，政府とコンセイユ・デタの関係を探ってみよう。現在のヨーロッパで，イスラムにどう向き合うかは緊急を要する政治課題である。フランスでも，公立学校での女生徒のヴェール着用をはじめとして多くの問題が発生し，それを規制する法制が整備されてきた。イスラム教徒の女性が着用する頭や全身をおおう衣服（ブルカ）について，自宅以外でのブルカ着用を禁止する法案の是非をフランス政府は，2010 年 1 月にコンセイユ・デタに諮問した。

　コンセイユ・デタは，「ブルカ全面禁止は『人権侵害の可能性がある』と指摘する一方で，治安上の観点や本人確認の必要性から，学校や裁判所，病院など一部の公共の場では顔の露出を求められる」と一部禁止を認める見解を表明した。これに対し，フランス政府は 2010 年 4 月，コンセイユ・デタの判断と異なり，「自宅以外ほぼすべての場所での着用を禁止する法案を近く議会に提出すると発表した」（毎日新聞〔夕刊〕2010・4・22）。このような例は他にもあり，「コンセイユ・デタの意見は，あくまで諮問的価値しかもたないのである」（井上 2014・35）。一方で，政府に対するコンセイユ・デタの「主要な助言についてはホームページで公開されている」（長谷部 2013・142）ことから，政府に対するコンセイユ・デタの立ち位置（さらに，その独自性）は比較的容易に知ることができる。

(2)　内閣法制局と政府見解の一体性

　これに対し，わが国は，内閣法制局見解をベースに政府見解が形

づくられる仕組みがあり，両者は一体化している。フランスであれば，憲法改正によって政府見解を実現することを試みるであろうが，わが国ではそういう試みを，政権を長く担ってきた自民党もとることはなかった。その代わり，「ガラス細工」と評される内閣法制局の憲法解釈によって，「政府見解」の意図は部分的に実現された。しかし，3で見たように，憲法解釈にも限界がある。

　内閣法制局の使命について，高辻正巳は，「内閣が法律的な過誤をおかすことなく，その施策を円満に遂行することができるようにするという，その一点である」とする。そのうえで，「そうである以上，同局の法律上の意見の開陳は，法律的良心により是なりと信ずるところに従ってすべきであって，<u>時の内閣の政策的意図に盲従し，何が政府にとって好都合であるかという利害の見地に立ってその場をしのぐというような無節操な態度ですべきではない</u>。そうであってこそ，内閣法制局に対する内閣の信任の基礎があり，その意見の権威が保たれるというものであろう」と結んでいる（高辻1972・42，下線は筆者）。下線部から読み取れるのは，長い時間軸で政府との関係を構築すべきであって，短期的に（現在の）政府に追従することは避けるべきということだ。

(3)　展望──統治システムの変革？

　安倍内閣は集団的自衛権について，従来の見解を変更し，一部認容する解釈を示した（→Unit 11・4(2)）。内閣法制局がこの解釈変更を支えたのは明らかだ。とはいっても，内閣法制局が組織として対応したのか，あるいは横畠裕介長官が主として対応したのかは不明である。ただ，内閣法制局が解釈変更について「内部での検討過程を公文書として残していない」（毎日新聞 2015・9・28）こと，そして，解釈が変更された 2014 年 7 月 1 日の閣議決定後にすぐ，「法制局のメンバーに横畠が作った想定問答が配られ」，「横畠が自らのパソコ

ンで打ち込んで作ったこの文書は法制局では『バイブル』と呼ばれた」(朝日新聞 2021・1・16) ことを合わせ読むと，長官主導での解釈変更だったのだろう。内閣法制局の立場変更は，上記の高辻の見解からすると，どう評価されるだろうか。さらに，最高裁判所の出番のない憲法問題について「誰が」判断するのだろうか。内閣総理大臣や国会に判断権があり，最終的には国民が (選挙で，あるいは憲法改正の国民投票で) 判断するとすれば十分だろうか。あるいは，**憲法の専門機関** (ドイツのような憲法裁判所) が判断すべきなのであろうか。内閣法制局の問題は，統治システム全体に及んでいる。

さらに学ぶために

　内閣法制局について分かりやすく書かれたものとして，西川伸一『これでわかった！　内閣法制局』(五月書房，2013 年) がある。また，コンセイユ・デタやアメリカの司法省法律助言局などの検討を通じて，長谷部恭男「比較の中の内閣法制局」同『憲法の円環』(岩波書店，2013 年) は内閣法制局を検討する。さらに，元内閣法制局長官による，阪田雅裕『政府の憲法解釈』(有斐閣，2013 年) があるほか，内閣法制局に 2 年勤務した研究者の手になる，仲野武志「内閣法制局の印象と公法学の課題」北大法学論集 61 巻 6 号 183 頁 (2011 年) は，内閣法制局の実務が分かり興味深い。

Column⑬　内閣法制局長官人事

　内閣法制局長官は，これまで，例外なく，第 1 部長 (局長ポスト)，次長 (事務次官ポスト) を経て任命されてきた。第 1 部長，次長を経ることなく，他の省庁から直接，長官に任命されたのは，安倍政権が任命した小松一郎駐仏大使が最初である。これまでは，参事官時代に法案作成に力を傾注し，部長になって参事官が作成した法案をチェックし，さらにその法案について国会答弁を行い，次長として法律案や政令案のすべてを読む，という「修行」を経て長官に任命されてきた。

Unit 13　内閣法制局　　143

西川伸一は，こうした修行を経ない「素人を長官にもってくるというのは，相当の無理があると今一度言わざるを得ません」と断じている（西川 2013・104）。2014 年 5 月，小松長官は体調不良を理由に辞任し，次長の横畠裕介が長官に就任した。

3 裁 判 所

Unit 14　裁判官制度と司法の独立

Topic　裁判官の職権行使の独立

◇不適切投稿　岡口判事罷免──弾劾裁判所　表現行為で初

　SNS への不適切な投稿で殺人事件の遺族を傷つけたなどとして訴追された岡口基一・仙台高裁判事（58）（職務停止中）の弾劾裁判で，国会の裁判官弾劾裁判所（裁判長・船田元衆院議員）は 3 日，「国民の信託に反した」と述べて岡口判事を罷免する判決を言い渡した。判決に不服申し立てはできず，即日確定したため岡口判事は失職した。法曹資格も失い，弁護士などにもなれない。

　弾劾裁判で裁判官が罷免されたのは戦後 8 人目で，SNS を含む表現行為での罷免は初めて。

　岡口判事は 2017〜19 年，東京都江戸川区で起きた女子高生殺害事件を巡り，SNS に「遺族は，俺を非難するように洗脳された」と投稿し，遺族を侮辱したなどとして訴追された。

　判決はまず，裁判官は法律判断などへの高度な素養だけでなく，人格的にも国民の尊敬と信頼を集める品位を備えていなければならないと指摘。殺人事件に関する投稿の大半について，遺族の感情を傷つけるものだと認定し，裁判官の品位を辱める「非行」に当たると判断した。

　その上で，遺族から抗議を受けても投稿を続けた点を重視し，「表現の自由として裁判官に許される限度を逸脱した」と指摘。非行の程度は著しいとして，罷免と結論付けた。

　弁護側は，過去の罷免は犯罪などで訴追されたケースが主で，「岡口判事を罷免にはできない」と訴えたが，判決は，SNS の投稿が問題となった例はなく「過去の事案と比較できない」と退けた。

（読売新聞 2024・4・4 東京朝刊）

1 裁判官の養成・選出

(1) 法曹一元制とキャリア裁判官制

現代の複雑な社会で，裁判が重要なことは明らかだろう。伝統的な刑事事件や私人間の民事事件に加え，国・地方自治体の行為に対する裁判（行政訴訟や国家賠償訴訟など）がある。刑事事件や民事事件の件数が伸び悩むなかで，行政事件や国家賠償訴訟は，情報公開条例や情報公開法が整備され，行政の透明性が求められることもあって，いくぶん増加傾向にある。訴訟事件数の伸び悩みはあるが，行政による事前の利益調整から裁判所による事後的な紛争解決への流れは今後も続くだろう。このような裁判において重要な役割を担う裁判官はどのように選ばれるのだろう。

裁判官の選出方法は法曹一元制とキャリア裁判官制に大別されよう。法曹一元制は，裁判官を，法曹資格を有する者で裁判官以外の法律に関する職務に就いている者（主に弁護士）から選ぶやり方だ。一方，キャリア裁判官制は，法曹資格を有する者を最初から裁判官として採用し，その後，裁判所内部で裁判官としてキャリアを積ませ，裁判所内で昇進させていくものだ。前者は英米法圏で行われているのに対し，後者はドイツやフランスなどの大陸法圏で採用されている。

(2) アメリカにおける裁判官の選任

アメリカにおける裁判官の選任を特徴づけるものは，市民による「選挙」だ。ダニエル・フットは次のように述べている（フット2007）。

①すべてのレベルの連邦裁判所と4州の裁判所では，裁判官は執行府（大統領または知事）によって任命され，加えて典型的には議会の承認を必要とする。また2州では裁判官は議会による任命である。

146　Ⅱ　統治のシステム　3　裁判所

②裁判官が一般市民による無党派的選挙（裁判官候補者は政党所属を明らかにせず，または特定の政党の党員として立候補しない）によって選ばれるのが13州，そして，裁判官が党派的選挙（裁判官候補者が特定政党の党員であることを明らかにし，政党の支持を受けて選挙活動を行う）によって選ばれるのが8州である。③裁判官選任特別委員会が裁判官候補をその能力をもとに審査し，最も適任とされる候補者を任命権者（典型的には知事）に推薦する方式は14州で行われている。

選挙がかなりの州（21州）で行われている。これにより裁判官と民主主義との結びつきが強固になるのは当然だろう。一方，多数派の意向が司法でも強くなり，司法の党派性が濃くなる危険が増大するのも明らかだ。アメリカの裁判所は基本的に違憲審査を行うから，司法と民主主義との結びつきが何もないのは困るだろう。しかし，その結びつきが強大になると少数者の人権保障という司法の役割と衝突する可能性がでてくる。

(3) ドイツにおける裁判官の選任

ドイツでは，裁判官の採用は原則として公募制である（裁判官の転勤はない）。「第1審にあたる地方裁判所・区裁判所で裁判官のポストに空きが生じた場合に採用の公募を行い，応募者の中からもっとも適任の者が採用される」。ここでの選考手続の透明性も注目に値する。ところで，州レベルの裁判官の採用について最終的な権限を持つのは各州の司法大臣であるが，「採用の決定に至る過程で一般裁判官や国民の代表が関与する道を開くことによって裁判官の採用人事の大幅な透明化が図られている」（佐藤2007・50）。

ドイツでは，裁判所は専門分化し，民事・刑事事件，行政事件，財政事件，労働事件，そして社会保障に関係する事件を担当する裁判所に分かれている。アメリカのように，裁判官が選挙で選ばれたりすることはないが，国民から選ばれる名誉職裁判官とプロの裁判

官から構成された裁判体が，それぞれの裁判所のいずれかの審級レベルで組み込まれている。

2　わが国における裁判官の養成・選出

(1)　キャリア裁判官制の採用と10年の任期

日本国憲法の制定過程において，裁判官は任命によるべきか，あるいはアメリカにならい選挙によるべきかが検討された。結果として，裁判官は最高裁判所の指名した者の名簿によって内閣が任命し，10年を任期とする再任制度が採用された（憲法80条）。キャリア裁判官制ではあるが，10年を任期とする点で異色だ。明治憲法下もキャリア裁判官制度であったが終身官とされていた。10年の任期が終了し再任を希望する者は最高裁が指名した者のリストに載ることが必要である。

わが国のキャリア裁判官制を特徴づけるのは次の3点である。①最高裁判所に人事権が一元的に集約され，②下級裁判所裁判官の実質的な再任決定権を最高裁判所がもち，③10年間の任期中，通常の行政官と同様なシステムで給与は上昇する。このような仕組みの下では，裁判官の身分は決して安定したものではないだろう。

(2)　司法行政の担い手としての最高裁事務総局

裁判官の人事は法制上，最高裁裁判官会議の権限である。しかし，最高裁裁判官の事件処理の負担や（→Unit 15・3(2)），3800人を超える下級審裁判官の数のため，最高裁裁判官会議が裁判官の採用や転勤などについて実際に判断することは不可能だ。かくして，最高裁長官と事務総局が人事権限を実際に行使することになる。全国の裁判所を視野にいれた「中央集権的移動人事は，人も地域も恐ろしく多数，広域であり，一人ひとりの適性に配慮しつつ，公平に行うの

148　Ⅱ　統治のシステム　3　裁判所

は至難の技」なのだ（伊東 2001・93）。このようなシステムでは，裁判官は「その意思に反して，……転所」されることはないという規定（裁判所法 48 条）は，その意味を失っている。もっとも，事務総局サイドからすれば，裁判所は交通の便の悪い地方にも必ず置かねばならないから，個々の裁判官の希望に沿えないこともやむを得ないということだろう。もっとも，これに対しては，人事異動を使った**裁判官コントロール**との批判が出されよう。

(3) 顔のない裁判官

わが国では，どの裁判官にあたってもほぼ同じような判断が期待される（伊藤 1993）。これが日本の**裁判官の理想像**と受け止められている。最高裁も，「司法運営に当たっては，全国的に統一された制度のもとで，等質な司法サービスを提供し，等しく公正な裁判を実現することが重視されている」（最高裁判所「21 世紀の司法制度を考える」〔1999 年〕）と述べていた。「全国的に統一された制度」の下での「等質な司法サービス」の実現は国民に広く受け入れられるかもしれない。しかし，その実現のためには，**ピラミッド型の裁判所組織**，言い換えれば，最高裁（判例あるいは事務総局）の意向に沿った裁判官の組織が求められよう。これに対し，アメリカでは，「どの裁判官が裁くかによって，事件の進行，判決の理由付け，宣告される刑期などさまざまなものに影響を及ぼし，場合によっては結論そのものさえ左右されうることが，広く認められている」（フット 2007・13）。

すでに述べたように，アメリカにおいては裁判官選出が住民の選挙による州が一定数ある。日本のキャリア裁判官制とこれとの比較を，藤田宙靖が行っている。藤田は，下級審裁判官が，事務総局とりわけ人事局の顔色をうかがって，自由な判断をできないのではないか，という問題について，次のように述べている。（アメリカのよ

Unit 14　裁判官制度と司法の独立　　149

うに）下級審裁判官が，住民の選挙によって裁判官が就任するような制度の下では，当然住民の意向を意識して行動するのではないか。日本のキャリア裁判官制度と比べて，「どちらを less evil と見て選択するかは，司法の在り方についての，その国の政治的選択の問題」（藤田 2012・165〜166）。確かに，裁判官の選挙制を採るアメリカと比べるなら，藤田の主張も理解できる。しかし，裁判官の選挙制以外にも改革のやり方はある。この点の検討に先立ち，司法の独立が問題となった事件を見てみよう。それにより，わが国の司法の特徴が浮かびあがってくる。

3 司法の独立

(1) 司法府の独立

司法の独立という場合，二つの意味がある。まず，立法および行政からの司法府の独立である。これは，権力分立制（→Unit 1・2）をとる統治システムからいって当然だが，歴史的には行政からの独立という側面が強い。明治憲法下では裁判所は旧司法省（法務省）の影響下にあった。裁判官の人事権は検察が主流の旧司法省が握り，さらに検察庁も裁判所に付置されていたため，司法権の独立は十分とは言えなかったのである。明治憲法は 58 条 1 項が裁判官の資格を法律で定めることを規定し，同条 2 項が裁判官の身分保障を定めていたにすぎない。日本国憲法では，裁判官（および裁判所職員）の人事権が旧司法省から新設された最高裁判所に移る。司法権の地位を上昇させることが，日本の民主化のために必要と考えられたのだ。こうして，人事や総務の仕事を行うために創設されたのが，最高裁事務総局である。

(2) 裁判官の職権行使の独立

　司法の独立のもう一つの意味は，裁判をするにあたり裁判官は独立して職権を行使するということである。裁判官は裁判に際し，憲法と法律のみに基づいて職権を行使する（憲法 76 条 3 項）。司法の独立ということでもっぱら議論されるのは，裁判官の職権行使の独立だ。ところで，司法府の独立を守るために裁判官の職権行使の独立が侵されることもある。1891 年，ロシア皇太子に重傷を負わせた津田三蔵巡査について，大国ロシアを配慮して，わが国の皇族に対する罪と同様に死刑を言い渡すことを明治政府が大審院に求めた（**大津事件**）。当時の大審院長**児島惟謙**はこれに抵抗し，事件担当の判事を説得し，津田巡査に無期徒刑の判決が下されたのだ。これにより，司法府の独立は守られたが，担当判事の判断への児島惟謙の介入は明らかだ。一般に，このときの児島惟謙の行為は司法府の独立を守るためにやむを得ないものと評されている。

　日本国憲法下では**吹田黙とう事件**（1953 年）が重要だ。大阪地裁佐々木哲蔵裁判長が被告人や傍聴人による朝鮮戦争の休戦等に対する拍手および黙とうを制止しなかったことについて，国会に置かれた裁判官訴追委員会は，黙とう等を禁止しなかった訴訟指揮は罷免事由に該当する可能性があるとして調査を開始した。最高裁判所は審理中の裁判に対するこのような調査は司法権の独立を侵害するおそれがあるとの見解を示す一方，本事件を対象にした通達（「法廷の威信について」）を発し，**法廷の秩序維持**は司法部の重要問題に属するものであって，「かような事態の発生したことは，まことに遺憾」とする。この通達に対しては，司法行政の監督権行使を踏み越え，裁判官の職権行使の独立性を侵すものではないか，との批判がある。

　司法府は組織として他の二権に対抗するも，その一方で，裁判官に対する上命下達的な締め付けを行っている。このような対応は，「戦前・戦後を貫く司法部のいわば体質とすらなっているといって

も過言ではなかろう」（高見 2004・286）。

4 キャリア裁判官制の変革

(1) わが国のキャリア裁判官制の特徴

10年任期のキャリア裁判官制であって，人事権が最高裁に集中され，さらに**等質的司法**を最高裁がモデルとするわが国にあっては，「個性的な」裁判官は出現しにくいだろう。ここで「個性的」というのは，たとえば，法令の違憲判決を下すという意味を含む。もっとも，最高裁が「違憲状態」にあると判断を示しているにもかかわらず，国会が対応しない「議員定数不均衡」事件（→Unit 4・4(3)）は別だ。この場合，下級審裁判官は違憲判断を行うことにさほどためらいはしない。一方，精神的自由や労働基本権が争点になっている事件では，最高裁による法令違憲判決は皆無であり，下級審もそれに呼応し，違憲判決を下す例は少ないのである。

裁判官統制については，①自己統制，②組織統制，③政治統制，④利用者統制がある（馬場 2006）。最高裁事務総局によるコントロールは②，国会や内閣によるものは③だろう。それでは，下級裁判所裁判官の任命に関与する**下級裁判所裁判官指名諮問委員会**によって，④を取り込んだコントロールは可能だろうか。同委員会は，裁判官以外の法律家や学識経験者が多数を占めるが，委員の任命権は最高裁判所にあり，従来のキャリア裁判官制度を変えるものではない。やはり，②が依然としてメインであろう。最高裁長官—最高裁事務総局の強固な人事統制を変えるのは極めて困難な作業なのだ。そのためには，相当な制度変革が考えられねばならないだろう。

152　Ⅱ　統治のシステム　3　裁判所

⑵　法曹一元制の採用

変革の第一の選択肢は法曹一元制の採用である。弁護士の中から評価の高い者が裁判官になるとすれば，行政官僚と類似の細かな給与制度は廃止され，また，全国転勤の裁判官異動も不可能だろう。この制度に，憲法80条が定める下級審裁判官の10年任期は合致するだろう。そうなれば，人事が中心とされる司法行政およびその担い手たる最高裁事務総局の役割は，大幅に減ることだろう。もっとも，法曹一元制の採用はこれまでも提案されたことがあるが，実現に至っていない。弁護士会の対応を含めてハードルは高いのだ。

⑶　最高裁の機構改革

第二の選択肢は，最高裁の機構改革だ。現在の最高裁において一法定あたり年間およそ3000件の事件処理を行っているが，この負担を，最高裁には一部の上告審機能だけを残す機構改革（→Unit 15・3⑶）によって大幅に改善するとともに，最高裁裁判官専属の調査官を付けることが考えられる（任期付公務員として若手の弁護士や研究者を採用することも一案だろう）。現在の最高裁の事件処理を見るなら，キャリア裁判官出身の裁判官6名と（東京地裁判事である）調査官40名が中心とならざるをえない。わが国のキャリア裁判官制は，これまで述べてきたように，最高裁長官—最高裁事務総局の強固な枠組みのなかにある。最高裁の機構改革により，裁判官の負担を減らすことがキャリア裁判官出身の最高裁裁判官を減らすことにつながり，個々の最高裁裁判官と調査官を結びつけることで（調査官をコントロールする）最高裁事務総局の影響力を減ずることになるだろう。あわせて，かつて存在していた裁判官任命諮問委員会の復活を含め，最高裁裁判官の選出方法も再考する必要がある。

Unit 14　裁判官制度と司法の独立　153

さらに学ぶために

　藤田宙靖『最高裁回想録』（有斐閣，2012年）第5章は「司法行政」を分かりやすく説明している。瀬木比呂志『絶望の裁判所』（講談社新書，2014年）は藤田と異なり，その書名通り「最高裁中枢の暗部」を抉るという意図のもとに書かれた本である。

　最高裁の機構改革については，笹田栄司『裁判制度のパラダイムシフトⅠ』（判例時報社，2023年）107頁以下を参照。また，司法の緊急課題である裁判のIT化については，笹田・同書第7章「民事裁判のIT化と憲法」を参照されたい。

Column⑭　AIの司法での活用──AIは「諸刃の剣」か？

　ChatGPTが登場した2022年以降，AIの発展は驚異的である。現在，いろいろな場面での活用が話題になっている。AIの定義は難しいが，EUにおいて，2024年に成立したAI規則3条1項を見るなら，「様々な程度の自律性で動作することができる機械ベースのシステム」と規定されている。ここでは，「人間のコントロールから一定程度独立して，自律的に機能するもの」と一応解しておこう。

　統治におけるAIの活用は，アメリカが先行している。メディケイド，教育，刑事司法などさまざまな領域で行われている（H. Bloch-Wehba 2020）。もちろん，そこには憲法上の問題がある。AIの学習データ，AIのブラックボックス化（アルゴリズムの透明化の欠如），そして，ユーザーの自動化バイアスの問題である。この問題を司法について見てみよう。

　まず，AIが効率的な裁判手続の実現に寄与することは確かであろう。一方で，AIの学習データは現実の社会に蓄積しているものなので，「現実の社会にバイアスが存在していると，それが学習内容に反映されてしまう」（小塚 2019）。刑事被告人の再犯リスクを予測するコンパスというシステムは，アメリカの刑事司法で量刑判断に用いられているが，「黒人を白人より不利に処遇している」と批判された（柳瀬 2018）。次に，AIの出力（「結論」）に至るプロセスがブラックボックスであるのも問題。また，私企業により開発されたAIはその

154　　Ⅱ　統治のシステム　3　裁判所

アルゴリズムが特許によって守られることも多い。AIの出力がいかに導かれたかは不透明なのだ。法による裁判との衝突，そして，判決理由の欠如がもたらされる。最後に，自動化バイアス，つまり，AIの出力を疑うことなく，それに過度に依存する傾向の出現が指摘されている。「具体的に断定的な結果／出力を提供する」AIシステムは，ユーザーである裁判官に重大な影響を与えかねない（J.Vasel 2023）。

　わが国の司法は現在，裁判手続のデジタル化の実現に集中している。デジタル化が形を整えた時点で，AIの活用は重要な課題となろう（AIは情報のデジタル化を前提にする）。日本国憲法は裁判官が自然人であることを前提にする（憲法76条3項など）ので，AIの役割は裁判官を支援することに限られるとしても，上述のように，司法の基盤を掘り崩す危険を孕んでいる。

Unit 15　違憲審査制

Topic　アメリカ連邦最高裁が国民の二極化を進める？

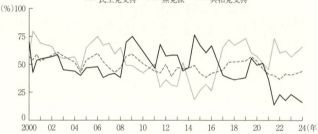

連邦最高裁判決に対する支持政党ごとの承認率

連邦最高裁はアメリカの歴史に大きな影響を与えてきた。例えば，南北戦争のきっかけになったと言われるドレッド・スコット事件判決（1857），「大恐慌」対策として制定されたニューディール立法を次々に違憲とした1930年代の判例がそうである。そして，保守色が際だって強い現在の連邦最高裁は，女性の妊娠中絶についての憲法上の権利を認めていた判例等を次々に変更している。

最高裁裁判官は任期および定年は定められておらず，辞めるかどうかは裁判官自身が決定する。結果として，在任期間が長期化するのだ。また，大統領の指名と上院の承認で決まる最高裁裁判官が，党派性を強く帯びるようになったのが近年の特徴だ。1期目のトランプ大統領によって指名された3名の保守派裁判官が加わり，現在の連邦最高裁は保守派6名対リベラル派3名となった。そして，2025年1月にトランプ氏が大統領に再登板したことで，リベラル派がさらに減る可能性がある。

それにしても，連邦最高裁の判決に対する，共和党支持者と民主党支持者の承認率の乖離は，近年，際立っている。国民の二極化傾向の進行に連邦最高裁も関わっているのである。

（グラフ：GALLUP "Approval of U.S. Supreme Court Stalled Near Historical Low"（2024.7.30）をもとに作成）

1 違憲審査制の二つのタイプ

(1) 具体的事件の存在

国家は国民に対し，自らの権利や法的利益が侵害されたとしても，国民が自力でその侵害を回復することを原則的に禁ずる。その代わり，国民は権利（・法的利益）侵害の回復を求めて，裁判所に訴訟を提起できる。**自力救済の禁止**と**裁判提起（裁判を受ける権利）の保障**はコインの表裏の関係にあるのだ。したがって，自らの権利や法的利益が侵害されたかどうか，の判定がまず問題になる。これを**具体的事件の要件**と言う。この要件を必要とするか否かが，違憲審査制を考える上で分かれ道になる。

(2) 司法裁判所型と憲法裁判所型

司法裁判所型は，具体的な事件の存在を前提として，事件の解決に必要な限りで当該事件に適用される法令の合憲性審査を行う。アメリカの司法が典型で，違憲審査権は合衆国憲法に明文で規定されていないが，1803 年以来，判例によって確立されている。

これに対し，**憲法裁判所型**は，具体的な事件が存在しなくとも憲法裁判所への訴訟の提起が可能である。冒頭の「欧州安定メカニズム（ESM）」がその例だ。これは**抽象的規範統制**と言われるもので，ドイツの基本法 93 条 1 項 2 号は，「連邦政府，ラント政府又は，連邦議会議員の 4 分の 1 の申立てに基づき」，連邦法・ラント法が憲法に適合するか否かについて，「意見の対立又は疑義」がある場合，連邦憲法裁判所に提訴できる，と定める。

(3) 区別の相対化

司法裁判所型と憲法裁判所型の区別は原則的に認めるとしても，両者は接近しつつある。アメリカ連邦最高裁判所（司法裁判所型の代

Unit 15 違憲審査制 157

表）は事件性の要件を緩め，つまり具体的事件が存在するとまで言えなくとも（当事者が権利侵害に対して不安がある段階で），憲法上重要な問題について判断を行うこともある。また，司法裁判所型に属するカナダの違憲審査制について，「政府が最高裁判所に勧告的意見を求める『照会』（reference）事件が憲法裁判の約3分の1をしめ」る（中村 1986・99）と言われている（ただし，近年は「照会」件数は減少気味らしい）。これは，(2)で見たような具体的事件は存在しなくとも，違憲審査権限を行使していると考えられる。

　一方，憲法裁判所型の代表であるドイツ連邦憲法裁判所も，その処理件数を見ると，「抽象的規範統制」は年に数件で，公権力による基本権侵害を要件とする「憲法異議の訴」が年間 6000 件前後で全体の 98% 程度を占めている。「憲法異議の訴」は公権力によって人権が侵害されたとして憲法裁判所に訴えるもので，司法裁判所型で一般に審査される事件類型と構造的に類似する。

2　日本国憲法および裁判所法で具体化された違憲審査制

(1)　4つの選択肢

　日本国憲法は，81 条が最高裁判所が終審として違憲審査権を行使することを定める。しかし，憲法制定過程を見るなら4つの選択肢があった（笹田 1997）。

　①明治憲法の改正に備えて政府に置かれた委員会が唱えたもので，（裁判所がある法律を違憲と判断した場合）違憲の法律を適用しないという点で裁判所の違憲審査を認める。これだと，明治憲法も改正は必要がない。当時の代表的な憲法学者たちの見解であった。

　②ドイツ的発想に立つ憲法裁判所を主張する論者もいた。これによると，国家機関相互の争い（憲法争議）を判断するもので，内大臣府や帝国議会が請求する場合に認められる。

③マッカーサー憲法草案 73 条は「人民ノ権利義務」を定めた憲法第 3 章の下で生じた事件または同章に関連する事件を除く事例について，最高裁判所の違憲判決に対し国会の再審を認める。イギリスの貴族院が持つ終審裁判所としての役割を参照したとのことだが，国会が最終的判断をする余地を認めるものだ。

④現在の憲法 81 条である。③について日本側が国会再審部分を不要とする見解を述べ，連合国総司令部もそれを了解した。ここにアメリカ型司法審査をモデルとした違憲審査制という新たな制度が作られた。

(2)　最高裁判所の創設およびその構造

日本側は憲法制定過程において司法に関する大改正を想定していなかった。しかし，違憲審査制の導入と最高裁判所の創設という大改正が行われた。最高裁判所は 15 名の裁判官全員から構成される大法廷と，5 人の裁判官が所属する 3 つの小法廷から成る。原則として事件は小法廷で審理され，違憲判断や判例変更などが必要な場合にのみ大法廷に事件が回付される。なお，近年は大法廷に回付される事件は年に 5 件を超えない。

(3)　憲法裁判の沈滞

最高裁判所が法律を初めて違憲無効とする憲法判断を示したのは，1973 年である（尊属殺重罰規定を違憲とした最大判昭和 48・4・4 刑集 27 巻 3 号 265 頁）。最高裁判所発足が 1947 年だから，26 年かかってようやく最高裁判所の法令違憲判決が登場した。したがって，最高裁判所の違憲判断の少なさは批判の的だった。これについて，矢口洪一（元最高裁長官）は，「皆さんは，戦後の裁判所をご覧になって，『違憲立法審査権をもっと行使すべきだ』とおっしゃるけれども，今まで二流の官庁だったものが，急にそんな権限をもらっても，で

Unit 15　違憲審査制　　159

きやしないのです」（矢口 2004・142）と反論している。

この矢口の見解を，批判的に分析してみよう。違憲立法審査権については，さすがに 1960 年代になると研究も進み，理解も深まっていたと思われる。しかし，最高裁判所は早い段階で司法権の限界と称される判例理論を展開していた。例えば，「直接国家統治の基本に関する高度に政治性のある国家行為」（衆議院の解散）について，司法審査は及ばないとする「統治行為論」が典型である（苫米地事件：最大判昭和 35・6・8 民集 14 巻 7 号 1206 頁）。これによって司法権の本来的作用を限定し，裁判所にとっては政治と直接対決する場面を回避することができた。

違憲立法審査権は最高裁判所だけが行使するわけではない。地方裁判所や高等裁判所が違憲立法審査権を使って活発な憲法裁判を展開し，それを承けて，最終審としての最高裁判所が判断を示すという道筋が，考えられるところだ。ところが，下級審の裁判官に対しては，転勤・昇進などの人事権を握る最高裁判所事務総局（→Unit 14・2 ⑵）のコントロールが加えられた（さらに，裁判官会同・協議会を通じた下級審裁判官に対する事務総局の「指導」もあった）。違憲審査制の沈滞は，「ミスター司法行政」と呼ばれた矢口によってもたらされた一面も否定できない。こういう状況が変わるのは，1990 年代後半からであろう。

⑷ 伊藤正己元最高裁判所裁判官の提言

伊藤は，1993 年，「通常の事件の最終審は，官僚裁判官制を前提とする最高裁であるとしつつ，憲法裁判はそれとは別の憲法裁判所に委ねる大陸型のほうが望ましいのではないか」と主張した（伊藤 1993・136）。伊藤は，最高裁判所が違憲審査に積極的に踏み込まない理由としてさまざまな議論を展開するが，その中で，重要と思われるのが，①最高裁判所内部での「和」の尊重にとどまらず，政治

部門への礼譲の意識の存在，②最高裁判所の処理件数の多さから，とくに小法廷にあっては通常事件の最終審という意識が強く，憲法の裁判所であるという考え方は生まれにくい，③大法廷回付を慎重にする傾向があり，結局のところ小法廷で憲法事件が処理される，である。

伊藤の見解は，最高裁判所裁判官としての10年の経験，そして英米法の権威ということから，大きなインパクトを与えた。ただし，最高裁判所が積極的に憲法判断を行う司法積極主義に無条件に賛成とはいかないだろう。問題となっている人権ごとに判断する必要がある。また，憲法裁判所創設も慎重な検討が必要だろう（この点については後述）。ところで，伊藤の分析にある「最高裁の処理件数の多さ」は違憲審査制にとって見過ごせない問題だ。というのも，これが最高裁判所の権限・組織に関わり，違憲審査を行う「終審裁判所」としての役割に大きな影響を及ぼすからだ。

3　違憲審査制の活性化に必要な要件

(1)　最高裁判所の二重の役割

最高裁判所について，「最終審」として違憲立法審査権を行使するということに力点をおいて，今まで説明してきた。しかし，先に見た伊藤分析②にあるとおり，「最高裁の処理件数の多さ」から，小法廷にあっては民事・行政事件および刑事事件の上告審と受けとめられている。年間約3000件を一つの小法廷が処理し，その大半は憲法事件ではないのだ。最高裁判所は上告審（法律審）であると同時に違憲審査権の最終的行使という役割を担うが，現実には上告審としての役割が大きい。

これに対し，ドイツでは憲法裁判所と5つの連邦最高裁判所に分離しており，例えば，民・刑事事件は連邦通常裁判所，行政事件は

Unit 15　違憲審査制　　161

連邦行政裁判所が上告審となる（しかし，連邦憲法裁判所も 1(3)で見たように，大量の事件処理に追われている）。また，アメリカでは，わが国でいうところの上告審の機能の多くを州の最高裁判所が担っている。そのうえで，（連邦最高裁判所が裁量によって取り上げる事件を決定できる）裁量上告制を通じてのみ連邦最高裁判所は裁判を行う。その結果，理由を付した裁判は年間 80 件程度と言われる。このように見ていくと，いかにわが国の最高裁判所が過大な任務を負っているかが分かるだろう。

(2) 最高裁判所裁判官の負担

最高裁判所裁判官を退いた後，出版した『最高裁回想録』のなかで，藤田宙靖は，小法廷として年間処理する事件数は 3000 件となるとしたうえで，このうち 95% 程は「持ち回り審議事件」が占めている，と述べている。これは，合議をするまでもなく上告棄却（あるいは上告不受理）の決定で済むと裁判長が判断し，一件書類中の押印欄に自分の印鑑をつき，以下，各裁判官も同様の処理をしていくものである。この 1 年間におおよそ 2850 枚に印鑑をつく作業を，藤田は，「チャップリン主演の映画『モダンタイムズ』に出て来る機械工」あるいは「養鶏場のニワトリ」になぞらえている（藤田 2012・63）。

この藤田と同様の述懐は，最高裁判所草創期から現在に至るまで，退職した最高裁判所裁判官の回顧録に頻繁に登場する。「午前午後の昼間の時間はもとより，公邸に帰ってからも，夜遅くまで記録を読まなければならなかった。60 歳代後半の人の多い裁判官にとっては，まさに重労働であった」と島谷六郎も思い出を語っている（島谷 1999・18）。

最高裁判所裁判官の「重労働」を支えているのが**最高裁判所調査官**である。調査官は，下級裁判所裁判官から選抜された 30 歳代か

ら40歳代前半の裁判官である（身分は通例，東京地裁判事）。この上に民事・行政・刑事の上席調査官がいて，さらに首席調査官がいる。調査官は総勢40名前後と言われる。調査官は事件の報告書を作るが，その内容は，「その事件の事実関係，当事者の主張，一審や二審の判断の内容」等の紹介，「最高裁で判断するに当たっての問題点，先例の有無」，そして「問題となる論点についての学説・判例」と，至れり尽くせりのものとなっている（藤田 2012・64）。これなくして，裁判官は判決を下すことはできないだろう。藤田は，「最高裁の裁判は，裁判官と調査官の共同作業」と言い切るのである（藤田 2012・68）。

(3) 最高裁判所の改革の行方

ここで疑問に思うのが，なぜ，最高裁判所はこのような事態を改善しようとしないのか，ということだ。最高裁判所は新しいことに消極的ということでは説明がつかないだろう。これまで試みられてきた調査官の増員による対応にも限界がある。そこで，考えられるのが，伊藤正己が主張する憲法問題を専門的に扱う憲法裁判所の創設である。この案では，「抽象的違憲審査」が目玉だろう。読売新聞社は，「条約，法律，命令等について，内閣あるいは一定数の国会議員の申立てがあった場合に憲法判断を行う抽象的審査」を任務の一つとする**憲法裁判所**の設置を提案している（読売新聞社 1994）。もっとも，この提案を実現するためには**憲法改正**が必要になる。そのほか，最高裁判所が担う上告審機能を大胆にカットし（判例変更や新しい法律問題の処理は残す），現在，最高裁小法廷で処理する事件の95%を占める**持ち回り審議事件**を新たに設置される裁判所（仮に，特別高裁とする）に担当させるとする案がある。これによって，最高裁判所が違憲審査に集中できるシステムを構築しようとするものである。

Unit 15　違憲審査制　　163

最高裁判所の「改革」は，最高裁判所に何を期待するかによって変わってくる。民事・刑事事件など通常事件の最終審として適正な判決を下すことを中心に考えるのであれば，現在の最高裁判所の体制を維持すれば良い。あるいは，それだけでなく憲法事件についての最高裁判所による積極的な憲法判断を期待するのであれば，上告審機能に重点をおく今のシステムに変更を求めることになろう。さらに視野を広げて（例えば，集団的自衛権の是非といった）憲法システム全体に関わる問題を判断する役割を最高裁判所に求めるなら，今の最高裁判所では対応できない可能性が高く，最高裁判所の在り方自体の大胆な見直しが必要となろう（憲法裁判所の提案が一例である）。

さらに学ぶために

笹田栄司「統治構造において司法権が果たすべき役割（1）——違憲審査活性化の複眼的検討」判例時報 2369 号 3 頁以下（2018 年）が本テーマを詳しく分析している。さらに，宍戸常寿「最高裁と『違憲審査の活性化』」法律時報 82 巻 4 号 57 頁以下（2010 年），滝井繁男「わが国最高裁判所の役割をどう考えるか」法律時報 82 巻 4 号 50 頁以下（2010 年），泉徳治『私の最高裁判所論』（日本評論社，2013 年），市川正人ほか編『日本の最高裁判所』（日本評論社，2015 年），渡辺康行ほか編『憲法学からみた最高裁判所裁判官』（日本評論社，2017 年）が参考になる。

Column⑮　最高裁判所裁判官の国民審査

最近の最高裁裁判官の国民審査（2024 年 10 月）では 6 名全員が信任されたが，4 名について不信任投票率は 10％ を超えた（朝日新聞2024・10・29）。国民審査で不信任とされた裁判官は一人もいない。国民は裁判官のことをほとんど知らないのだから，国民審査は廃止すべきとの意見もあるだろう。憲法制定過程を見ると，日本側は，国民審査（憲法 79 条 2 項）と，最高裁判所裁判官の任命に国会が関与す

る方式（国会の承認，もしくは国会の任命）の二者択一に直面し，国民審査のほうがまだ「弊害」が少ないとして憲法に残した。最高裁裁判官と民意とのつながりについて，日本国憲法は，議会が任命に関与する方式（アメリカ・ドイツ）ではなく国民審査を採用したのだ。とすれば，「民意とのつながり」を回復するべく，国民審査の改善策を考える必要があろう。

　国民審査は解職（リコール）の制度と解されているが，罷免を可とする最高裁裁判官に×印をつけ白票は罷免を可としない票とする方式（現在のやり方）が唯一ではない。罷免を可とする場合は×，罷免を可としない場合は○の記号を付けることとし，白票を罷免を可としないものに読み込まないという方式もありうる（大阪弁護士会の提案）。ただし，問題は，最高裁裁判官としての適格性を国民が判断することがそもそも可能かということにある。「適格性」の判断は現状では参考にする資料が圧倒的に乏しい。これは，最高裁裁判官の任命過程の透明化（これによって，裁判官の「資質」が一部明らかになるだろう）と「対」で検討すべきであろう。

　一案として，最高裁裁判官任命諮問委員会の設置がある。例えば，有識者 6 名と法曹三者 OB 5 名で委員会を構成することで「専門性・中立性」を確保し，また，適宜，議事録をインターネット上で公開して議論の「透明性」を担保する。上記委員会は，最高裁判所裁判官についての内閣の任命権（憲法 79 条）に鑑み，推薦理由を付して複数の候補者を選出し，内閣はこの意見を尊重する。仮に，内閣が上記委員会が選んだ候補者達とは全く異なるキャリアを持つ人物を任命した場合，内閣はその任命について説明責任を負う。説明責任は内閣の任命権を侵害するものではなく，任命にあたっての公的責務と解されよう。このようなプロセスを経ることによって，とかく無用の長物と揶揄される最高裁裁判官の国民審査も，意味があるものになるのではないか（笹田 2023）。

Unit 16　国民の司法参加

Topic　悲惨な事件における裁判員選定の難しさ

（写真：法務省及び内閣官房による模擬撮影）

◇京アニ公判の裁判員を選任——候補者出席 12％

　36人が犠牲になった2019年7月の京都アニメーション放火殺人事件で，殺人や殺人未遂など五つの罪で起訴された無職青葉真司被告（45）の裁判員裁判が9月5日から始まるのを前に，京都地裁は9日，裁判員の選任手続きを行った。地裁は500人の候補者を選んだが，辞退が続出し，出席者は63人にとどまった。

　地裁は候補者500人をくじで選び，このうち病気などの事情で180人を除外し，320人に呼び出し状を発送した。しかし，手続きに出席したのは63人で，候補者に対する出席率は12・6％と，昨年の全国平均（23・7％）を大幅に下回った。さらに14人が当日に辞退し，残り49人から裁判員6人と補充裁判員6人が選ばれた。

　京アニ事件の裁判員裁判は，9月5日から来年1月25日まで最大32回（予備日7回を含む）の公判が予定されている。143日間に及ぶ長期審理が敬遠され，辞退が相次いだとみられる。

　京都地裁では，17年に開かれた青酸化合物による連続変死事件の裁判員裁判で920人の候補者が選ばれており，今回の候補者は過去2番目に多いという。

（読売新聞 2023・8・10大阪朝刊）

1 「国民の司法参加」の位置付けの変化

(1) 素人と専門家

何事も専門家に任せ，素人は仕事を頼むだけ，というのも一つの方法である。裁判員制度が始まる前のわが国の司法も，原則的にそのように運営されてきた（後述の検察審査会は例外）。しかし，国民目線が時として忘れられ，**職業裁判官は市民感覚から遊離している**との批判が出された。具体的には，民事および行政裁判について裁判を利用するユーザーにとって使い勝手の悪い裁判制度だと批判され，刑事裁判については再審無罪判決が相次いだ（冤罪事件が生まれていたのだ）。これが1980年代の司法を巡る状況だった。このような素人の排除は，以下の「第一の司法制度改革」に遡ることができる。

(2) 二度の司法制度改革

憲法制定に際し，裁判制度は大きく変わった。憲法によって違憲審査制が採用され，最高裁判所が誕生した。これが，**第一の司法制度改革**である。しかし，国民が司法に参加することに当時の政府は消極的であった。この時の改革をリードした研究者は，（国民が参加する）「民衆裁判は積極的には，場当たりの感情や自己の境遇階級から割出される感情裁判や階級司法となって裁判を害するか」，あるいは，「消極的には職業裁判官の説示に追随するだけで」かえって無用のものとなると述べていた（兼子1948・31）。素人を排除した司法制度改革であった。

20世紀末に始まった**第二の司法制度改革**は一転して，国民に基盤を置いた司法を強調する。「司法がその求められている役割をいかんなく遂行するためには，国民の広い支持と理解が必要」というのである（「司法制度改革審議会意見書」〔2001年〕）。国民が参加する

Unit 16　国民の司法参加　167

裁判員制度の導入や検察審査会の改革は，このような考え方から導かれる。しかし，これらの改革は唐突なものと一部では受けとめられた。わが国の刑事司法はうまく機能しており，裁判員制度の導入はそれを壊すと考えられたのだ。それに対し，わが国の刑事司法は，捜査官が作った調書を元にした裁判であって，それは自白を重視することにもなり，冤罪が生み出される一因となる，という厳しい批判も根強く主張されていた。

2 国民の司法参加——諸外国の制度

(1) 陪審制

陪審制でまず頭に浮かぶのは，アメリカであろう。映画やドラマで陪審が出てくる法廷ミステリーは結構多い。陪審は，イギリスから独立する前のアメリカでは，植民地人の自由と権利をイギリスから守る防壁だったと言われている（常本1995）。合衆国憲法修正6条が「公平な陪審による迅速かつ公開の審理を受ける権利」を定めているのも，この歴史的なバックグラウンドから理解できよう。

刑事事件の陪審には，起訴あるいは不起訴の決定を行う**大陪審**と，被告人が有罪か無罪かを決める**小陪審**がある。映画やテレビで我々が目にすることが多いのは，小陪審だろう（以下では，これを陪審と呼ぼう）。陪審員に選ばれるのは，「各裁判所の管轄地域の選挙人名簿，自動車免許登録者名簿等から，裁判所が無作為に抽出した18歳以上で同地域に1年以上在住する犯罪歴のない一般市民」である（司法制度改革審配付資料「諸外国の司法制度概要」）。12名の陪審員が全員一致で有罪か無罪かの評決を行うのが原則だが，「陪審定数の削減の傾向」（例えば，12名から6名）や陪審員「全員一致から多数決への流れ」も指摘されている（常本1995・71）。

168　Ⅱ　統治のシステム　3　裁判所

(2) 参審制

　参審制は，職業裁判官と国民が共同して判決を下すもので，ドイツ，フランス，イタリアなどヨーロッパ大陸諸国で採用されている。ドイツを例に，その具体的内容を見てみよう。ドイツは，裁判所制度が，民事・刑事事件は連邦通常裁判所をトップとする通常裁判権，行政事件は連邦行政裁判所をトップとする行政裁判権というように，専門ごとに裁判所が形成されている（その他，財政，社会，労働の専門裁判権がある）。いずれの裁判権においても，（国民から選ばれた）**名誉職裁判官**が参加する仕組みが採用されている。

　次に，刑事事件について，**参審員**（刑事事件では名誉職裁判官ではなく参審員と呼ばれている）をどのように選ぶかを見てみよう。市町村が参審員推薦名簿を作成する際，参審員の要件は，ドイツ国籍を有し，年齢が満 25 歳に達する者（満 70 歳に達した者は不適任）であって，推薦名簿作成時に，その市町村に 1 年以上居住することである。また，**参審員の権限**は公判において「職業裁判官と同等」である。したがって，「起訴された事実の有無に関する判断にとどまらず，認定した事実への法令の適用，有罪の場合の量刑」など，「裁判官と同等の対等の立場で関与する」が，捜査記録の閲覧権などは参審員に認められていない（最高裁判所事務総局刑事局監修『陪審・参審制度　ドイツ編』〔2000 年〕）。また，裁判体は裁判官 3 名＋参審員 2 名で構成される。

3　裁判員制度

(1) 明治憲法下の陪審制

　裁判員制度を検討するうえで，明治憲法下で行われていた「陪審制」も忘れてはならない。陪審は，直接国税 3 円以上を納める 30 歳以上の日本国民の男子から無作為抽出で選ばれた 12 人の陪審員

で構成される。人数や無作為抽出はアメリカの**陪審制**と共通だが，この時の陪審制は，陪審員の有罪無罪の答申は裁判官を拘束しないとするもので，この点でアメリカの陪審制とは異なる。また，被告人は，陪審による裁判，あるいは裁判官による裁判のどちらかを選択できる（常本 1995）。この制度は 1928（昭和 3）年に始まり，1943（昭和 18）年に停止された。

(2) 裁判員制度の具体的仕組み

裁判員の参加する刑事裁判に関する法律（以下「裁判員法」という）は次のように定める。対象事件は，「死刑又は無期拘禁刑に当たる罪に係る事件」などの重大な事件である（裁判員法 2 条 1 項）。裁判員の参加する合議体の員数は，裁判官 3 人，裁判員 6 人を基本とし（同法 2 条 2 項），裁判官と裁判員から成る合議体が有罪・無罪の決定および量刑の判断を行う（同法 6 条 1 項）。さらに，この決定および量刑の判断は，「裁判官と裁判員の合議体の過半数であって，裁判官及び裁判員のそれぞれ一人以上が賛成する意見による」（司法制度改革推進本部「裁判員の参加する刑事裁判に関する法律の概要」（www.kantei.go.jp/singi/sihou/hourei/saibanin_s.html）参照。同法 67 条 1 項）。有罪無罪の決定および量刑の判断を，裁判官と協働して行うもので，この点で，「参審制」のカテゴリーに入るといってよいだろう。一方，**裁判員の選出の仕方**は，選挙人名簿から裁判員候補者を無作為に選んで裁判員候補者名簿を作成し，事件の審理が始まる前に，この名簿から無作為抽出により裁判員候補者が選ばれる。この選出方法はアメリカの「陪審制」に近い。

このように，裁判員制度は審理および評決の場面で**参審制**，裁判員選出方法で**陪審制**に近い。両者の混合ともいえるが，審理のやり方や評決が重要と考えるなら，裁判員制度の基本は参審制だろう。

(3) 裁判員制度の意義

　刑事法学者として著名な平野龍一は，欧米の裁判所は「有罪か無罪かを判断するところ」だが，日本の裁判所は「検察官が有罪と確信したものを，『念のために確かめる』だけのもの」になっている，と述べている（平野 1997・407，409）。この点は，裁判員裁判によって変化が生まれつつある。即ち，法廷で被告人や被害者の発言（肉声）を聞いて，判決を下すという方式に変わりつつある（参照，酒巻匡「論点」読売新聞 2014・6・4）。さらに，最高裁による裁判員経験者のアンケート調査（2022年度）を見ても，裁判員と裁判官との評議について，評議における話しやすさ（話しやすい雰囲気 70.9%，普通 26.1%），議論の充実度（十分にできた 75.8%，不十分 5.9%）となっており，裁判官の押しつけや誘導の懸念は比較的少ないと思われる。また，裁判員が加わることで，検察官と裁判官の関係が必要以上に結びつくことの抑止も期待される。

　また，陪審と同じく，裁判員が入ることで社会の意識が裁判に反映することが期待される。しかし，これは**厳罰化**をもたらす可能性がある。残虐な事件や性犯罪については，時に従来の刑の相場を超えた判決が出されている。この点は，次の「課題」に関わるが，国民の参加が**重罰化の隠れ蓑**とならないよう，裁判官は裁判員に対する説示などで配慮しなければならない。これは，小中高など学校での「法教育」にもつながるだろう。

(4) 裁判員制度の課題

　まず，裁判員の**守秘義務**が問題になる。裁判員の職にあった者（元裁判員）は，担当した事件の裁判所による事実認定または刑の量定の当否を述べたとき，6月以下の拘禁刑または50万円以下の罰金に処せられる（裁判員法108条6項）。評議の秘密以外の職務上知り得た秘密を漏らしたときも同様である（同法108条2項1号）。こ

れに対し，評議の秘密に関し，裁判官が漏洩した場合，刑罰の制裁はなく，職務上の義務違反が問われるだけである。退職した裁判官の漏洩については，何の制裁も規定されていない。

裁判員の守秘義務は，それを盾にして当該事件について発言しないことを正当化するものだから，裁判員自身を守ることになる。また，当該裁判員に対し，同一の裁判において裁判員の職にあった他の者の意見の暴露を禁止することは，公正な刑事裁判の実現にとり必要不可欠だろう。こういったことは理解できるとしても，刑事罰を規定する現在の「守秘義務」は少し厳格すぎるように思われる。事実認定や量刑の当否について自らの見解を（例えば，マスメディアに対し）述べることを全面禁止とし違反には刑事罰をもって処することは，元裁判員の表現の自由に鑑み問題はないだろうか。

もう一つの問題は，裁判員裁判の対象事件の範囲である。対象事件からの除外は，裁判員や親族等の生命，身体，財産に危害が加えられるおそれのある事件，またはこれらの者の生活の平穏が著しく侵害される事件に限定されている（同法3条）。このような除外規定は最少限度にとどめるべきという意見もあるが，例えば（3件の）連続殺人事件のような，1人1件の担当という裁判員制度の原則から外れる事件は除外することも考えてよいだろう。制度の定着を第一に考えるなら，連続殺人事件のように死刑さえ予想される事件は対象事件からとりあえず除外し，裁判員の負担を軽減すべきである（審理に「著しい長期間を要する事件」を裁判員裁判の対象事件から外す「裁判員の参加する刑事裁判に関する法律の一部を改正する法律」〔平成27年法律第37号〕が参考になる。参照，同法3条の2）。

最後に取り上げる問題は，裁判員の辞退率の上昇である。裁判員制度が始まった2009年は辞退率が53.1％であったものが，その後，2012年が61.6％，2015年が64.9％，そして2018年が67.0％と増え続けている（裁判員制度の施行状況等に関する検討会〔第2回〕におけ

172　　Ⅱ　統治のシステム　3　裁判所

る最高裁判所説明資料参照。なお，2022年度は辞退率が66.9％で，2017年度とほぼ変わらない状況である。参照，最高裁判所「裁判員制度の実施状況等に関する資料　令和5年度」）。最高裁は，「制度の安定的な運用に差し迫った影響を及ぼすレベルには到っていない」（上記検討会における戸苅最高裁事務総局刑事局第二課長の発言）とするが，このまま辞退率の上昇が続けばこのような楽観的な見方で済むとは思わない。裁判員候補者に対する裁判情報の適切な提供がなお必要であろう。

4　検察審査会

(1)　検察の民主化

　憲法制定過程で司法に関し問題となったのが，検察の民主化だった。連合国軍最高司令官総司令部（GHQ）は，日本における「民主主義的な傾向が伸長するためには」，裁判所が，「検察官によって支配されていること」（高柳ほか編1972・3）を問題と考えた。GHQは「検察の民主化」のために，検察官を選挙する「検察官公選制」および，起訴または不起訴の決定を行う「起訴陪審制」を候補として挙げたが，日本側は現状では採用は困難と反論している。そこで，日本側とGHQが交渉を重ねた末，検察審査会制度が考案された。すなわち，「不起訴処分の民衆審査」（松尾1967・184）である。

(2)　検察審査会（平成16年改正前）

　憲法制定過程から生まれた検察審査会は，以下のような手続で運営された。

①　検察審査会は，衆議院議員の選挙権を有する者の中からくじで選定した11名の検察審査員から構成され，その任期は6か月で，半数改選である。

②　検察官の不起訴処分を不当とする議決がされた場合，議決書謄

本は処分を行った検事を指揮監督する検事正に送られる。

③　検事正は右議決を参考にして，公訴を提起すべきとの結論に至る場合は，起訴の手続をしなければならない。

③の下線部から分かるように，検察審査会の議決には「拘束力」がない。あくまで「参考」にとどまる。もっとも，この議決は検察に対し再考を迫るもので，その後，検察が2割前後の起訴をしていたことから，一定の成果はあったと考えられる。

(3)　起訴議決制度の導入

司法制度改革によって，裁判員制度と同じく，刑事司法への国民の関与を広げる動きのなかで，検察審査会の議決に基づき公訴が提起される制度が導入された。検察審査会が起訴相当の議決をした場合に（第1段階審査），検察官がなお不起訴処分をしたとき，第2段階として，検察審査会は再度審査を行う。その審査であらためて起訴を相当と認めるときは，11人中8人以上の多数で起訴する旨の議決をする（起訴議決）。この場合，裁判所により検察官の職務を行う弁護士が指定され，この指定弁護士が，検察官として公訴を提起する（2009年から2022年までの間で，起訴議決により，公訴提起がなされて裁判が確定した事件を見ると，有罪2名，無罪9名であった。参照，『令和5年版 犯罪白書』第6編第2章第1節3）。

検察審査会は，検察が嫌疑が十分ではないとして起訴を見送った事件について，裁判所において判断してもらうよう，「国民」が起訴することを認める制度である。その意味は，次の明石歩道橋事故犠牲者の会会長（下村誠治）の発言から明らかになろう。「有罪か無罪かは，検察ではなく裁判所が決めるべきではないでしょうか」「遺族は処罰だけを求めているわけではありません。原因や責任を明らかにして，再発防止につなげてほしいと思っています。検察審査会は，起訴・不起訴を決めるまでに被害者や遺族が意見を言える

唯一の場です」（朝日新聞 2010・7・3）。検察審査会は，起訴の基準を検察より下げてよいのであろうか。これは重要な問題だ。この点について，刑事被告人になること自体，日本では大変な不利益になるのだから，起訴は，「99％ の有罪を確信できる場合に限るべき」との反論がだされるのである（弘中淳一郎，朝日新聞 2012・4・27）。

2018 年以降，検察審査会による起訴相当・不起訴不当議決がなされた後の検察の事後措置を起訴について見るなら，2018 年は起訴率 25％，2019 年は 19.1％，2020 年は 23.5％，2021 年は 25％，そして，2023 年は 35.9％ となっている（『令和 5 年版 犯罪白書』第 6 編第 2 章第 1 節 3）。2023 年の数字が高いのは，次の 2 つの公選法違反事件が要因としてある。法務大臣を務めた河井克行元衆院議員，および妻の河井案里元参院議員から現金を受領したとして公選法違反（被買収）容疑で告発された地方議会議員 100 人について，東京地検特捜部がすべて不起訴にした事案について，東京第 6 検察審査会が 2021 年 12 月 23 日付けで，広島県議ら 35 人を起訴相当，46 人を不起訴不当とした（毎日新聞 2022・1・29）。また，香川県議が地元の団体に政務活動費から「意見交換会会費」を支出していたことについて公選法違反（選挙区内での寄付）が争われた事件で，高松地検が不起訴にした県議 21 人について，高松検察審査会は 2022 年 7 月 13 日に「起訴相当」とする議決を行っている（朝日新聞 2022・7・28）。このほか，検察が不起訴あるいは起訴猶予としたものを，検察審査会が「起訴相当」とした事件として，黒川弘務元東京高検検事長の賭けマージャン事件（東京第 6 検察審査会議決は 2020 年 12 月 8 日），菅原一秀元経済産業大臣の公選法違反（選挙区内での寄付）事件（東京第 4 検察審査会議決は 2021 年 2 月 24 日）がある。その後，東京地検特捜部は，前者について賭博罪，および後者について公選法違反で略式起訴をしている。

このように見ていくなら，検察が検察審査会の議決を重要と判断

Unit 16　国民の司法参加　　175

して事後措置を行っていることは明らかで，検察審査会はその機能を果たしていると評価できる。しかし，この制度にも問題はある。それを次に見ておこう。

(4) 検察審査会の問題点

検察審査会の抱える問題はいくつもある（中島 2013）。そのなかで，検察審査会の手続における「透明性の欠如」が重要だ。裁判員と違い，検察審査員の構成などは明らかにされておらず，制度の全体的な実施状況に関する詳しい統計データも公表していないのである（越田 2012）。さらに，**検察審査会の証拠収集能力に限界がある**ため，結局，検察側が提出する証拠に頼ることになる。その結果，検察提出資料に虚偽の報告書があった場合，誤った起訴議決が行われることさえあり得よう。「検察官の手元にあるすべての証拠に検察審査会が適切にアクセスできる環境を整えなければならない」（中島 2013・17）。

さらに学ぶために

笹田栄司「裁判員制度と日本国憲法」同『司法の変容と憲法』（有斐閣，2008 年）81 頁以下，緑大輔「裁判員制度がもたらすもの」法学セミナー 681 号 122 頁以下（2011 年），および「【特集】司法制度改革 20 年・裁判員制度 10 年」論究ジュリスト 31 号（2019 年）に掲載された諸論稿を参照してほしい。また，検察審査会については，デイビッド・T・ジョンソン＝平山真理＝福来寛『検察審査会』（岩波新書，2022 年）が詳細な検討をしており，参考になる。

Column⑯　裁判員制度を合憲とする最高裁大法廷判決

裁判員制度は，その導入にあたり激しい反対運動が沸き起こった。

裁判制度の改革について，このような反対が国民レベルで出てきたのは初めてだろう。それは，国民が無作為抽出で裁判員に選出され，本人の意思に反してでも裁判員としての任務を果たさねばならないことに原因があった。法律家の間でも反対論はあったが，それは，裁判員裁判がこれまでの刑事司法を根底から変革することに対する批判であった。その後，裁判員制度違憲論は法廷に主戦場を移したが，2012年11月，最高裁判所大法廷は裁判官全員一致で，裁判員制度を合憲とする判断を示している（最大判平成23・11・16刑集65巻8号1285頁）。

4　地方自治

Unit 17　中央政府と地方政府の関係

Topic　地方自治の「限界」？

◇竹富町，国に従わず　公民教科書の是正要求

沖縄県の八重山地区（石垣市，竹富町，与那国町）で異なる中学公民の教科書が使われている問題で，竹富町教育委員会は24日，定例会を開き，教科書変更を求めた文部科学省の是正要求には従わないことを確認した。新年度も現行の東京書籍版を使う。是正要求に不服がある場合の手続きを取るかどうかは，今後検討する。

東京書籍版中学公民教科書

育鵬社版中学公民教科書

定例会後，出席した教育委員4人が記者会見。教育現場に混乱は生じていない▽民主党政権下では竹富町の採択の有効性が認められている▽地方教育行政法は各市町村教委に教科書採択権限を認めている，などの理由で要求に従わないことで一致したという。

4月7日から新学期が始まるが，慶田盛安三(けだもりあんぞう)教育長は「教科書をそう簡単に変えられるはずがない」。要求に不服がある場合，30日以内に「国地方係争処理委員会」に審査を申し出ることができるが，「申し出をした場合，しない場合で町にどんな影響があるかを含めて検討したい」とした。

文部科学省の永山裕二教科書課長は「大変遺憾。町教委が国の国地方係争処理委員会に審査を申し出られる期間内なので，引き続き町側の検討を見守るしかない」と話した。

（朝日新聞 2014・3・25）

1 地方自治の意義

(1) 地方自治の本旨

　日本国憲法は8章に地方自治に関する規定を置いている。同章の92条は、「地方公共団体の組織及び運営に関する事項」を法律で定めることとし、それらが基づくべき理念として「**地方自治の本旨**」を明記した。地方自治の本旨とは、一般に、地方自治が住民の意思に基づいて行われること（**住民自治**）と、地方自治が国から独立した団体に委ねられ、団体自らの意思と責任の下でなされること（**団体自治**）という二つの要素からなると説明される。地方公共団体の長および議会議員の住民による**直接選挙**（憲法93条2項）や、「**一の地方公共団体のみに適用される特別法**」（地方自治特別法）制定時の住民投票による同意（憲法95条）は、住民自治の原則が具体化されたものだ。また、地方公共団体がその財産の管理と事務処理、そして行政の執行に関する権能をもち、法律の範囲内で条例制定権を有する（憲法94条）ことにより、団体自治も保障されている。

(2) 明治憲法下との違い

　今でこそ当然と受け取られている「地方自治」だが、明治憲法にそのような規定は存在しなかった。地方に関する事柄は、法律や勅令でいかようにも決められ、府県知事は中央政府が任命していたのである。確かに日本国憲法も、地方自治の具体的なあり方を法律に委ねはしている。しかしその内容には、地方自治の本旨という憲法上の理念が、外から枠をはめている。その意味で92条は、地方に対する国の介入を防御する機能をもつと理解できよう（塩野2021）。

　Topic では、地方公共団体が国（や他の地方公共団体）の意向を排し、自分たちで教科書を決められるかどうかが問われている。事の発端は、中学公民教科書の選定につき、石垣市と八重山郡与那国町

Unit 17　中央政府と地方政府の関係　　179

および竹富町の三者から構成される「八重山採択地区協議会」が育鵬社版を選定する旨の答申を行ったところ，竹富町だけが答申とは異なった東京書籍版の教科書を採択したことだった。義務教育諸学校の教科用図書の無償措置に関する法律（教科書無償法）は，採択地区ごとに同一の教科書が選定されることを求めている。そのため竹富町は無償措置の対象から外され，町民の寄贈によって教科書を調達し使用を開始していた中で，文部科学省から教科書の変更を求める「是正の要求」が出されたのである。

このように地域で使う教科書の選定一つをめぐっても，財政を含む中央とのかかわりの中で，複雑な問題が起こりうる。そもそも地方公共団体とはどのような存在なのだろうか。そして国とはどのような関係に置かれているのだろうか。

2　地方公共団体の組織

(1)　地方公共団体とは

憲法は自治の単位を「地方公共団体」と定めるが，それがいったい何であるのか定義していない。そこで学説をみてみると，たとえば，憲法92条以下にいう地方公共団体を，「一定区域を基礎に，その区域内の住民を構成要素として，その独自の統治意思の下に行財政運営を行う統治団体にして法人格を有するもの」とする見解がある（佐藤2020・599）。この定義にみられる区域・住民・法人格は，地方公共団体の3要素とされるものだ。一方，判例は，憲法上の地方公共団体というには「単に法律で地方公共団体として取り扱われているということだけでは足らず，事実上住民が経済的文化的に密接な共同生活を営み，共同体意識をもっているという社会的基盤が存在し，沿革的にみても，また現実の行政の上においても，相当程度の自主立法権，自主行政権，自主財政権等地方自治の基本的権能

を附与された地域団体であることを必要とする」という（最大判昭和 38・3・27 刑集 17 巻 2 号 121 頁）。この定義に対しては，**共同体意識**という基準は測定困難であり，その存在を社会基盤として要求するのは行き過ぎではないか（人為的な市町村合併後の状況などを想像せよ），また，法律で判例の示す権能を団体から一つでも奪っておけば，中央政府の意向で地方公共団体であることを否定できてしまうのではないかという批判がある（佐藤 2020, 渋谷 2017）。他方で，人為的な効率一辺倒の大規模地域団体が憲法上の地方公共団体から除外されうる点に，この定義の**現代的意義**をみる見方もある（人見＝須藤 2015・2 章〔人見執筆〕）。

⑵　二層制は必須か？

　憲法は地方自治を担う団体の具体的名称や全体構造にも触れていない。結果として，戦前から存在した都道府県と市町村という二層式の構造が**地方自治法**に受け継がれ（地方自治法 1 条の 3），新憲法施行に伴い必要な変更を施されて存続することになった。**都道府県**と**市町村の二層制**は国民にはあまりに馴染み深く，ほかの構造は想像し難いが，これが憲法の要求なのかは実は明らかではない。憲法学の議論では，二層制は憲法の絶対的要請とまではいえず，地方自治の本旨に反しない限りで法律による二層制以外の制度の選択は許されると考えられている（→道州制については Unit 18・2 を参照）。

　東京都と**特別区**も二層式の構造ではあるが，特別区ではかつて区長公選が廃止された時期があり，これを最高裁は地方公共団体の長の公選を求める憲法 93 条 2 項に反しないとしている（前掲最大判昭和 38・3・27）。その理由は，特別区が先に述べた憲法上の地方公共団体の定義にあてはまらないというものであった。現在の特別区は，地方自治法上，**特別地方公共団体**に分類されながら（同法 1 条の 3），**普通地方公共団体**である市町村と同様に「基礎的な地方公共団体」

として位置づけられており（同法281条の2第2項。同法2条3項も参照），区長公選制も復活している。仮に判例の定義に従ったとしても，現在の特別区は憲法上の地方公共団体に該当するとの見方が有力である。また，地方自治法は都を東京都一つに限定してもいないので，たとえば大阪市（とその周辺）を廃止して特別区に再編し，大阪府を大阪都に変更することも可能ではある。

3 地方公共団体の機関

(1) 議会と長

地方公共団体には，議事機関である議会と執行機関である長が置かれ，議会だけでなく長も住民の直接選挙で選出される（憲法93条）。ただし長は，大統領制のように議会の信任がなくても在職し続けられるわけではない。すなわち，議会は長に対して不信任を議決でき，これに対抗して長は議会を解散できるが，議決から10日以内に解散権が行使されないか，選挙後の議会で長への不信任が議決されれば，長は失職するのである（地方自治法178条）。二者の関係には，議院内閣制的な要素が法律レベルで取り入れられているといえる（二元代表制）。

ところで，こうした「公選の長と議会」という地方公共団体の組織原理が憲法に定められ，しかも憲法92条を受けて地方自治法が組織の内部について細かく規定しているために，全国1700余りの都道府県および市町村が，判で押したように画一的な統治構造をもつことになった。このように一律の構造を地方に強いることは，地方自治の本旨に矛盾しないのだろうか。

(2) 多様な組織は可能か

たとえば自治体の組織について連邦憲法に規定のないドイツでは，

地方制度は各州法が定める。各州の市町村に執行機関として公選の長を置くことが基本だが、長が市町村議会の議長を兼任する州としない州とが存在する。基本にならわず、市町村長を置かずに議会が選出する合議体の機関（参事会）に行政の執行を委ねる州もある。

アメリカでは、連邦憲法が自治体に全く言及しておらず、各州憲法あるいは州法がこれを定めている。アメリカにおける自治体（Municipality）とは、そもそも、住民が州の承認を受けて法人として設立するものなのだ。まさに自治である。

州が自治体にその組織を選択・変更する権限を認める場合もあり、自治体組織は州間だけでなく、州内でも一律ではない。その中で最も一般的なのは、自治体議会がその任命する専門家を、**市支配人**（シティ・マネージャー）として自治体の行政の執行に当たらせる組織類型である。この類型では公選ないし議員の互選による首長も置かれるが、儀礼的・象徴的な役割を果たすに過ぎない。次に多いのが公選の長と議会を置く日本と同様のパターンである。このほか少数ながら、公選の委員からなる委員会が立法権を担うと同時に、各委員がそれぞれ執行部の部門ごとの長を務めるパターンも存在する。

日本国憲法が、地方組織の基本的なあり方を憲法レベルで固定し、地方自身に委ねなかった理由は、**制定当時の民主化要求**にあると考えられている。すなわち、長の公選を義務付けることで中央からの支配を確実に打破し、地方レベルでの民主主義を徹底することが目指されていたのである（塩野 2021）。そうであったとしても、法律による地方組織の定めは、憲法の保障する地方自治の本旨を実現するための基本的枠組みにとどまるべきだろう（渋谷 2017）。もちろん、制度上の工夫として、公選の長が専門知識をもつ他のスタッフに権限を移譲することは現行憲法の下でも不可能ではない（塩野 2021）。法律レベルの規定も、地方公共団体が自律的に組織編成を選び取れるような方向で、見直す余地があるだろう。

Unit 17　中央政府と地方政府の関係　　183

4 地方公共団体の権能

(1) 分 類

憲法上の地方公共団体が自主的・自律的に行使する権能として，判例は「自主立法権，自主行政権，自主財政権等」を挙げる（前掲最大判昭和38・3・27）。加えて，3で扱った領域も，「自主組織権」の問題として整理される。自治の観点からは，これらについて認められる権限の幅や，国の介入に対する保障の程度，救済方法が問題になる。自主立法権（条例制定権）は次の Unit 18・3 をご覧いただくことにして，ここでは自主行政権と自主財政権について見てゆこう。なお，司法権については国が独占すると考えられているが，地方公共団体も行使可能とする見解もある（手島1985）。また，議事機関としての自律が認められる議会への司法審査について，最高裁は近時，従来の判断を変更し，議員の出席停止の懲罰は議会の自律的な権能に基づくものとして議会に一定の裁量が認められるものの，裁判所は「常に」その適否を判断できるとした（岩沼市議会出席停止事件，最大判令和2・11・25民集74巻8号2229頁）。

(2) 自主行政権——地方公共団体の事務

従来の事務分類

憲法94条は「地方公共団体は……事務を処理し，及び行政を執行する権能を有」すると定めるのみで，地方が担う事務の具体的内容や国との分担を明記しておらず，それらは地方自治法に委ねられている。同法はかつて，地方公共団体が行う団体自身の事務（団体事務ないし自治事務）以外に，**機関委任事務**という事務類型を置いていた。

機関委任事務とは，地方公共団体の長などの機関が，国や他の地方公共団体等の機関として行う事務であり，明治憲法下の制度が変更を加えられながら維持され，多用されていた。この事務はあくま

で国などの事務であるから，住民から選ばれた長が委任元の下部機関として使われることになり，条例制定権も議会の調査権も及ばなかった。しかも，事務全体に占める割合は自治を圧迫する水準——市町村の機関が行う事務の3〜4割，都道府県に至っては7〜8割とされる——に達していた。

分権改革による事務の再編成　このように多くの問題が指摘されていた機関委任事務は，国と地方公共団体の間に対等・協力の関係を築くことを目指す，1999（平成11）年の**地方分権一括法**による地方自治法改正で廃止された。地方公共団体の事務は，**自治事務**と**法定受託事務**に再編成されたのである（→Unit 18・1 (1)）。法定受託事務は，「国が本来果たすべき役割に係るものであつて，国においてその適正な処理を特に確保する必要がある」事務（地方自治法2条9項1号。2号は都道府県に関するもの）であり，自治事務とはそれ以外の事務と定義された（同法2条8項）。

法定受託事務は機関委任事務によく似るが，国や都道府県ではなく地方公共団体の事務である点で，決定的に違う。ただし事務の性質上，国などによる「関与」が認められるのである。その場合でも関与には，①法律の根拠，②目的達成との関係で必要最小限度であること，③地方公共団体の自主性および自律性への配慮が要求されるほか，則るべき手続も明記され，恣意的な関与への歯止めが法に組み込まれている（同法245条〜250条の6）。竹富町教委に発せられた「是正の要求」は，同法上の関与の一つであり（同法245条1号ハ・245条の5），実際にこれが発動された初のケースとなった。

国の関与についての地方公共団体の不服は，**国地方係争処理委員会**で申し出により審査され（同法250条の7以下），その結果に不服ならば関与の取消しを求めて裁判を起こせる（同法251条の5以下）。逆に地方公共団体が是正の要求に従わないなら，国などが不作為の違法確認を求めて出訴できる（同法251条の7）（→Unit 18・1 (3)(4)）。

Unit 17　中央政府と地方政府の関係　　185

(3) 自主財政権

　地方公共団体が自主的な行政運営を行うならば，自主的な財政運営も当然必要となる。こうした自主財政権は，地方公共団体が自らの「財産を管理する」権能を定める憲法94条（および92条）で保障されると解されている（碓井1999）。行政が地域に提供するサービスの費用は，基本的に住民の負担する税によって賄われるため，条例による課税権も同様に認められる（→Unit 19・2(1)(2)の租税法律主義を見よ）。ところが，この課税権行使のあり方については地方税法がこと細かに決めていて，同法に定められる以外の地方税を新設しようとしてもなかなか身動きがとれない。同法が地方自治の本旨に反して違憲だとする見方もあるほどだ（木村2013）。

　現実には，地方税を中心とする地方公共団体の自主財源は3割程度だといわれ（三割自治），多くが地方交付税や国庫支出金など中央からの財源に依存している。中央の補塡なしに地方の財政が成り立たない状況は，地方公共団体の自主的な政策形成・実施を阻害するだけでなく，「どうせ補塡される」という期待から，財政規律に緩みを生んできた。そのため2002（平成14）年に，いわゆる三位一体の改革を進めることが閣議決定され，①国庫補助金の廃止・縮減と②地方への税源移譲，そして③交付税の見直しが行われた。2006（平成18）年度までの成果を金額で評価すると，①と③によるマイナス分（約4.7兆円＋約5.1兆円）が，約3兆円となった②を大きく上回り（総務省「三位一体の改革の成果」），地方の財源が削られただけとの指摘もある。中央依存の財政構造から徐々に脱却して，事務量とバランスの取れた自主財源の確保に向かうことは，団体自治の観点からも求められるだろう。

5 着地点と展望

Topic の教科書問題は，厳しい財政事情の下では地方公共団体が自らの選択を断念し，無償を振りかざす国に屈する場合があることも推察させる。自治の貫徹には，財政的裏付けが必須とされるゆえんである。その後この問題は，竹富町教委が**国地方係争処理委員会**に申し出をせず，文科省による不作為の違法確認訴訟の提起にも至らずに，**教科書無償法の改正**で落着した。つまり，それまで「市郡」単位の設定だった教科書採択地区が「市町村」単位に改められ，町単独の教科書採択が可能になったのである。さらにその後，石垣市と与那国町のみとなっていた八重山採択地区協議会が別の教科書を選定したことで，竹富町が協議会への復帰に前向きとも報道されている（琉球新報 2024・8・17）。採択だけでなく採択の枠組みへの参加も，他の市町村や国の影響から自由に決められるようになったことは，地方自治の本旨にかなう解決と評価できよう。他方で，感染症拡大や激甚災害に対しすべての地方公共団体が十全に対応できるとは限らない。2024 年の地方自治法改正（令和 6 年法律第 65 号）では，個別法で対応できない重大事態の発生時に，国が地方公共団体へ必要な指示を行える補充的指示権が創設された（地方自治法 252 条の 26 の 5）。運用は未知数であり，過剰な行使とならないよう検証と不断の見直しが必要であろう（板垣 2025）。

　　さらに学ぶために
　　地域の多様性とそれぞれの憲法問題を知るには，①新井誠＝小谷順子＝横大道聡編『地域に学ぶ憲法演習』（日本評論社，2011 年）が格好の手引きだ。②宇賀克也『地方自治法概説〔第 10 版〕』（有斐閣，2023 年）は分権改革後の地方自治法を網羅的に解説する。③憲法研究 8 号（2021 年）の「特集 地方自治の憲法理論」では，所収の各論文を通じて「自治体憲法学」の到達点を確認できる。

Column⑰　沖縄から見る中央・地方関係

　2019年2月の沖縄県民投票は，日本の中央・地方関係を再考させる契機となった（→Unit 2・6 (1)）。争点は，宜野湾市にある米軍普天間基地の移設に伴う，名護市辺野古の新基地建設の是非であり，結果は埋立てに「反対」が43万4273票（72.2%）で多数を占めた（投票率52.48%）。この結果を国は「真摯に受け止め」ると述べたが，基地建設は変わらず進む。完成すれば基地は米軍の排他的管轄権の下に置かれるために，関係自治体の自治権行使は絶望的に難しくなる。にもかかわらず，国が基地移設を強行できる根拠は日米両政府の合意と閣議決定にとどまり，地方の意見どころか国会すら関与していない。

　この点につき，自治権制約の範囲や方法とその代償措置は「地方自治の本旨」に則って法定することが憲法92条から要請され，その法律で沖縄県や名護市の自治権が制約されることから地方自治特別法として憲法95条に基づく住民投票をも要し，それ以前に，国政の重要事項であることを否定しがたい安全保障に関わる米軍基地の場所や設置条件は，法定するのが憲法の要請だとする見解が注目される（木村2016）。地方自治特別法は，上述のように反対多数の事柄では制定不可能だ。翻ってこのことは，基地建設が憲法による「枠づけ」の中で進められれば，住民投票で過半数を得るべく政府は法案の内容を吟味して「丁寧に説明」し，国会はその成立をめぐり真摯に論争すべきことになる。沖縄県知事から国地方係争処理委員会への審査申出は，2015年以来7件すべてが基地関係であり，埋立区域内のサンゴ類を避難させるための特別採捕不許可処分について，採捕を許可するよう農林水産大臣が行った是正の指示を取り消すべきとの勧告を求めた2023年5月1日付の申出に至るまで，県の求めに沿った判断は得られていない。憲法による「枠づけ」は，「対話による解決」につながるはずだ。しかしそれが使われない現状は，基地建設に限らずあらゆる政策領域につき，沖縄に限らずすべての自治体で，その意思にかかわらず国が政策を貫徹できてしまうことをも示唆するのだ。

Unit 18　地方自治の将来

Topic　子どものインターネット利用は 1 日 60 分に！

◇香川ゲーム条例は合憲，原告側の賠償請求棄却　地裁判決

　子供がインターネットやゲームに依存するのを防ぐため，利用時間の目安などを示した香川県の条例が幸福追求権などを保障する憲法に反するかどうかが争われた訴訟の判決で，高松地裁（天野智子裁判長）は〔2022 年 8 月〕30 日，条例が合憲だとする判断を示した。〔中略〕

　問題となったのは香川県ネット・ゲーム依存症対策条例。2020 年 4 月に施行され，ゲームなどの利用時間に目安を示した全国初の条例だった。

　判決理由で天野裁判長は，ゲームのし過ぎにより社会生活上の支障が生じることについて「医学的知見が確立したとはいえないまでも，可能性そのものは否定できない。青少年は特に影響を受けやすい」と指摘した。

　その上で，自治体には適切な教育政策を実施するために必要な範囲で家庭生活のルールを定める権限があるとし，一定の目安を示し，子供がゲーム依存に陥らないよう保護者に配慮を求めることを是認した。〔中略〕

　県側は，ゲームに熱中して日常生活に支障が出る状態を「ゲーム障害」と世界保健機関（WHO）が分類したことなどから，条例の目的や理念には合理性があると反論。利用時間などは目安にとどまり，県民の権利を不当に制限していないとして請求を退けるよう求めた。〔中略〕

▼香川県ネット・ゲーム依存症対策条例

　〔前略〕ゲームなどの過剰な利用は子供の学力や体力の低下，引きこもり，睡眠障害を招く指摘があると明記。18 歳未満のゲームの時間を 1 日 60 分（学校休業日は 90 分），スマートフォンの利用は中学生以下が午後 9 時，それ以外は午後 10 時までを目安とするよう保護者に求める。違反に罰則はない。〔後略〕

（日本経済新聞 2022・8・30 電子版　〔　〕は筆者補足）

1 未完の分権改革

(1) 地方自治法等の改正

1999（平成 11）年の地方自治法の改正は，現在の地方自治のあり方にとって最も重要な改正であった。その改正の柱は，**機関委任事務の廃止**である。国の事務の下請けのような印象を与えてきた機関委任事務を廃止し，自治体の事務としての**法定受託事務**と**自治事務**に再編した。この改正を機に，国と自治体との関係は大きな曲がり角を迎えたが，その後も，2006（平成 18）年に地方分権改革推進法が制定され，大都市制度改革や基礎自治体の行政サービス体制の構築（地方自治法の一部を改正する法律，平成 26 年法律第 42 号）など，地方分権改革のセカンドステージが進行中である。

さらに，近年では，人口減少が続くことを見据えて，複数の自治体で構成される「圏域」を単位とする構想の検討も行われている（「自治体戦略 2040 構想研究会第二次報告書」〔2018（平成 30 年）7 月〕なお，総務省では，すでに「連携中枢都市圏」の取組みを実施している）。

(2) 分権改革についての評価

ところが，一連の分権改革を経て，果たして地方自治に対する住民（国民）の評価が高まったのであろうか。自由になった自治体によって地方分権がより一層進展し，それぞれの市区町村の行政サービスが住民本位に格段によくなったと住民（国民）は実感しているのであろうか。むしろあまり変り映えがしないとか，期待したほどでもない，というのが多くの人々の偽らざる感想ではないのか。

分権改革を進めるに当たっては，地方の自主性・自立性，国との対等協力関係を確立するということが声高に主張された。しかし，これらの理念が文字通りに徹底されているかというと，自治体（職員）の姿勢を（もちろんかなりの程度変革したということは事実だとして

も），住民に見えるような形で，がらりと一新するまでには至っていないというのが実際ではなかろうか。

(3) 問われる地方自治の質

　一方で，自由になった自治体が，その権限を本当に使いこなすことができているのか。一般の住民の目から見れば，想像をはるかに超えた様々な個性的な首長や地方議会議員の出現についての功罪にむしろ注目が集まっているようにも思われる。近年でも，地方議会での野次問題や地方議会議員による政務調査費のずさんな処理など，**地方議会の自浄能力**を疑いたくなる事例が報道されている（さらに，近年では地方議会議員のなり手不足も深刻で，高知県大川村では，2017 年に町村総会の設置が検討された。総務省 2018・2）。それらに加えて，地方自治の本質にとってより深刻な事態として，住民から義務付け訴訟を提起された首長が，本来，執行機関に対する監視機関であるはずの地方議会と事前に話をつけて，住民訴訟の前提となる**損害賠償請求権**を放棄してもらうという事例（神戸市事件，最判平成 24・4・20 民集 66 巻 6 号 2583 頁）までもが報告されている。ここでは自律的な**二元代表**であるべきはずの首長と議会が癒着し，自治体統治構造そのものの機能不全ともいうべき事態が引き起こされている。正に地方自治行政の質が問われている。

　さらには，市区町村が違法行為を行い，都道府県知事が「是正の要求」や「是正の勧告」を行ったにもかかわらず，これを市区町村長が無視するという事態も散見されている（2010〔平成 22〕年の鹿児島県阿久根市の市長が議会を招集せずに違法な専決処分を繰り返したことに対して，鹿児島県知事が「是正の勧告」〔地方自治法 245 条の 6〕を行ったが，市長がこの勧告を完全に無視したものなどである。なお，その他の事例については，総務省 web サイト中の「地方自治制度に関する調査資料等」内の「地方自治月報」参照）。

(4) 国の関与と分権改革

　これらの事例を見るにつけ，国と自治体とは，本当に対等な関係となって，それぞれが地域の行政を担う主体にふさわしい姿に改革されたのか，疑わしく思われる。近年ではむしろ，行き過ぎた地方分権に対する見直しや軌道修正の必要性なども主張されている。

　国による自治体への関与の是非についても，分権改革の一つの成果として，**国地方係争処理委員会**という第三者機関が新設され（地方自治法250条の7），ここで国と自治体が対等に主張を戦わせて，最終的な黒白をつけるという仕組みが作られた。しかし，現実にはこの紛争処理の仕組みは，ほとんど閉店状態だといわれている。そこで，まず，この国地方係争処理委員会の実際を簡単に見たうえで，未完の分権改革としての道州制論議と現在の条例論の在り方を取り上げて，今後の地方自治の方向性と行く末について考えてみることにしたい。

(5) 閉店状態？の国地方係争処理委員会

　そもそも，国と自治体とが対等な関係に立つならば，国が自治体に対して関与するには少なくとも法律の根拠が必要である。しかも，関与を受けた自治体がこれに不服であれば，第三者機関である「国地方係争処理委員会」の場で，自治体の主張を正々堂々と提示し，中立公平な判断を仰ぐという仕組みが導入された。

　しかし，この仕組みについては，「地方自治法が掲げる理想論が見事な『空振り』で終わった」典型例とされ，「すでに『閉店状態』に陥っている」（櫻井2013・66）とも評されていた。ただ，近年においては，沖縄県からの辺野古移設に関する審査申出やふるさと納税に関連して2019年6月10日付の泉佐野市からの審査申出等に注目が集まるなどの変化の兆しも見られる。

　ただ，都道府県の関与に市区町村が争う場としての「**自治紛争処**

理委員」（地方自治法 251 条）の活動状況については，それほど活発とはいえない。やはり，職員の質・量，財政規模ともに勝る国や都道府県を相手に自治体が論争を仕掛けたり，自治体相互間の紛争について調停などを求めたりすることは，並々ならぬ決意と覚悟を要する問題だったということなのだろうか。要するに，現在の国と自治体とは，なお理想的な対等関係ということはできず，自治体は国の動静に気を使いながら，関係を壊さないように，慎重に立ち振る舞っているといえるのである。

2 自治体組織の改革──道州制論の検討

(1) 戦前の道州制論との違い

こうした現実を踏まえつつ，地方分権改革をより一層進めるために，自治体の姿（かたち）を見直そうとする「受け皿」論が熱心に主張されてきた。一つは，市区町村合併の促進であり，もう一つが都道府県制度の見直し論としての道州制の議論である。

今日の道州制論は，1927（昭和 2）年の田中義一内閣の行政制度審議会での国の出先機関である「州庁」設置案とは異なり，国の出先機関を新たに設けるという主張ではない。むしろ現在の県では果たすことのできない新たな広域的な行政需要を踏まえて国からの権限移譲を進め，国の経済的コストの削減を目指して，日本を 9 から 13 程度のブロック（道・州）に分け，これを市区町村とともに地方公共団体とする改革提案である。

(2) 2006 年地方制度調査会答申

こうした今日の道州制論にとって重要な出発点となったのが，2006（平成 18）年 2 月 28 日の，第 28 次地方制度調査会が当時の小泉純一郎首相に提出した道州制のあり方に関する答申である。そこ

Unit 18　地方自治の将来　　193

では，現行憲法の下で実現可能な道州制の姿が次のように詳細かつ具体的に描かれている。

　まず，「道州制は，国と基礎自治体の間に位置する広域自治体のあり方を見直すことによって，国と地方の双方の政府を再構築しようとするものであり，その導入は地方分権を加速させ，国家としての機能を強化し，国と地方を通じた力強く効率的な政府を実現するための有効な方策となる可能性を有している」。その上で，「広域の圏域における行政は，選挙により選ばれた長や議会を有し，民主的プロセスを通じた住民のコンセンサス形成の仕組みを備えた広域自治体たる道州が，できる限り総合的に担う」べきだとする。

　この 2006 年答申では，以上を前提に，道州制の基本的な制度設計として，広域自治体として現在の都道府県に代えて道または州を置き，地方公共団体は，道州および市区町村の二層制とされている。その具体的な道州の区域としては，全国を 9 道州，11 道州，13 道州とする 3 案が提示された。また，道州への移行は，原則として，全国同時に行われることとされている。

　このような道州制論をどのように評価したらよいであろうか。いくつかの視点を提示しておこう。

(3)　道州制論をめぐる諸問題

| 道州の規模 |

　まず，道州の規模とその人口がどのように設計されるかという点は重要である。上記の提案のように，県を廃止するということになれば，従来の県の規模よりはかなり大きな地域が統合されることは疑いない。この結果，スウェーデン一国並の人口 1000 万人を超える道州がかなりの数登場することも考えておかなければならない。

| 住民からの自治権要求の有無 |

　また，道州の導入にあたっては，住民からの強力な要求や自治権の高ま

194　Ⅱ　統治のシステム　4　地方自治

りがあるかどうかも重要なポイントになる。この点，規模の問題とも大いにかかわるが，自治体の規模が大きくなれば，自治体は，それだけ個々の住民からは遠い存在とならざるを得ない。このように人工的にひかれた境界線が果たして住民からの支持を得られ，住民からの強い自治権要求と結びついた正当性を持つことができるか，慎重に見極める必要がある。

道州制導入の目的

さらに，道州制の導入を考えるうえで，何のためにこれを導入する必要があるのかというその目的や理由を考慮することも重要である。導入するための目的が明確にされ，その目的を達成するために，道州制の導入という手段が最善といえるのかどうか，この点の検討は不可欠である。

わが国の道州制論では，導入の目的としては，「効率的な政府を実現するための有効な方策」とされた。つまり，道州制導入の目的は，国・自治体双方の経済的な効率性を高め，コストを下げ，意思決定を迅速にすることにある。

ただ，こうした主張は，文字通りの「分権」の要求とは異なっている。なぜならば，いま述べたような現在のわが国の道州制の議論は，地域自律的な要求の高まりを背景とする，国からの権限委譲論とは根本的に違っているからである。したがって，たとえ道州制が実現されても，これによって，地域的な経済的効率性が低下し，結果的に住民にとってのコストが上がったということになれば，この改革の意味自体が否定されることになりかねない。その意味で，わが国の議論は，たとえ一時的に住民の負担やコストが上がったとしても，分権を進めることが第一義的に重要であるとする海外における議論とは一線を画するものである（この点で，2014年9月18日に住民投票が実施され，僅差で否決されたイギリスのスコットランドの独立をめぐる議論とはその目的が根本的に異なっていると思われる。なお，スペインカタルーニャ自治州でも2017年10月1日に州政府が独立の是非を問

Unit 18　地方自治の将来　　195

う州民投票を実施したが，中央政府はこれを憲法違反として認めず，政府と州との対立が続いている）。

これらの点を考慮すれば，全国で同時に，道州制を導入すべきとの議論には，なお超えるべき多くのハードルが残されているといえよう（他方で，道州制が「日本の民主主義の様相」を変革するとの考え方も示されている。戸松 2015・472）。

3 条例論の現在

(1) 法律・政省令と条例

条例は，憲法上保障された自治立法権に基づいて制定される法規範と解されている。このことを受けて，憲法94条では，自治体は「法律の範囲内で」条例を定めることができると規定する。ここで重要なのは，国会が国の唯一の立法機関であると定めた憲法41条に対して，94条は，憲法が認めた例外と位置付けられていることである（大島 2013）。

さらに，憲法が定める「条例」には，自治体議会が制定する狭義の「条例」のほか，首長が制定する「規則」，行政委員会が定める「規則その他の規程」も含まれている。そして，これら広義の「条例」は，「法令に違反しない限りにおいて」制定することができるとされている（地方自治法14条1項・15条1項・138条の4第2項）。

このように，自治立法である条例には，法令に反しない限りで法律がなくても独自条例を定めることが認められている。したがって，条例は，政省令と同じように，法律による授権が求められているが，法律に基づかない独自政省令は現行憲法上認められないことから，条例と政省令との間には，単純な上下優劣の関係はないと考えられている。

196　Ⅱ　統治のシステム　4　地方自治

(2) 上乗せ・横出しから書き換え条例へ

ところで，従来の条例論は，公害・都市環境分野を中心に，必ずしも法律による規制が十分ではなかった領域について，地域の実情に応じて，条例でさらに規制を強化することの可否，いわゆる上乗せ・横出し条例の制定が論点とされてきた。つまり，そもそも法律の規律が十分でないところで，条例が制定され，その法律適合性が問題とされてきたのである。

しかし，今日では，地方自治的な配慮に基づいて，法令による規律密度が比較的高い領域について，条例によって国の枠組みとなっている政省令を含めた法令を書き換えること，あるいは法令による厳しい規制が存する場合に，条例による規制の切り下げ等が可能であるかなど，議論の変化がみられる。

(3) ユニーク条例の登場

さらに，分権の推進にともなって，Topicに掲げた条例やColumn⑱で取り上げたような，様々なユニーク条例が制定されるようになっていることも，今日の際立った特色である。ここで，ユニーク条例とは，「他地方自治体ではみられない，当該地方自治体の地域性や住民性，空間的特徴などを考慮したり，当該地方自治体の特有の問題に対処した条例」を指す。牧瀬稔によれば，677市と東京23区を調査した結果，1993年にはわずか2条例しかなかったユニーク条例が，10年後の2003年には47条例に増えたと指摘されている（牧瀬2008・35〜36）。ただ，その一方で，これらのユニーク条例が，「法という手段によって目的を実現するのに適したものなのか」，「町長（あるいは市長）による事業実施により，ある程度の政策の実現は可能」で，「法的な規定内容の不足は，立法という手段の是非に疑問を投げかける」との厳しい見方もある（吉田＝塩浜2014・14）。

(4) 条例制定権の拡張のために

あらためて言うまでもなく，画一的に法律で定めることは一切悪で，条例で地域の特性の観点から規定されることはすべて善であるという一面的な思考は採るべきではない。今日において，重要なことは，むしろ**憲法的価値の実現**という国も自治体にとっても共通の目的を前提に，必要に応じて法律や条例などの手段を駆使して国民＝住民福祉のために最善を尽くすことであろう。

そうだとすれば，国が標準法を定めて，自治体はそれにあわせて微調整してゆくことが住民に対する自治体の対応として，最善であるという場合には，そのように運営すれば十分だということになる（もちろん，自治体には，国の標準法にあわせることが，当該地域にとって最善であるとしたことについての説明責任が求められることになるが）。他方で，法律の枠組みだけでは必要かつ十分に住民の全体（あるいは個別）の利益を確保できないという場合には，事後的に，条例による規制の合理性や必要性の検証が求められ，それに失敗すれば，違憲・違法になるということを自覚した上で，自治体には**独自条例による規制**（独自基準の設定など）の可能性が広く認められるべきである。

今日，法律と条例との関係は，前述したように，**法律と委任立法との関係**とは異なる。しかし，わが国は連邦制国家ではなく，あくまでも単一国家なのであるから，文字通りの意味で，**立法権を国と自治体が「分有」すること**（大津 2018・425）は難しい（→Unit 6・2(1)）。国と自治体とでは，当然のことながら，その責任を果たしうる守備範囲が異なっているのであり，集積された情報量やその処理能力にもおのずから差異がある。

これらのことを踏まえた上で，首長・地方議会を車の両輪とする二元代表制をとる自治体行政の質をさらに高めて，条例制定の際の立法事実を明確にして規制の必要性・合理性の論証を十分に求めるなど，自治体を本当の意味で国と対峙できるような姿にしてゆくこ

とこそが，条例制定権の実質をさらに拡張してゆく場合にも求められている。

さらに学ぶために

分権改革については，櫻井敬子『行政法講座』（第一法規，2010年），金井利之「分権型社会への遠い途」世界2024年5月号72頁参照。金井は，国がDX（デジタル・トランスフォーメーション）に注力すればするほど，自治体への統制が強化され，自治体は行政全体のプラットフォームとなると指摘する。道州制については，大橋洋一「道州制と地方自治」ジュリスト1387号106頁（2009年），また，地方議会の今後については，総務省「町村議会のあり方に関する研究会報告書」（2018年3月），地方自治制度全体については，総務省webサイト『地方自治法施行70周年記念自治論文集』（2018年）。

Column⑱　ユニーク条例と司法審査

本文中でも述べたように，自治体では，様々なユニーク条例が制定されている。たとえば，鳥取県の「日本一の鳥取砂丘を守り育てる条例」（平成20年10月21日条例64号），兵庫県小野市の「生活保護費浪費禁止条例」（福祉給付制度適正化条例，平成25年4月1日条例3号），福岡市の「押しチャリ条例」（福岡市自転車の安全利用に関する条例，平成24年12月27日条例81号），東京都の「カスタマー・ハラスメント防止条例」（令和6年10月11日条例140号）などである。

しかし，同時に，近年の最高裁判決（広島市暴走族追放条例事件，最判平成19・9・18刑集61巻6号601頁）では条例の質に関する意見が付けられている。ここでは，広島市暴走族追放条例による暴走族の定義や市長による中止・退去命令の対象が暴走族以外にも及ぶかが争点とされた。そこで，藤田宙靖判事は，「本件は，当審が敢えて合憲限定解釈を行って条例の有効性を維持すべき事案ではなく，違憲無効と判断し，即刻の改正を強いるべき事案であると考える」との反対意見を述べている。

5 財 政

Unit 19 財 政

Topic 楽観的に過ぎる？——財政再建の行方

普通国債残高の推移

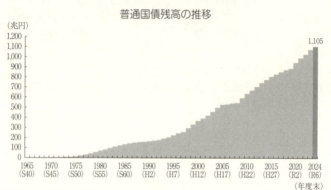

(注) 2022年度までは実績、2023年度は補正後予算、2024年度は予算に基づく見込み。

主要先進国の債務残高（対GDP比）

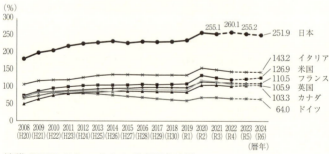

(出所) IMF "World Economic Outlook"（2023年10月）
(注1) 数値は一般政府（中央政府、地方政府、社会保障基金を合わせたもの）ベース。
(注2) 日本は、2022年から2024年が推計値。それ以外の国は、2023年及び2024年が推計値。

（財務省webサイト「これからの日本のために財政を考える」より）

1 わが国の財政の現状と改革の方向

(1) わが国の危機的な財政状況

私たちが健康で豊かな生活を送るためには，医療・年金などの社会保障，学校教育，道路や河川改修などの公共事業，災害対策から科学技術の振興まで，様々な「公用サービス」の提供（歳出）が必要になる。これらのサービスは国民の税金（歳入）によって賄われ，国民生活に役立つ活動に使用されるが，これらの活動を財政と称している。

ところが，バブル経済崩壊を境に税収は伸び悩み，他方で，高齢化や最近の新型コロナウィルス感染症への対応などに伴い，歳出は拡大し続けている。この差を国は借金（普通国債の発行）によって穴埋めしている。その借金（普通国債残高）は年々増加して，2024年度末には，1105兆円にもなる。これを1万円札にして積み上げると富士山の約3000倍，横にすると東京からニューヨークに届く距離になるそうである（財務省webサイト「財政学習教材　日本の財政を考えよう」参照）。なお，財政の持続可能性という点では，Topicの下段のグラフにあるように，税収の元となる国の経済規模（GDP）に対してどのぐらいの借金をしているかを見るのが有用であるが，わが国の債務残高は，GDPの約2.5倍で，G7の中で断トツに高いことがわかる。

これが現実であれば，誰しも，この大赤字の財政状況を何とか立て直さなければということになるのは当然であろう。確かに，内閣も，与野党の政治家も，財政の健全化に向けて努力すると言い続けている。しかし，国債という名の借金をすぐにでも止めて身の丈に合った収入だけで頑張ろうということにはなかなかならない。不思議なことに，こんなに借金を重ねていても，国民にはまだ潤沢な金融資産（預貯金）があると見込まれている。だから，いきなり借金の

返済を迫られるような最悪の事態にはならずに済んでいるわけである。

　そうだとすれば，ここは冷静に考えて，支出の半分ほどしか，実際の収入（租税および印紙収入）では賄えず，月収の5割以上の借金（国債等の公債金収入）をしている現状を直視して，そのような在り方自体を健全にしてゆく方策を真剣に考える時であることは誰の目にも明らかであろう。そして，ここで懸念されているのは，単に**財政赤字や累積債務の増大**ということだけではない。むしろこれらの状況の継続によって，中長期的な財政の持続可能性自体が危うくなっていることなのである。このようなわが国の現状に対する解決策は果たして存在するのか，順を追って考えてゆこう。

(2)　赤字財政からの脱却のための解決方法

　わが国でも，長引く景気の低迷や高齢化に伴う社会保障費の増加を受けて，歳出を拡大すべきであるとする圧力が弱まることはない。もちろん，歳出拡大，財政赤字がすべて悪というわけではない。ただ，だからと言って，わが国の現状に楽観的であってよいというのも無責任である。そこで，いかなる具体的な解決策があるかを真剣に考えることが重要である。

　この点，江戸時代の昔も今も，基本的には，「入るを量りて，出ずるを為す」という**財政均衡策**をとることが財政赤字に対処する初歩的な対応策であることに変わりはない。すなわち，徹底的に歳出を見直して，まず無駄を削減する。と同時に，様々な経済政策を駆使して景気を回復し，国民の収入を増やした上で増税するという施策である。この古典的な手法が，今日においても重要かつ堅実な方法であることに疑いはない。しかし，現在のように，すでに体質化してしまった赤字財政に対してこれらの古典的な手法だけでその染み込んだ赤字体質からの脱却ができようはずはない。極度に進んだ赤字体質の改善を図るためには，これらの対処療法を超えた，従来

の財政構造そのものの変革が必要になっているのである。

2　財政構造改革のためのいくつかの論点

(1)　憲法が定める財政制度とその実際の運営

　日本国憲法では，財政に関する第7章で，国会を中心とした財政処理原則が定められている。すなわち，**財政民主主義の原則**を定めた憲法83条の規定をはじめ，この原則を具体化するために，**租税法律主義**（憲法84条），**予算制度**（憲法86条），**決算審査**（憲法90条，財政法40条）等が定められている。つまり，日本国憲法では，財政制度の基本原則として，国会中心主義が謳われているのである。

　ところが，**財政国会中心主義**とはいっても，予算の提案権は内閣にあり，しかも明治憲法以来の財政運営の基本原則は，日本国憲法の下で制定された財政法や会計法などの**憲法附属法令**に引き継がれた。したがって，実際の財政運営実務は，日本国憲法が定める国会中心主義に基づくというよりも，明治憲法下の運営を前提とした財政法等の憲法附属法令に基づく運営が継続しているとみる方が正しい。さらに，その**財政決定プロセス**は，財務省をはじめとする官僚と与党政治家が様々な形で関与し，それらの共同作業によって積み重ねられてきた慣行によって規律されている。したがって，わが国の財政構造を検討する場合に，単に国会中心主義という憲法原則に目を向けるだけでは不十分で，現実の財政運営の実態をも踏まえた処方箋が必要とされることになる。

(2)　歳入に関する租税優先原則

　ところで，財政法は4条1項で，「公債又は借入金以外の歳入を以て，その財源としなければならない」と規定して公債の発行を原則的に禁止し，歳入（国の収入）としては租税を優先することを原

則（租税優先原則）としている。これは，財政運営にとっては当然の前提とされるべき原則であるが，租税については，憲法では租税法律主義が定められ，租税の具体的内容である課税要件と租税の賦課・徴収手続が原則として法律で定められることになっている。しかしながら，租税が，毎年法律によってキチンと定め直されているか（一年税主義）というと必ずしもそうではない。この点，今日でも，明治憲法下と同じく，法規が存在する限り，毎年新たな国会の議決は必要とされず，いわば永久税主義による運用がなされていると言われている。

　さらに，租税の賦課徴収は，政府・与党にとっては重大な政策問題であるはずで，歴代の自民党政権下では，政府と与党のそれぞれに税制調査会が設置されて，毎年，この税制調査会において租税の見直しと検討が行われている。政府税調では，中長期的な税制のあり方が検討され，これを受けて，与党税調では，具体的な税制改正要望等が審議され，与党税制改正大綱が決定されることになっている。しかし，租税の増額という国民に新たな負担を求める議論に関しては，消費税の税率アップの論議を見ても明らかなように，国民の理解を得ることは難しく，歳入についての租税優先原則を政府が貫き通すことは困難な状況である。

(3) 公債発行の上限を決めることは可能か──公債発行の抑制策

国債とは何か

　そこで，わが国では，租税を上回る公債の発行によって歳入を補うということが常態化してきた。ただ，一口に国債（借金）といっても，それらには，様々な種類がある。ここでは，財源調達のための普通国債に限って，その分類を示しておこう。

　普通国債は，①財政法4条1項但書に基づいて，一般会計において発行される「建設国債」と，②いわゆる特例公債法に基づいて，

204　Ⅱ　統治のシステム　5　財政

一般会計において発行される「特例国債」(赤字国債) とに大別される。それらの普通国債残高は，Topic の上段のグラフの通り，2024 (令和6) 年度末には 1105 兆円に上ると見込まれている。

財政ルールとしての財政法4条

それでは，このような公債の発行 (起債) を，法的に制限することは可能であろうか。日本国憲法には，公債発行を制限する規定はない。しかし，**財政法4条**には，公債の発行を道路や橋などのインフラ整備のための建設国債に限って認め (これらのインフラは将来世代も利用可能であることから，彼らにも一定の負担を求めることも正当化できる)，その場合でも国会の議決を経た金額の範囲内で認めるというような制限規定があり，人件費などの経常経費を賄うために国債に依存することはできないことになっている。これは，まさに，第2次世界大戦等の戦費調達のために多額の国債が発行されたことへの反省に立っている (→Column⑳)。

特例措置の常態化

ところが，建設国債を原則とする財政ルールである財政法4条は，今日では「空文化」(藤谷 2008・5) しているといわれている。なぜならば，1973 (昭和48) 年10月の第1次石油危機から**狂乱物価**と呼ばれた異常なインフレの出現を経て，わが国の景気が急速に下降したことを受けて，1975 (昭和50) 年度の当初予算以後，財政法4条の特例として，一般会計の赤字を補うためにいわゆる**特例公債法**が制定され，特例公債の発行がほぼ毎年度繰り返されることになったからである。このような状態では，公債発行の制限はないに等しい。そこで，これらの問題に対処するために，1997 (平成9) 年には，財政構造改革の推進に関する特別措置法 (財特法) が制定されて特例公債発行ゼロなどの**財政健全化目標**が定められたが，アジアでの経済危機や金融不況などを背景として，翌年の1998 (平成10) 年には，同法の停止に関する法律により，早々にその効力が停止されてしまった。

Unit 19　財　政　205

| 財政健全化目標の設定 |

しかし，歴代の政府は，その後も，それぞれに財政健全化目標を定めて，公債発行の抑制を試みようとした。たとえば，小泉政権では，2006（平成18）年に経済財政諮問会議がまとめた「経済財政運営と構造改革に関する基本方針」を閣議決定した。民主党政権でも，2010（平成22）年に，「財政運営戦略」を閣議決定した。さらに，2012（平成24）年12月に発足した安倍政権は，デフレからの脱却および雇用と所得の増大を目指して，「物価安定の目標」を示し，日本銀行による量的・質的金融緩和も導入した。2014（平成26）年4月1日には消費税率が5%から8%に引き上げられ（さらに，2019〔令和元〕年10月には10%へ引き上げられた），社会保障・税一体改革のもと，財政健全化が目指されたが，消費税の使い道が，2017（平成29）年の「新しい経済政策パッケージ」（閣議決定）によって変更されたことから，社会保障等の様々な行政サービスを提供するための経費を税収等で賄えているかを示す指標であるプライマリーバランスの黒字化は，2020年度から2025年度に先送りされている。

3 予算編成過程における財政統制

(1) 予算編成過程

ところで，財政のコントロールを考える上でいま一つの重要な要素である予算は，毎会計年度ごとに内閣が作成し，その予算案を国会に提出して，国会によって審議・議決されることになっている。しかし，実際の予算編成過程は，財政法，予算決算及び会計令によって定められているほか，様々な慣行や慣例が存在して，かなり複雑な経路を辿って編成されることになっている。ここではまず，財政法等で定められた狭義の法的ルールとしての予算案の編成過程の概略を示しておこう。

① まず，内閣総理大臣および各省大臣は，毎会計年度，その所掌に係る歳入，歳出，継続費，繰越明許費および国庫債務負担行為の見積りに関わる書類を作製して，通例は前年度の8月31日までに財務大臣に送付することになっている（財政法17条2項，予会令8条3項）。
② これを受けて，財務大臣が検討して必要な調整を行い，歳入，歳出，継続費，繰越明許費及び国庫債務負担行為の概算を作製し，閣議決定を経て，歳入予算明細書を作製する（財政法18条・20条）。
③ その上で，財務大臣は予算経費明細書に基づいて予算案を作成し，閣議決定を経る（同法21条）。
④ この予算案は前年度の1月中に国会に提出されるのが常例とされる（同法27条）。

（大石 2021・447 参照）

(2) 赤字国債の発行と族議員の登場

　ところが，いわゆる55年体制の下での自民党政権，とりわけ田中角栄内閣の時代には，公共事業や福祉の拡大の旗印の下，赤字国債の大量発行への素地がつくられるとともに，党内に各種の政策審議機関（自民党の政務調査会の各部会等）が設置されて，これらの部会に所属し，特定行政分野について専門知識を持った与党議員が，いわゆる族議員として，各省庁の官僚や業界と結びつきながら，インフォーマルな形で予算編成過程を統制し（族議員による旧大蔵省への統制），それぞれの「省益」の最大化を図るという仕組みが形成された。わが国の予算編成過程は，このようなインフォーマルな予算統制こそが重要な意味をもっていたのである。

　そして，これと同時に，1962（昭和37）年度の予算編成からは，概算要求基準（シーリング）が導入され，各省から出される個別の概算要求の膨張を抑えて，歳出総額をコントロールするために，このガイドラインとしてのシーリングで各省の予算要求を拘束するという考え方が取られるようになった。

Unit 19　財　　政　　207

この族議員とシーリングを前提とした予算編成では，シーリング以前に政府から予算の全体像が提示されることはなく，予算を全体的に見直すことは難しい仕組みになっていた。つまり，予算の全体的な見直しがなされずに，予算総額だけが抑制され，社会の変化に応じた財政需要に必ずしも的確に対応することができないと批判されてきたのである（井出 2012・170）。

(3) 官邸主導の予算編成へ

そこで，この点への改善に向けて，小泉内閣では**経済財政諮問会議**を用いて予算の全体像としての骨太の方針が提示され，従来，財務省が担ってきた予算の全体的なコントロールを官邸主導で行う，**トップダウン型**の予算編成が試みられた。また，2009（平成21）年9月に誕生した民主党政権においても，財政運営に関して政治主導が掲げられ，従来型の族議員と官僚とが結びついた予算編成からの決別が目指されるなど，**政府主導の予算編成改革**が行われた（曽我2022）。その後の安倍内閣では，経済財政諮問会議を復活させるとともに，日本経済再生本部（経済再生担当大臣が担当大臣）・未来投資会議を発足させて，「予算編成の基本方針」（閣議決定）に基づいて，メリハリの効いた予算編成が目指されたが，菅義偉内閣では日本経済再生本部が廃止（2020〔令和2〕年10月16日）されるなどの変化もあらわれている。

4 財政再建策を検討するための留意点

(1) 財政の法的コントロールの難しさ

以上の試みを踏まえて，財政再建策を議論する場合の留意点を指摘しておこう。まず，財政再建のためには，やはりキチンとした法的ルールに基づく統制が重要だという点である。しかし，その反面

で，その規定の仕方，さじ加減が実に難しいことも自覚する必要がある。それが厳格に過ぎれば，その時々の流動的な経済状況等への対応を十分に行うことは出来ない。他方で，あまりにルーズであれば，枠組み法としての意味すら持ち得ないことにもなりかねないからである。また，政権が変わるごとに財政運営の方向性や基本指針が目まぐるしく変わるのも問題であろう（藤谷 2008）。

(2) 財政健全化条項の創設

そこで，今日では，一つの方策として，政府に財政健全化を義務付ける財政責任法の制定やドイツのような**財政健全化条項**を憲法に書き込むことが検討されている。たとえば，**自民党の憲法改正案**（第 2 次案〔平成 24 年 4 月 27 日決定〕→Unit 23・2(1)）では，第 83 条に第 2 項を新設して，「財政の健全性は，法律の定めるところにより，確保されなければならない。」と定められている。そこでは，何をどのように法律で具体的に規定するかが問題となるが，ここでも結局，前述した財特法の際の議論と同様，あまりに詳細に財政の健全化を憲法上（法律上）義務付けてしまうと，かえって機動的な財政運営を困難にするおそれがあるということに留意しなければならない。

さらに学ぶために

財政制度の概観としては，田中秀明『日本の財政』（中公新書，2013 年）が参考になる。財政再建よりも人びとの将来不安の解決をと説く，井手英策『幸福の増税論──財政はだれのために』（岩波新書，2018 年）。財政赤字に関する法的な検討としては，藤谷武史「財政赤字と国債管理」ジュリスト 1363 号 2 頁以下（2008 年），片桐直人「財政制度」大石眞監修『なぜ日本型統治システムは疲弊したのか』（ミネルヴァ書房，2016 年）が詳しい。

Column⑲　予備費について考える

　憲法87条の予備費とは「予見し難い予算の不足に充てるための経費で，予算成立後において歳出に計上された既定経費に不足を生じたり，又は新規に経費が必要となった場合，その不足に充てるため，内閣の責任において支出できるもの」とされている（財務省のwebサイト参照）。

　このように予備費は，「予見し難い」災害や緊急事態に対して迅速かつ機動的な支出を可能にするメリットをもつ反面，補正予算での対応とは異なって国会による事前の審議・議決に基づかずに執行されることが批判されている。とりわけ，予備費の額については，従来は3500億円～5000億円程度であったものが，リーマン・ショック後に1兆円が計上され，コロナ禍の拡大を受けた2020年度の補正予算の予備費の額では，10兆円規模にまで膨らんでいる。スピード感をもった財政措置等の必要性を維持しつつ，国会による財政統制を形骸化させないためには，予備費の使途について「国会の承諾」等の事後チェックを強化する必要があるとの提言が参議院事務局OBからもなされている（朝日新聞2022・7・8朝刊「耕論　予備費と民主主義」）。ただ，より抜本的には，現行制度の運用を改めて，ドイツやフランスのように，むしろ「事前の予算計上なく，一定の要件の下で，必要に応じて行政府による予算超過支出等を可能にする制度」を導入するとか，アメリカの「災害救済基金」などを参考に，年度予算とは別の恒常的な基金の創設などの検討も必要になるように思われる。

Column⑳　楽観論の功罪

　「……現在の日本は，近代日本経済史上2回目の深刻な累積政府債務に直面していることになる。

　1回目にあたる終戦時の累積政府債務は，そのほとんどが戦後の急激なインフレによって実質的に解消された。

　……それでは，1回目の政府債務累積はなぜ起きたのだろうか。政

府債務の増加は 1920 年代の長期不況期に始まった。……注目すべき
は，33 年度以降，（高橋是清蔵相の時代には）政府債務残高比率が数
年間にわたって安定していたことである。（中略）

　この流れを変え，再び公債発行の増額にかじを切ったのは，2・26
事件後に成立した広田弘毅内閣の蔵相・馬場鍈一であった。馬場は公
債漸減方針を明確に放棄した。

　……（馬場は）公債発行で軍事費を含む財政支出を賄っても，中長
期的には市場の拡大を通じて経済成長をもたらし，税の自然増収につ
ながるのだから問題ないという議論である。

　こうした楽観論は，戦争が拡大し，財政支出の増加がさらに著しく
なると政府全体に広がった。

　……戦前・戦中期に生じた 1 回目の政府債務の累積過程では，今
日から見れば根拠に乏しい楽観論が，多額の公債発行を継続すること
の正当化に一役買った。今日においても，増税や財政支出削減を避け
たいという政治的立場から，将来の経済成長や，（マイルドでむしろ望
ましい）インフレが政府債務の問題を解決するという言説が提起され
がちである。しかし，そのような希望的観測に基づいて財政再建を先
送りし続ければ，前回の政府債務累積時の轍を踏むことになりかねな
い。」

　　　　（岡崎哲二「公債『楽観論』は 80 年前の轍」朝日新聞 2013・10・29）

Unit 20　公金支出の禁止

Topic　市有地に建つ神社

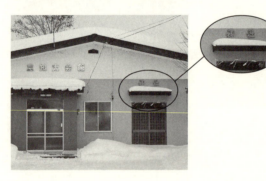

　上の写真は雪の北海道である。鳥居をくぐって直進すると建物があり，入り口が二つ見える。左側は町内会の集会場だが，右側は表示をよく見ると「神社」だ。実はこの敷地は市有地であり，かつては市から無償で提供されていた。地方自治法上，適正な対価なしに地方公共団体の財産を譲渡し，貸し付けるには議会の議決が必要であり（96条1項6号），写真の市有地についても無償で使用させる旨が議決されていた。とはいえ，神社に対するこのような市の財産の提供は，公金支出の禁止について定める憲法89条に反しないのだろうか。

1 「財政の民主的統制」への統制——憲法89条

憲法89条は，国の財政について定める第7章に置かれ，「公金その他の公の財産は，宗教上の組織若しくは団体の使用，便益若しくは維持のため，又は公の支配に属しない慈善，教育若しくは博愛の事業に対し，これを支出し，又はその利用に供してはならない。」と定める。Unit 19で学んだように，憲法第7章の他の規定が国の「お金の出入り」を統制するのは国会であることを強調する中で，89条には「国」も「国会」も登場しない。つまり同条の射程は，国や自治体に限らず，あらゆる公的機関に及ぶ。しかも民主的決定があろうとなかろうと，この条文に書かれた目的・対象への「お金の出」と「財産の利用提供」という財政作用は，憲法が直接禁止しているのだ。89条は，財政国会中心主義を定める日本国憲法にあって，財政についての民主的意思決定を覆せる強力な規定なのである（参照，渋谷2017，石森2011）。

2 「政教分離」の財政による保障

(1) 条文の意義

憲法89条のうち，「宗教上の組織若しくは団体の使用，便益若しくは維持のため」の財政作用の禁止（これを同条の前段とする）は，日本国憲法における**政教分離**規定の一つであり，政教分離の原則を財政面から保障するための規定とされる（芦部2023）。政教分離原則とは，信教の自由の保障を間接的に確保するために，国家と宗教の分離と，国家の宗教的中立とを要求するものだ（津地鎮祭訴訟・最大判昭和52・7・13民集31巻4号533頁）。このような原則が憲法に盛り込まれるとき，その理由は国によって様々である。日本国憲法の場合，明治憲法下で神社神道が国教的地位を与えられ，軍国主義の

Unit 20　公金支出の禁止　213

精神的支柱とされるとともに他宗教の弾圧へもつながった歴史がその背景にある。憲法第3章に置かれた20条は，信教の自由を定める1項前段および2項と，政教分離を定める1項後段（宗教団体への国の特権付与及び宗教団体の政治的権力行使の禁止）および3項（国及びその機関の宗教的活動の禁止）とに分けられ，後者の規定は89条前段と並んで政教分離規定を構成している。

国家との財政的分離が求められる89条前段の「宗教上の組織若しくは団体」とは，最高裁によれば「特定の宗教の信仰，礼拝又は普及等の宗教的活動を行うことを本来の目的とする組織ないし団体」である。したがって遺族会はここに含まれない（以上，箕面忠魂碑・地鎮祭訴訟・最判平成5・2・16民集47巻3号1687頁）が，「神社付近の住民らで構成される氏子集団」は含まれる（空知太神社事件・最大判平成22・1・20民集64巻1号1頁）。これに対し，学説には，宗教的活動を目的としない組織・団体の行う宗教的事業や活動も，「宗教上の組織若しくは団体」に含まれるとする見方もある。

(2)　憲法上禁止される国の宗教的活動と公金支出

政教分離規定が憲法にあるからといって，実際には国と宗教とが完全に遮断されているわけではない。たとえば，宗教法人は収益事業を除いて課税されないし，宗教団体の持つ建築物や神仏像を維持・保存するため補助金が支出されることもある。最高裁も国と宗教とのかかわり合いには許されるカテゴリーがあることを認めている（津地鎮祭訴訟）。問題は，そうしたかかわり合いのうち，憲法上許されるものと許されないものとの線引きであり，それは憲法20条3項が禁止する，「国及びその機関」の「宗教的活動」とは何かを問う中で議論されてきた。

> 憲法20条3項および89条前段への抵触が争点となった主な事件
> ①津地鎮祭訴訟（最大判昭和52・7・13民集31巻4号533頁）
> 　神式の地鎮祭として実施された市体育館起工式の挙式費用（神官への謝礼等を含む）への公金支出……**合憲**
> ②箕面忠魂碑・地鎮祭訴訟（最判平成5・2・16民集47巻3号1687頁）
> 　市による忠魂碑の移設・再建と遺族会への敷地無償貸与および同碑前における慰霊祭への職員の参列……**合憲**
> ③愛媛県玉串料訴訟（最大判平成9・4・2民集51巻4号1673頁）
> 　靖国神社および護国神社の祭礼に対する県の玉串料等の奉納……**違憲**

　この点について最高裁の示した基準は，国およびその機関の「行為の目的が宗教的意義をもち，その効果が宗教に対する援助，助長，促進又は圧迫，干渉等になるような行為」が憲法20条3項で禁止される宗教的活動になるというものである。この**目的効果基準**によって，最高裁は地鎮祭を禁止される宗教的活動には当たらないとし，地鎮祭への公金支出も宗教団体等への財政援助的支出とはいえず89条に反しないとしたのである（津地鎮祭訴訟）。以後，公金支出等を伴う国や自治体の行為の審査にはこの基準が用いられてきたが，津地鎮祭訴訟から40年後の**愛媛県玉串料訴訟**において，憲法89条前段に関する判断も目的効果基準によるべきことがあらためて明確にされた（最大判平成9・4・2民集51巻4号1673頁）。

　もっとも，これらの判決では共通して，憲法20条3項に関する判断が先行し，その結果を受けて89条前段に関する検討が簡単に行われており，89条前段に対して独立した目的効果基準による審査が行われているわけではない。宗教的活動が問題となる事例での89条のウェイトは，大きいとはいえないのである。

(3)　公の財産の供用と信教の自由への配慮

国有境内地処分問題

　これに対し，個々の宗教的活動に対してではなく，宗教活動の前提となる敷地の取扱

Unit 20　公金支出の禁止　　215

いが争われた事案では，憲法89条が正面から検討されている。この点でまず問題となったのは，1947（昭和22）年の「社寺等に無償で貸し付けてある国有財産の処分に関する法律」（国有境内地処分法）である。同法は1条と2条で，神社や寺院などに無償で貸している国有地のうち，「その社寺等の宗教活動を行うのに必要なもの」を主務大臣が譲与し，あるいは時価の半額で売り払うことができると定めている。文面だけみれば特定社寺に大きな便宜を与える規定だ。しかし実はこの規定は，明治初期に没収され国有化されていた旧社寺領を返還するに際し，89条前段に抵触せず，しかも土地を使っている社寺等の宗教的活動が確保される措置として考え出されたという経緯を持つ（大石2014）。最高裁もこの規定を，社寺等の財産権と信教の自由とを保護しつつ，譲与の対象を限定することで政教分離違反をも回避したものと理解して，合憲と判断した（**富士山頂譲与処分事件・**最判昭和49・4・9判時740号42頁）。

現存する問題　同様の問題は国だけでなく自治体と宗教団体の間にも存在し，未解決のまま残っていたのが Topic の事件だ。そこでは先例にならった，信教の自由に配慮する問題解決が試みられている。つまり最高裁はまず，目的効果基準によらずに，土地に置かれた宗教的施設の性格や市による無償供与の経緯と態様，これらに対する一般人の評価等を総合的に考慮した上で，市の行為は「特定の宗教に対して特別の便益を提供し，これを援助している」と評価され，「憲法89条の禁止する公の財産の利用提供」および「憲法20条1項後段の禁止する宗教団体に対する特権の付与」に該当するとした。その上で，**違憲状態の解消手段**として原告が主張するように神社施設を撤去し土地を市へ明け渡すことは，地域住民の宗教的活動を著しく困難にし信教の自由に重大な不利益を及ぼすと述べ，他の方法がないか審理させるため事件を原審に差し戻したのである（**空知太神社事件・**前掲最大判平成22・1・20）。市と氏

子総代らは差戻審の間に違憲状態の解消措置について協議し，そこでは一部施設の撤去や賃料支払いなどが提案された。そして差戻し後の上告審判決は，これらを違憲性の解消手段として「合理的かつ現実的」と評価し，その実施は憲法89条および20条1項後段に反しないとしたのである（最判平成24・2・16民集66巻2号673頁）。

このように最高裁は，違憲状態を認めながらそれが是正の途の模索を促しており，氏子集団の宗教的活動が困難になる事態を避けようとしている。敷地の確保という宗教団体の死活にかかわる問題領域では，民主的意思決定を覆せる政教分離原則も，「信教の自由の保障の確保という制度の根本目的」（津地鎮祭訴訟）との調整により後退するといえる（大石2014）。他方で，宗教であるかが微妙な，儒教の祖である孔子を祀る施設を市の管理する都市公園内に設置することを許可したうえで敷地使用料を全額免除した市長の行為については，憲法20条1項後段および89条違反について判断するまでもなく同20条3項に反するとされたが（孔子廟政教分離訴訟，最大判令和3・2・24民集75巻2号29頁），その後金銭的解決に至った。

3 「公の支配に属しない事業」に対する財政作用の制約

(1) 憲法89条後段の解釈

以上のように趣旨のはっきりした前段に比べ，憲法89条の「公の支配に属しない慈善，教育若しくは博愛の事業」に対する財政作用の禁止（これを同条の後段とする）の意味は明らかでない。「公の支配に属しない」という文言からして意味を捉えにくいだけでなく，他国にもあまり例のない規定であるため解釈・運用の手がかりに乏しい。しかも，一般に国が積極的に推進すべきとされ，現実にも補助金が多く支出されている慈善・教育・博愛の事業に対する支援を禁止する理由もはっきりしないのだ（参照，大石2021）。最高裁もこ

れまで89条後段に関する解釈を示しておらず，学説からはこの規定の削除論まで飛び出すほか，様々な解釈が提示されてきた。

見解の最大の分かれ目は，89条後段によれば，**私的事業への公的補助は原則禁止か否か**であろう。原則禁止とする**厳格説**は「公の支配」を狭く理解し，公的機関が予算・人事等を通じて事業の根本的な方向に重大な影響を及ぼせる権力をもつことを指すとする。一方，補助は原則として容認されると見る**緩和説**は，事業自体への統制までは要求されず，支出された公金の執行に対する公的統制が行われればよいとしている（ただし統制の程度は論者によって幅がある）。

この2説は89条後段の目的についても理解が異なる。厳格説はこの規定を，公権力による干渉の危険を取り除いて私的な事業の自主性確保を目指すものとするのに対し，緩和説は，私的事業を監督して公費濫用を防止するものと考えている。このほか，89条後段も前段に加えて政教分離を補完する規定だとする理解や，宗教に限らず特定の信条に基づく事業と国の分離（中立性の確保）を目指すものとする理解などがあり，議論は複雑に分かれている。

(2) 私学助成と憲法89条後段

憲法施行後の早い時期に示された政府見解は厳格説をとっていた。ところが，1960年代に数・規模ともに拡大した私立学校が経営危機に瀕し，公的補助への要望が強まると，厳格説に疑問が抱かれるようになった。この説をとると，業務・会計状況を報告させ，予算の変更や役員の解職を勧告する程度の所轄庁による統制（私立学校法1975〔昭和50〕年法律第61号による改正前の59条，現在は私立学校振興助成法12条）では「公の支配」に属することにならず，私学助成が「教育の事業」に対する違憲の公金支出になってしまうからである。実態として，私立学校法に基づく助成は，当初，特定の教育分野や学校図書館，義務教育教科書などに例外的に行われるにとどま

っていたが，1970年には経常的経費への補助が開始され，70年代を通じて補助額が飛躍的に増大していた（市川2004）。その中で政府も，緩和説的な見解にシフトしている。

また，近年の研究は，**全米自治体連盟**（1894年設立のアメリカの非政府組織）が州憲法改正の手本として作成した「モデル州憲法」に憲法89条の原型をなす規定が存在し，これがマッカーサー草案の起草時に参照されたとの推測を示す。そしてその規定の趣旨は州の公金支出の全面禁止ではなく使途のコントロールにあったことを明らかにして，これを89条の解釈に活かすことを促している（笹川2003，→Column ㉑）。

このように現在の実務では緩和説的理解がとられ，近年の研究もこの理解を側面から支えるものである。とはいえ，私学の経常費に対して包括的に支出され，使途も限定されない助成では，公金部分を選り分けて実際にどう使われているかを追跡するのは難しい。助成の目的に照らして支出の適切性が確保されていると言えなければ，緩和説によっても現行の私学助成は違憲となりうる。租税を原資とする公金の支出統制として，現行法のあり方が十分かどうかは，「真剣に考慮すべき問題である」（笹川2008・307）。教育だけでなく慈善・博愛——この2つは同じ意味と理解されている——の事業も同じだ（社会福祉法58条，児童福祉法56条の2を見よ）。この点で，誰に対しても開かれた**事業**であることと，事業と公権力の「協働」に関する情報が開示され**説明義務**が果たされることの2点を，許される公金支出の条件として提示する見解が注目される（青柳2002）。

4　憲法89条後段の現代的意義

では，宗教色のある団体による慈善・教育・博愛の事業への公金支出は許されるだろうか。宗教系の事業主体が設立した私立学校お

よび福祉施設——幼稚園・保育所は宗教法人でも設立できる——には実際に助成が行われ，提供する教育や福祉サービスに補助が支出されている。これを許容する緩和説的理解の背後に，**公費濫用の防止**という89条後段の趣旨をみるならば，適切な財政統制がなされている限り事業を実施する主体は問われない（尾形2011）。さらに，「公の支配」に属するべき公金の支出先は団体の行う事業であって団体そのものではなく，統制されるべきは事業に支出された公金の使途・目的だとすると，事業主体が宗教系であることだけで公金支出を否定する理由にはならないだろう。必要なのは，やはり**助成の目的に照らした支出の適切性**が担保されることである。支出がその目的を超えて特定宗教への援助と評価されれば，89条前段にも反することになる。宗教法人立の幼稚園・保育所への補助については，子どもを受益者とする形をとるなどの配慮が求められよう（佐藤1995）。

　以上のような理解からは，宗教団体に限らず多様な法主体が慈善・教育・博愛の事業に参画することを，89条後段がはじめから想定していたともいいうる（尾形2011）。これらの分野における構造改革が進み，株式会社やNPOの参入で事業主体が多元化している現代にあっては，私的事業への財政的支援を許容しつつ，公金使用の適切さが担保されるための統制を要請する，89条後段の意義が再確認されるべきであろう。規定の底流に息づく「健全な公金支出等のあり方を模索するアメリカにおける財政立憲主義の経験」（笹川2003・76）を，現代に活かす作業が求められているのである。

　さらに学ぶために
①大石眞『憲法と宗教制度』（有斐閣，1996年）の第3章「宗教と財政をめぐる憲法問題——政教分離原則との関係を中心に」は89条前段の問題を考えるうえで必読であり，宗教施設への復興支援な

ど災害後の 89 条問題については②田近肇「大規模自然災害の政教問題」臨床法務研究 13 号 15 〜 39 頁（2014 年）が興味深い。③尾形健「『公の支配』の意義と射程——憲法 89 条後段の意義をめぐって」同『福祉国家と憲法構造』（有斐閣，2011 年）は 89 条後段に関する議論を整理・分析し，この規定の可能性を提示する。

Column㉑　憲法制定史をたどる作業の意味

日本国憲法 89 条の来歴を丹念にたどった研究によれば，GHQ 案の作成に際し参照されたとみられる「モデル州憲法」の規定で公金支出が禁じられたのは，州のコントロールの下にない慈善，産業，教育もしくは博愛に関する「使途 purposes」であった。この規定の仕方だと，事業主体が何であろうと公金の使途が公的にコントロールできていれば，慈善等の事業への公金支出は許される。そして GHQ 草案でもこうした規定の構造が維持されていた。にもかかわらず現行 89 条後段は，公の支配に属しない慈善等の「事業 enterprises」への公金支出禁止規定に変わり，公的統制の対象が使途から事業へ書き換えられている。その原因は，英文で書かれた GHQ 草案を日本語化する段階で，purposes が「使途」を意味していたことに日本政府が気付けなかったためであるという（以上，笹川 2003）。このように制定過程の一局面で埋もれてしまった規定のもともとの趣旨が，制定史の研究によってあらたに掘り起こされることもあるのだ。それは条文解釈の可能性を豊かに広げてくれる作業ともいえる。

ちなみに上の研究は，「モデル州憲法」にはさらに，アメリカ連邦議会が 1917 年に制定したプエルトリコ・ジョーンズ法という「下敷き」が存在したことも明らかにしている。同法は，米西戦争後のパリ条約（1898 年）でスペインからアメリカに割譲されたプエルトリコの島民に，アメリカの市民権を付与し，島の自治構造と連邦との関係および権利章典を定める基本法である。日本国憲法の制定史は，カリブ海にも及ぶものなのだ。

Unit 21　日本銀行

Topic　政治との「適正距離」とは？

〔前略〕新日銀法下で初の総裁となった速水優氏は2000年8月，政府が再考を求めるなかゼロ金利政策の解除を強行し，政府との対立が決定的となった。直後に海外景気が下振れし，01年3月には未踏の領域だった量的緩和政策の導入を迫られた。

後任の福井俊彦氏は当初，機動的な追加緩和で政府との協調演出に努めたが，06年に量的緩和を解除した際，官房長官だった安倍〔晋三〕氏は日銀に強い不信感を覚え，大胆な金融緩和を柱に据えるアベノミクスの伏線となる。

福井氏の後任人事は政争を招いた。混乱の末に総裁に就いた白川方明氏はリーマン・ショック後，急激な円高に直面する。当時の民主党政権は日銀にデフレや円高の対応を求めて圧力をかけた。白川日銀は「緩和に消極的」との批判を最後まではねのけられなかった。

12年12月。大胆な金融緩和を掲げて自民党総裁に復帰した安倍氏が，総選挙でも大勝して政権を奪還する。〔中略〕

安倍氏は後任の総裁に日銀を強く批判してきた黒田東彦氏を起用し，国債を大量に買う異次元緩和を起動させる。「2年で2%の物価上昇」を旗印に円安・株高を生み，政府と日銀は異例の蜜月関係を築いた。

「2年で2%」の約束は果たせず，黒田日銀は修正を繰り返して異次元緩和の延命を図った。岸田文雄政権下では関係にも変化が訪れる。

世界的にインフレ圧力が高まった22年，長期金利を固定する長短金利操作〔中略〕と呼ぶ緩和の枠組みは急激な円安進行の一因となった。硬直的な政策運営には政府・与党内から異論が出て，長期金利の変動幅を広げる12月の緩和修正にもつながった。

植田日銀は政治との適正な距離感が問われる。長きにわたる政治との蜜月関係のもと日銀は発行済み国債の半分を買い占め，金融政策と財政の一体化が進んだ。日銀の安定的な国債購入なしには財政運営が成り立たない状況になりつつある。〔後略〕

（日本経済新聞2023・3・12朝刊　〔　〕は筆者補足）

1 日本銀行「本店」？

　日本銀行は，日本の中央銀行である。東京にある本店のほか，32 の支店と 14 の国内事務所をもつ。日銀は銀行なのだから，街角の銀行と同じく「店」があっても不思議はない。東京証券取引所への上場も果たしている。とはいえ，一般人は日銀のお客にはなれない。にもかかわらず財布に収まっているお札は正式には「日本銀行券」だ。そのうえ，日銀は市中の銀行に必要があれば「最後の貸し手」となり，政府の資金である国庫金も管理している。やはり日銀は単なる民間の銀行とは違うのだ。

　上に述べた日銀の働きは，①発券銀行，②銀行の銀行，③政府の銀行，という中央銀行の三つの基本的役割にあたる。自らに与えられた**通貨**の発行権限を用いて，日銀は，物価の安定のために金融政策を実施し（日本銀行法 1 条 1 項にいう「通貨及び金融の調節」），**金融システムの安定**を図っている（同条 2 項の金融機関間の資金決済の円滑の確保による「信用秩序の維持」）。つまり日銀は，「通貨の番人」そして「金融政策の担い手」として，銀行でありながら政策主体でもあるのだ。その意味で日銀制度は，まぎれもなく統治制度である。だからこそ，首相は自らの意向を金融政策に反映させる見逃せないチャンスとして，日銀の総裁人事に執念を燃やすことになる。Topic にも示した黒田総裁の人事が行われる直前に日銀の定めた，2% のインフレ目標が象徴するように，日銀の政策判断は国の財政運営，ひいては国民生活に強い影響力をもつからである。

　しかし国の機関ではない銀行が国の政策を担うのは，行政権が内閣に属すると定める憲法と矛盾するように見える。また，およそ中央銀行には，その影響力のゆえに**独立性**が要請されるが，独立性が強まるほど**民主的正統性**は乏しくなる。日銀の組織・権限は，憲法とどのように整合的に説明されるのだろうか。そして，日銀に国民

Unit 21　日本銀行　　223

経済を左右する通貨・金融政策を委ねることは，民主主義の観点からどのように正当化されるのだろうか。まずは考察の手がかりを得るために，日銀の歴史を繙いてみよう。

2　日本銀行の歴史

(1)　創設から敗戦まで

　日銀の歴史は，明治維新直後にまで遡る。維新政府は，殖産興業の資金を不換紙幣の発行で調達していたが，西南戦争の戦費調達のために紙幣を増発し，インフレを深刻化させていた。1881（明治14）年に大蔵卿となった松方正義は，国民経済を安定させるために，兌換紙幣を発行する特権をもった中央銀行を設立し，貨幣を統一して通貨価値を安定させることが必要だと考えた。そして翌1882（明治15）年に松方の建議に基づいて日本銀行条例が制定され，日銀が開業する。

　日本銀行条例により，日銀は有限責任の株式会社として設立されたが，ベルギー国立銀行をモデルとして，政府に資本，人事および業務運用上の広い関与が認められていた。政府の統制は，1942（昭和17）年，条例にかわる（旧）日本銀行法の制定でさらに強化される。同法により，日銀は政府55％出資の特殊法人に改組されて株主総会は廃止され，総裁・副総裁は内閣が任命することとなり，役員の内閣または主務大臣による解任権が明記された。さらに主務大臣には，従来の一般的監督権に加え，日銀の目的達成上必要な場合の業務命令権が与えられた。そもそも同法において日銀は，「国家目的ノ達成」を使命とし（〔旧〕日本銀行法2条），業務を「国家経済総力ノ適切ナル発揮ヲ図ル為」，「国家ノ政策ニ即シ」て行う（〔旧〕日本銀行法1条1項）存在であった。同法の制定による日銀の政府への「包摂」は，日銀の総動員体制への組み込みを意味していたので

ある（参照，日本銀行百年史編纂委員会 1982）。

(2) 停滞から「独立」へ

　敗戦後の経済民主化は日銀にも当然及び，政府の権限濫用を防止して，日銀の独立性・中立性を高める措置が求められるようになる。1947（昭和22）年には旧法の部分改正で通貨の発行限度が主務大臣の権限から外され，新設の**通貨発行審議会**（1952〔昭和27〕年に廃止）の議決に基づき閣議を経て決定されることになった。また，1949（昭和24）年には，最高意思決定機関として行内に新設された**政策委員会**に，主務大臣が有していた権限の多くが移管された。ところが，GHQ の意向が働いた戦後改革における，日銀への政府の関与を弱める作業はここで途切れる。1960 年前後に制度見直しの動きはあったものの実現には至らず，日銀は法律の上で，独立を阻む戦時体制下の目的と運営の理念の下に，実に戦後半世紀にわたって置かれ続けることとなる（野口 2010）。

　しかし独立性を高めるチャンスは突然にやってきた。1990 年代後半以降，バブル崩壊から生じた金融システムの不安定化に対し，大蔵省は適切に対応できなかった。そのうえ不祥事も重なり，金融分野を同省から切り離そうとする政治的機運が高まる。また，ハイパー・インフレへの反省や経済学的分析の蓄積を経て，**中央銀行の独立性**という考え方も国際標準になっていた（翁 2013）。以上を背景に，1997（平成9）年，新しい**日本銀行法**が制定されたのである。

　独立性——法文上は自主性——と透明性を明らかにすることを目指した新法では，目的規定から統制色は払拭され，発券，金融政策の実施，金融システムの安定が日銀の目的に据えられた。組織面では政策委員会の権限が強化され，総裁・副総裁を含む政策委員会委員の内閣による任命には，両院の同意を要することとなった。また，役員の意に反する解任は明文で否定され，主務大臣の業務命令権も

廃止された。ただし主務大臣による適法性の監督権は，最低限の監督として残された。

各国の憲法の中には中央銀行に関する規定を置くもの（例：ドイツ基本法 88 条）や独立性にまで触れるもの（例：スイス憲法〔2000 年施行〕99 条）もあるが，日本国憲法に日銀や金融政策への言及はない。したがって日本銀行と政府の新たな関係は，解釈によって憲法に位置付けられなければならないのである。

3 日本銀行の独立性と憲法

(1) 「独立」違憲論と合憲論のロジック

戦後の日銀制度改革時から 60 年代までの日銀法改正論議を見ると，大蔵省や内閣法制局は，通貨金融政策に関する権限は行政権に属し，大蔵大臣が行使するべきと考えていた。この見方は，憲法や内閣法を根拠とするものであり，これによれば，通貨発行審議会や政策委員会による権限行使には憲法上重大な疑義があることになる。一方で，日銀の独立性への要求は，敗戦直後にあっては経済的混乱への対応や民主化への要請から，その後は諸外国の経験や経済学の発展の結果，支持されるようになったもので，法的に裏付けられたものではない。旧法改正で日銀への政府の関与が弱められたのは，GHQ の意向に逆らえない占領下で行政府が示した妥協の産物であって，法律論からすればここまでの日本銀行法は，「究極的には憲法と整合しない（が実際上は必要な）制度」（片桐 2012・238）であったと評価できる。

それゆえに占領が終わって GHQ という後ろ盾が去ると，中央銀行の独立を支持する側も，憲法との整合性という法的問題に取り組まざるを得なくなる。そこで注目されたのが，独立行政委員会の法理であった（→Unit 12・2(1)）。これによれば独立行政委員会は，所

226　Ⅱ 統治のシステム　5 財政

掌する事務の特殊性からその遂行について内閣や主務大臣の指揮監督を受けないが，人事と予算を通じた内閣によるコントロールが働く限り違憲性の問題は生じない。この理屈の応用が日銀について試みられたのである。つまり，日銀の行使する権能の中には，預金準備率の設定・変更・廃止等の通貨政策手段実施の権限など，中央銀行の市中銀行に対する「自由取引」原則から離れて，行政権限としての側面を持つものがあるが，それらは政治から独立して公正中立かつ技術的に決定することが妥当であるから，その行使については，独立行政委員会と同様の方法で内閣がコントロールしていると言えれば憲法との抵触は回避できる。他方で，それ以外の行政作用とはいえない権限の行使については憲法問題は基本的に生じず，政府が行う一般的経済政策との調整をどのように行うかが問題となるにとどまると考えられたのである（大蔵省銀行局 1960，片桐 2012）。たしかに，新法の下で内閣は総裁などの要職を任命し，予算の認可権や財務諸表の承認権を握っている。**内閣法制局も新法の憲法適合性を独立行政委員会の法理から説明していた**（第 140 国会 1997〔平成 9〕年 5 月 14 日衆議院大蔵委員会における阪田雅裕内閣法制局第三部長の発言）。

(2) 残る問題点

しかしこのロジックにも苦しいところはある。一番の弱点は，（一部を除けば）金融政策は行政作用とはいえないという理屈に，無理があるかもしれないことだ。

たとえば行政の概念を控除説的に理解するなら，金融政策は立法でも司法でもないから行政作用だとされかねないことを，前項の理屈では考慮していない。また，憲法 65 条にいう行政権が，内閣専権事項として付与される**統治**ないし**執政**作用と，**法律を執行する作用**から二元的に構成されるとする近年の有力な理解に立つならば（→Unit 12・2(3)），金融政策を独立行政委員会的な組織に委ねるこ

と自体が直ちに違憲となる可能性もあるのだ（片桐2012）。統治作用を担う行政機関に対して，内閣は憲法上の決定権と指揮監督権を有する一方で，それ以外の作用領域に関わる法律の執行を担う行政機関のあり方については広い立法裁量が認められる（駒村2008）。このような理解を前提として，日銀の行う金融政策が**執政作用**に分類されるとなれば，それは即ち**内閣専権事項**となって，独立した組織への委任が許されなくなるのである。

内閣法制局にしてみても，新法における内閣と日銀との関係に「憲法上全く問題がないかどうかということについては，なお十分に慎重な検討が必要ではないか」と先の発言に付している。独立行政委員会の理論や行政権概念の再検討が進む中，中央銀行の独立を憲法にふさわしく位置付ける理論は，未だ確立をみてはいない。

この点，アメリカの憲法学説から示唆を受けて，独立行政機関や日銀の独立性の根拠を「政府の失敗（誠実執行の挫折）」に求める見解が興味深い。アメリカでは，大統領が法律の誠実な執行に配慮することを定める合衆国憲法2条3節から，**不誠実な法執行**を理由に，執行部から機関を分離させる議会権限を導き出せるとの主張がある。これにならって，日本国憲法73条1号からも同様の権限を導けると考えるのである（駒村2000，→Unit 12・2(4)）。

4 日本銀行と民主制

(1) 独立と民主制の距離

中央銀行は，その独立の度合いが高いほど，民主主義からはかけ離れた存在になっていくように見える。こうした状況は憲法が前提とする民主制と整合的に理解できるだろうか。

ひとつの手掛かりとして，財政の原則を定めた憲法83条の原型である，マッカーサー草案76条を見てみよう。同条は，徴税，金

銭借入，資金の使用と並んで，「硬貨及び通貨を発行し，その価格を規整する権限」が国会を通じて行使されなければならないと規定していた。現行憲法では姿を消した通貨の発行・規整の権限も，広く「国の財政を処理する権限」（憲法83条）に含まれていると理解すれば，**通貨発行権の行使および金融政策の実施**は国会の議決に基づくべきことが想定されているとはいえないだろうか。これらの権限が，行政控除説的に当然行政権に帰属するのでも内閣の専権事項にあたるのでもなく，むしろ財政作用のように国会に託されたものと考えるなら，「国会が法律によって銀行を設立し，それに通貨発行権を含めて中央銀行として担うにふさわしい権限・作用を付与するとともに，その権限・作用を適切に遂行できるよう仕組みを整えることは，むしろ憲法が積極的に想定している」との理解に行き着くように思われる（佐藤2020・591）。

　もちろん，こうした理解から日銀の独立性が直接正統化されるわけではない。ここでの独立性はあくまで，「中央銀行として担うにふさわしい権限・作用を適切に遂行」するための手段といえる。けれども，国会が「独立した中央銀行」を手段として選んだのだとすれば，そうした銀行のあり方にも**民主的正統性**は見いだされうるであろう。

　日銀の独立は確かに，民主的コントロールを犠牲にして成り立っている。しかし逆に，中央銀行が政府——構成員たる政治家は当然に選挙での勝利を目指す——に従属するなら，景気浮揚を狙った政策選択に従わざるを得ないが，高いインフレや赤字財政が続けば最後には経済破綻を招き得る。だとすれば，中央銀行としての日銀が，政治に左右されない専門的な政策判断によって「市場の破綻を回避し，中長期的な経済活動のリスクを取り除くことは，中長期的には国民の福利を高めることでもあり，潜在的な民意に沿う」とも言えるだろう（建林ほか2008・283）。

(2) 独立性の社会的基盤

　にもかかわらず，政治家が正面から中央銀行の独立性を否定する言動をとりにくい欧米に比べ，日本では，内閣に総裁の解任権を与える議員提出法案が国会に提出されるなど，日銀の独立性を支える社会的基盤が弱いとの指摘がある。その理由として，新法制定後に日銀がとった政策への根強い不信感と並んで，日銀の独立性が，過去の経済政策上の失敗に対する国民的反省に基づくものではないことが挙げられている。つまり，日銀の独立性は，中央銀行の独立が国際標準化する流れと，大蔵省改革論が迷走する中で浮上した日銀法の改正論議とが交錯したことで，偶発的に獲得されたものであり，国民が独立した金融政策の必要性を痛感し，支持した結果ではないというのである（翁 2013）。

　日銀の独立が潜在的にであっても「民意に沿う」といえるためには，少なくとも手続上，日銀側で政策決定の透明性とアカウンタビリティを高め（たとえば日本銀行法 3 条 2 項は「通貨及び金融の調節に関する意思決定の内容及び過程を国民に明らかにする」日銀の努力義務を定める），国会が責任を問えるような仕組みを機能させることが求められよう（片桐 2013）。さらに，日銀が自らの存在理由を発揮すべく専門性と見識を磨くとともに，専門性に由来する情報の専制化に陥らないよう，政府・国会・研究機関・金融業界など，金融の動きに影響を及ぼし受け得る諸アクター間で専門性が競合し，多元化されることも必要であろう（駒村 2000）。日銀の独立は究極的には，このような競合の意義を理解し支持する国民の意思にかかっているといえるのではないだろうか。

　　さらに学ぶために
　　①翁邦雄『日本銀行』（ちくま新書，2013 年）は，日銀の業務や歴史，金融政策の変遷および財政政策との関係を説明するコンパク

トな入門書（上級編としては白川方明『中央銀行』〔東洋経済新報社，2018 年〕にもぜひ挑戦を！）。②片桐直人「戦後日本銀行法の展開と憲法」曽我部真裕＝赤坂幸一編『憲法改革の理念と展開(上)』（信山社，2012 年）227～260 頁は，日本国憲法下での中央銀行の位置を跡づけ，その独立性を支える法理論の現状と課題を示す。③塩野宏監修『日本銀行の法的性格──新日銀法を踏まえて』（弘文堂，2001 年）は，日銀の業務および組織の法的性格と運営のあり方を，広く公法の視点から検討する。

Column㉒　世界の主要中央銀行

　世界最古の中央銀行は 1668 年に設立されたスウェーデン国立銀行（リクスバンク）とされるが，現代的な中央銀行の源流は，1694 年創設のイングランド銀行に求められる。発足時の同行は，政府への資金貸付を主な業務とする民間銀行だったが，のちに通貨の独占的発行権を獲得し，19 世紀後半の銀行危機を機に「最後の貸し手」として金融システムを支えるようになった。現在では国有化された公共団体である。アメリカの中央銀行である連邦準備制度理事会（FRB）は法律で創設された独立行政機関だが，連邦準備制度に加盟する民間銀行が全額出資している。

　憲法に明文根拠をもつものとしては，スウェーデン国立銀行が同国の統治章典第 9 章 13 条・14 条に権限，組織および独立に関する規定をもつほか，ドイツ連邦銀行（ブンデスバンク）が挙げられる（基本法 88 条）。国有の公法人である同行の独立性は，条文には表れていないが，連邦行政裁判所は基本法上許容されるとしている（1973 年）。なお，1992 年の欧州通貨統合に際し，通貨発行権を欧州中央銀行に移譲できることが基本法 88 条に付加された（憲法に通貨発行権が明記されたユーロ導入国でも同様の処理を要した）。ドイツ連銀も加盟する欧州中央銀行（ECB）は，ユーロ圏の中央銀行である。同行の最重要目標はマーストリヒト条約で物価の安定と定められ，その手段として条約上付与された高い独立性に支えられて，ユーロ導入国の金融政策を一元的に決定している。

6 憲法改正

Unit 22　主要国の憲法改正手続の比較

Topic　憲法96条は「硬すぎる」か？

　（憲法改正の手続が）厳格といわれるアメリカでは，両議院の３分の２以上の賛成で発議し，全州の４分の３の議会の承認が必要だが，発議に必要な３分の２とは総議員数ではなく，定足数（過半数）に対するものだ。……ドイツでも両院の３分の２の賛成が必要だが，国民投票は不要だ。それゆえ，日本国憲法の改正は世界で一，二を争うほど難しいといってよい。

　この点，フランスでは（更に緩やかな方法もあるが），両院で過半数が賛成し（ただし総数の過半数といった縛りはない），国民投票でも過半数の賛成が得られれば，それだけで憲法改正が実現する。これは96条改正案と変わらないが，それでも護憲派は緩やか過ぎるというのであろうか。

（百地章「『96条改正』反対論のウソ」

産経新聞社『国民の憲法』〔2013年〕171頁）

　憲法改正権者に，改正手続きを争う資格を与える規定を，憲法の中に見いだすことはできない。

　それは，サッカーのプレーヤーが，オフサイドのルールを変更する資格をもたないのと同じである。フォワード偏重のチームが優勝したければ，攻撃を阻むオフサイド・ルールを変更するのではなく，総合的なチーム力の強化を図るべきであろう。それでも，「ゲームのルール」それ自体を変更してまで勝利しようとするのであれば，それは，サッカーというゲームそのものに対する，反逆である。

　同様に，憲法改正条項を改正することは，憲法改正条項に先行する存在を打ち倒す行為である。……立憲国家としての日本の根幹に対する，反逆であり「革命」にほかならない。

（石川健治「憲法はいま　96条改正という『革命』」朝日新聞 2013・5・3）

1 「硬すぎる」日本国憲法？

(1) 改正を一度も経験していない日本国憲法

日本国憲法 96 条 1 項によれば，「各議院の総議員の 3 分の 2 以上の賛成」により憲法改正の「発議」が成立し，国民投票の「過半数の賛成」（憲法改正手続法 126 条 1 項によれば有効投票の過半数の賛成）により，憲法改正が「承認」される。同条 2 項は，「承認」を経た改正憲法を，天皇が「国民の名で，この憲法と一体を成すものとして」公布すべしと規定する。現行憲法施行から 70 年以上経過しているが，これまで日本国憲法は一度も憲法改正を経験したことがない。その要因として，憲法 96 条が課す「発議」のハードルの高さが挙げられる。憲法は，両議院の議事の表決数を，原則「出席議員の過半数」としている（憲法 56 条 2 項）。法律や予算の成立，条約の承認，内閣総理大臣の指名等，いずれも原則として「出席議員の過半数」を制すれば思った通りになる。しかし，憲法改正はそうはいかなかった。自民党をはじめ憲法改正を主張する勢力は，今日まで「各議院の総議員の 3 分の 2 以上」の議席を確保できなかったからである。

(2) 改正を繰り返してきた他の立憲主義憲法

他方で日本と異なり，憲法改正を経験してきた立憲主義国家も少なくない。例えば，アメリカ合衆国憲法（1787 年）は，成立時の憲法に修正条項を増補する（修正 1 条，2 条……をもとの憲法に付け加えていく）形で憲法改正を 18 回繰り返してきた。また，フランス第 5 共和制憲法（1958 年）もまた，2008 年に大規模な憲法改正を実施したほか，欧州連合（EU）に国家主権の移譲を認めるなどの憲法改正を 24 回実施している。そして，日本と対極にあるといわれるのがドイツである。ドイツ基本法（憲法）（1949 年）は，すでに 67 回

Unit 22　主要国の憲法改正手続の比較　　233

の改正を経ている。このような各国の憲法改正事例を時代の流れに柔軟な対応をしたものと好意的に解せば，日本国憲法が一度も改正されていないのは，硬直的に過ぎるということになるかもしれない。そして，憲法改正をすべきという立場からは，「発議」に高いハードルを課す憲法96条を，まず改正すべきだという声が上がるわけである（自由民主党日本国憲法改正草案〔→Unit 23・2⑴〕100条1項参照）。Topic の百地も同じ立場である。

(3) 考えるべきポイント

もっとも，先に見た諸国の憲法のいずれも，2で後述するように通常の法律より改正が難しくなっている点では日本と同じである（硬性憲法）。立憲主義憲法は，国民の人権や統治機構の根幹を定めているので，その改正には通常の法律に比べて一層の熟慮と賛同を必要とするからである。ここで，同じ「硬性憲法」を有する国なのに，どうしてこれほど憲法改正の回数に差が生じるのか，換言すると憲法の「硬性」度と憲法改正の回数との間にどの程度の関係があるのか，問題になる。さらに，憲法の「硬性」度が高すぎるからといって，憲法96条等の憲法改正手続規定自体を改正することが許されるか，という難問が控えている。本 Unit 冒頭の Topic は，これらの諸問題に関するいろいろな意味で対照的な2つの見解である。

2 「硬性」度の比較

(1) アメリカ合衆国

合衆国憲法5条は，憲法改正（修正）の手続を次のように定めている。①憲法改正（修正）の「発議」は，連邦議会の上下両院の3分の2以上の賛成によるか，3分の2以上の州議会が要請するときに召集される憲法会議によって行われる。②この「発議」を4分の

3以上の州議会ないし州憲法会議が承認するときに，合衆国「憲法の一部として効力を有する」。合衆国連邦最高裁判所は，憲法改正（修正）を政治問題として審査しないと一般には考えられている（大沢2005）。

合衆国の「発議」は，日本と同じく両議院の「3分の2以上」の賛成が必要である。しかし，その母数が日米では異なる。合衆国では定足数（総議員の過半数）の「3分の2以上」を確保できればよい（つまり総議員の3分の1を集めればよい）が，日本ではあくまで総議員（法定議員数）（→Unit 6・2(3)）の3分の2以上の賛成が求められている。たしかに発議要件は日本より緩い。合衆国が日本と異なり，憲法改正を行うことができた要因の一つであろう。

しかし，日本との単純な比較は禁物である。まず，「発議」の後の「承認」手続の違いである。合衆国は，日本と異なり連邦国家である。同質性が比較的高い日本と比べて，多種多様な人種・宗教・信条の違いを抱えている。そのような合衆国において，「4分の3以上」の州議会・州憲法会議の賛同を得るのは，日本において国民投票で過半数の賛成を得るよりずっと困難であろう。にもかかわらず，合衆国憲法はなぜ改正（修正）されてきたのであろうか。日本国憲法は，成立時から比較的充実した人権条項を備えていた。これに対して，制定当初の合衆国憲法に人権条項は一つもなかった。修正条項として，信教の自由（修正1条）などの人権規定が徐々に付加されていったわけである。憲法改正に課されたハードルを越えられるかは，「発議」要件が厳しいか緩いかという点以上に，憲法改正にどのくらいの必要性・合理性があるのかという点にかかわる。

(2) フランス

フランス第5共和制憲法（1958年憲法）89条が，次の2通りの憲法改正手続を定めている。①上下両院の過半数の賛成により可決さ

れた憲法改正案（政府・議員提出）は，国民投票の過半数の賛成により成立する。②ただし，政府提出の憲法改正案に限り両院合同会議の5分の3以上の賛成があれば成立する（国民投票には付されない）。

なお，1958年憲法11条1項によれば，大統領は，「公権力の組織に関する法律案」等の法律案（政府・議員提出）について，議会を通さず，国民投票に付託できる。1962年，当時のド・ゴール大統領は，前記89条ではなく11条1項により，大統領を国民の直接選挙により選出する旨の憲法改正案を国民投票に付託し，採択された。法律案に関わる11条1項による憲法改正は違憲だという批判が学説上は強かった。しかし，違憲審査機関（→Unit 15）である憲法院は，「国民主権の直接の表明である法律」については審査できないという判決を下した（Décision nᵒ 62–20 du 6 novembre 1962）。その後，前述2008年の1958年憲法改正の結果，11条1項により国民投票に付される前の議員提出法律案に限って，憲法院による審査が義務付けられることになった（フランス憲法61条1項）。ただし，国民投票付託前の政府提出法律案を審査する義務は，依然として憲法院に課されていない（南野2011）。このようにみてくると，たしかに，フランスの憲法改正手続は，日本のそれより緩やかだといえる。

問題はこの緩やかな憲法改正手続のおかげで，フランスの憲法はより良くなったといえるかである。例えば，フランスは18世紀末のフランス大革命以来，国民（国家）主権原理の不可分性・不可譲性を憲法原理として確認し続けてきたが，前述したように，国家主権を欧州連合に一部移譲すべきことを，加盟国に義務づけたマーストリヒト条約批准に対応した条項を付加する憲法改正が行われた（88条の1～4）。しかし，このような「既存の憲法規定に反するような憲法規定を憲法典中に追加するような憲法改正」を繰り返した結果，現行フランス憲法は論理の一貫性を欠く「合わせ細工」に成り下がってしまったという指摘がある（南野2014）。憲法改正手続の

「硬性」度を下げるということは，憲法改正による目先の問題への対応を優先し，憲法改正案が憲法全体の構造と整合するかの吟味を不十分なままに終わらせてしまう危険を伴う。

　　(3)　ドイツ

　ドイツ基本法は，上下両院の3分の2以上の賛成により改正される（79条2項）。国民投票が不要な分，「硬性」度は日本より低い。しかし，日本の憲法改正「発議」と同じく，上下両院の「3分の2以上」という要件を満たす必要がある。日本では憲法改正の「発議」ですら一度も成立していないにもかかわらず，なぜドイツの基本法は60回以上も改正されてきたのか。

　第1の理由は，日本における憲法とドイツにおける基本法との性格の違いである。ドイツ基本法の改正は，「基本法の文言を明文で変更または補充する法律により」行われる（79条1項）〔傍点筆者〕。ドイツ基本法は，特別に成立要件が重くなった法律（議会制定法）である。日本では法律に書けばよいとされていることも，ドイツでは基本法に書き込むし，したがってその改正回数も多くなる。また，基本法は法律の一種だから，その改正もまた，通常の法律と同じように連邦憲法裁判所の違憲審査を受ける（工藤 2009）。憲法改正手続が日本より容易だからといって，後述する基本原理の改正を禁止する条項の存在が示すように，基本法のいい加減な改正は難しい。

　第2の理由は，第1の理由とも関わるが，ドイツが連邦制を採っていることである。基本法は連邦と州の各権限を詳細に規定している。時代環境の変化に対応した効率的な統治を行うためには，連邦と州の権限関係を不断に見直す必要がある。日本では地方自治法等の通常法律の改正で済むことも，ドイツでは基本法を頻繁に改正することで決着をつけている（大湖 2023）。この点は，同じ連邦国家である合衆国と対照的である。合衆国憲法は，連邦と州との権限分

Unit 22　主要国の憲法改正手続の比較　　237

配に関して解釈の余地が大きい抽象的な規定しか置いていないし，前述の通り，その改正も易しくない。ドイツと異なり，連邦と州の権限関係については，違憲審査に最終的判断が委ねられ，憲法改正の出番はなかなか来ないわけである。

3 「硬性」度を変えられるか？——憲法改正手続規定の改正の可否

(1) 憲法改正の「限界」

これまでみてきた憲法改正の「硬性」度という問題は，憲法改正の「限界」という問題と深い関係にある。前述したように，立憲主義憲法の改正手続は，通常の法律改正手続より「硬い」のが通例である。しかし，この「硬い」手続（ハードル）をクリアーしさえすれば，どんな内容の憲法改正も許されるのであろうか。立憲主義憲法の中には，憲法改正手続をクリアーしてもなお改正できない条項を明示しているものがある。合衆国憲法にはその種の明文規定はないが，フランス1958年憲法は共和政体の改正を禁止しているし（フランス憲法89条5項），ドイツ基本法はさらに詳細に連邦制や人間の尊厳，国民主権等の基本原理を否定する改正を禁止している（ドイツ基本法79条3項）。日本国憲法もまた，国民主権原理を否定する「一切の憲法」を「排除」し（前文1段），基本的人権を「侵すことのできない永久の権利」として，「現在及び将来の国民」に保障する（憲法97条）と規定しているので，これらを憲法改正手続によっても改正できない領域を示した条項とみることもできる。

(2) 国民主権原理と憲法改正の「限界」

国民主権原理を日本国憲法の改正「限界」の少なくとも一つだとすると，憲法96条が規定する国民投票は制度化された国民主権（憲法制定権）の発動であるから，国民投票制を廃止する憲法改正は，

国民主権原理を否定するという意味で「限界」を超えると解し得る（芦部1992）。これに対して，フランスでは，全く逆に主権者国民の全能性を根拠にした憲法改正「無限界」説が根強い。このような考え方によれば，仮に憲法上特定条項の改正を禁止する規定があっても，これを国民投票により削除したうえで当該憲法改正を実施してもよいということになる（南野2014参照）。

(3) 憲法制定権者・憲法改正権者としての「国民」

一言で「国民」といっても，その意味は場面によって違ってくる可能性がある。憲法96条の手続を経れば，同条自体も改正できるという論者は，憲法制定権者としての「国民」と憲法改正権者としての「国民」とを同一視する傾向が強い。前述したフランスに根強い思考である。しかし，この同一視が正しいとすると，「国民」は全能の憲法制定権者として，自らが定めた憲法改正手続にいちいち縛られることなく，いつでも好きなように憲法を作り替えられるはずである（樋口1973）。

憲法改正手続に従わなければならない「国民」とは，憲法を制定した「国民」と別物だと考えるべきであろう。憲法を制定した「国民」とは，憲法を正当化する観念的抽象的な存在である。どこの誰かを具体的に指すわけではない。過去・現在・将来の国籍保有者すべてを指すといってよい。これに対して，憲法改正の発議を受けて国民投票を行う「国民」はそのつど特定可能な実在である（憲法改正手続法53条1項参照）。国民主権原理を憲法改正の「限界」と解すると，憲法改正権者としての「国民」は，憲法制定権者である「国民」が示した憲法改正手続（マニュアル）に従ってはじめて，憲法のメンテナンスを行えるということになる。

⑷ 憲法96条と他の憲法条項との違い

ところで，憲法改正手続に従いながら，同手続自体をどこまで改正できるのであろうか。96条の手続を経て国民投票制を廃止することが国民主権原理という「限界」に触れるとしても，96条の定める「発議」要件を，96条の手続に従って変更することが「限界」を超えるかは別問題である。「発議」の要件が緩和されても，国民投票制がある限り，国民が「発議」の是非を最後に判断することには変わりはないといえるからである。「発議」要件の96条改正による緩和を認める論者は，96条の「発議」要件を，国民主権原理という「限界」に触れない，他の憲法条項と同じランクの規定だとみているのかもしれない。

これに対して，憲法改正権者は，自らに権限を授ける96条を改正すること自体できないという考え方がある。人は，自らの拠って立つ土台を自らひっくり返せない，というわけだ。96条が改正の対象としている「この憲法」の中に，そもそも96条は含まれていないということになる（長谷部1985）。Topicに挙げた石川は，この考え方を採っている。この**96条改正全面否定説**は，国民主権原理を理由とした上述の憲法改正「限界」論とはまた異なる「限界」論である。もっとも，近時，自己授権規定の改正は，全面的に許されないのか疑問視する学説も提起されている（土井2018）。憲法改正手続規定の改正には，論理法則上許されない絶対的限界があるのか，それとも，特定の憲法の構造上許されない，相対的な限界があり得るだけなのか。さて，どのように考えるべきであろうか。

　さらに学ぶために
　憲法改正手続の国際比較の意義と無意義について，辻村みよ子
『比較のなかの改憲論──日本国憲法の位置』（岩波新書，2014年），
発議要件を緩和することや，国民投票に憲法改正の是非を安易に丸

投げすることの問題についてドイツの判例・学説を素材に論じる，毛利透『統治構造の憲法論』（岩波書店，2014年）3頁，日米の憲法改正手続の違いと共通点について，大沢秀介「憲法改正と合衆国憲法」赤坂正浩＝井上典之＝大沢秀介＝工藤達朗『ファーストステップ憲法』（有斐閣，2005年）337頁がそれぞれ参考になる。

Column㉓　「全部改正」と「部分改正」

　特定条項の改正を禁止する規定の有無にかかわらず，憲法改正にはやはり「限界」があるという議論がある。根拠付けに差異はあるものの，憲法の「同一性・継続性」を侵す憲法改正は「限界」を超えるので新憲法の制定に等しいとする学説が日本では有力である。具体的には，国民主権主義・人権尊重主義・平和主義といった「基本原理」の改正が憲法の「同一性・継続性」を侵し得るといわれる（佐藤2020）。

　憲法改正禁止規定がない合衆国憲法もまた，修正条項をもとの憲法に増補していくという手続を定めている（5条）以上，憲法の条文をすべて改める「全部改正」を排し，憲法の「同一性・継続性」を維持しようとしているようにみえる。しかも，修正条項が「この憲法の一部として効力を有する」との規定（合衆国憲法5条）は，改正憲法を「この憲法と一体を成すものとして」公布すべしとする規定（日本国憲法96条2項）とよく似ている。日米の各憲法は，それぞれ何がその「基本原理」なのかはともかく，憲法の「部分改正」のみを想定している点では共通しているのかもしれない（大沢2005）。

Unit 23　日本における憲法改正問題

Topic　日本国憲法の将来

高見勝利編『あたらしい憲法のはなし　他二篇　付　英文対訳日本国憲法』(岩波書店, 2013年)

自民党の憲法改正草案を爆発的にひろめる有志連合『あたらしい憲法草案のはなし』(太郎次郎社エディタス, 2016年)

1 憲法施行60年後の憲法改正手続法

(1) 現行憲法の改正論議

施行後70年以上経過した日本国憲法は一度も改正されないまま今日に至っている。しかし、日本国が独立を失った占領中に、しかも連合軍の影響下で成立したなど、同憲法の問題点を指摘する声は今日まで絶えたことはない。これに対して、成立過程に若干の「押しつけ」の要素があったことは認めながら、近代立憲主義の考え方を標準装備した同憲法を評価する論者も少なからず存在する。ほぼ一貫して政権を担ってきた自由民主党は、1955（昭和30）年の結党以来自主憲法制定を基本方針として掲げてきたものの、これに成功していない。憲法96条が改正手続を明定しているにもかかわらず、1953（昭和28）年に自治庁（当時）が「日本国憲法改正国民投票法案」を作成して（閣議決定に至らず）以降、憲法改正に関する手続法も未整備のまま60年が経過した。

(2) 憲法改正手続法の成立

このような一種のこう着状態が一挙に動いたのが、2007（平成19）年である。日本国憲法の改正手続に関する法律（憲法改正手続法）（同年5月14日成立、2010〔平成22〕年5月18日施行）が成立し、憲法改正を実行する法的条件がほぼ整えられた。憲法改正案は「発議」（憲法96条1項）により国民に提案される。発議とは、「憲法改正原案」を両議院が「総議員」（法定議員数）の「3分の2以上の賛成で」（憲法96条1項）可決することをいう（国会法68条の5第1項）。同「原案」提出にあたっては、衆議院で100名以上、参議院で50名以上の賛成が必要である（同法68条の2）。内閣の同「原案」提出権については規定がないが、将来の法改正により許容することもあり得る（橘＝高森2007）。同「原案」について両議院の間に不一致が

ある場合は，両院協議会を開催することができる（同法86条の2）。同「原案」をはじめとする憲法改正に関わる調査・審議は，本会議の前に両院の「憲法審査会」で行われる（同法102条の6）。

憲法改正案は，「発議」後「60日以降180日以内」に国民投票にかけられる（憲法改正手続法2条）。憲法96条1項は，国政選挙と同時に国民投票を実施することも許容しているが，憲法改正手続法は，「特別の国民投票」（同項）として行われることを想定している（橘＝高森 2007）。**投票資格者**は，日本国籍を有する満18歳以上の者である（憲法改正手続法3条）。投票は，「内容において関連する事項ごとに区分して」「発議」された（国会法68条の3）憲法改正案ごとに1人1票を投じる（憲法改正手続法47条）。憲法改正案は，国民投票における有効投票の過半数の賛成により承認される（同法126条1項）。国民投票に関し異議のある者は，投票結果の告示後30日以内に東京高裁に訴訟を提起できる（同法127条）。

(3) 憲法改正手続法の問題点

もっとも，憲法改正手続法には以下のような問題点が指摘されている。①国民投票は，「内容において関連する事項」ごとに行われるが，「関連」しているか否かをどう判断するのか不明確なままである（井口 2006）。②憲法改正案の賛否を主張しあう**国民投票運動**（憲法改正手続法100条の2）に関して，公務員（国公立学校教員）・私立学校教員はその「地位」を利用して同運動を行ってはならない（同法103条）。しかし，公務員（国公立学校教員）は国家公務員法等が禁止する「政治的行為」にあたらない限り「国民投票運動」を行い得るし（憲法改正手続法100条の2），同運動は私立学校教員も可能である。「地位」を利用した違法な同運動と適法な同運動とをどう区別するのか，また公務員（国公立学校教員）・私立学校教員の同運動を萎縮させることにならないか危惧される（西土 2007）。③国民

投票の成立に必要な最低投票率は設定されていない。これを設定すると，棄権者が多く出れば出るほど，憲法改正反対派に有利に働くことになり，フェアではないという理由からである。しかし，棄権者が続出し，投票者がごく少数にとどまった「国民投票」をはたして国民全体の「意思」の表明とみなしてよいか疑わしいという指摘もなされている（高見 2012）。④国民投票運動広告のテレビ・ラジオ CM は，投票日からさかのぼって 14 日前から禁止される（憲法改正手続法 105 条）。しかし，莫大な資金を提供する者が憲法改正に関する一方的な主張を CM を通して，氾濫させるおそれもある。（本間 2018）。

2 憲法改正へ？──自民党案の登場

(1) 2 つの自民党憲法改正案

「自主憲法制定」を基本方針としていた自民党は，2005（平成 17）年になってようやく**新憲法草案（1 次案）**を発表した。その後，自民党は 2009（平成 21）年の総選挙で民主党に大敗し政権を失った。この野党時代の自民党が 2012（平成 24）年に公表したのが**日本国憲法改正草案（2 次案）**である。この両案は，基本的な考え方に違いがあり，興味深い。だが，ここではより新しい 2 次案を中心に，その内容と特色をみてみよう。

(2) 「立憲主義」と自民党案

現行憲法 13 条前段は「すべて国民は，個人として尊重される」と述べている。これを 2 次案は「個人」を「人」に変更した。2 次案を解説する「日本国憲法改正草案 Q&A〔増補版〕」（以下，「Q&A」）は，行き過ぎた「個人主義」や，欧米由来の「天賦人権説」を現行憲法の問題点と考えているようである。しかし，**近代立憲主義思想**

Unit 23　日本における憲法改正問題　245

は，国家権力に対して個人のかけがえのない権利を保障し，そのために国家権力を制限すべきだと考える（芦部 1992）。「個人」とは，国家権力から自律して，その人生を全うしようとする「人」である。

これに対して「人」は，誰もが常に国家権力から自律しようとするわけではない。2次案の姿勢は，人権規定を，「現在及び将来の国民に対し，侵すことのできない永久の権利として信託されたものである」と説いた現行憲法97条を削除したことにも表れている。「Q&A」は，2次案を「立憲主義」を否定したものではないというが，逆に憲法学説の多数派は，「近代立憲主義の核心を否定するもの」（奥平ほか 2013〔駒村圭吾〕・42）と解する傾向にある。

公務員の**憲法尊重擁護義務**を定めた現行憲法99条に2次案は大幅な変更を加えている。変更点の第1は，「国民」に憲法「尊重」義務が課された点である。「Q&A」によれば，憲法「尊重」義務とは，憲法に敬意を払いその実現に努力する義務であるが，あくまで法的拘束力はないとされる。これに対して憲法「擁護」義務とは，「尊重」義務に加えて，違憲の行為に積極的に対抗する法的義務を公務員に課したものである。

2次案による99条変更点の第2は，天皇・摂政を，**憲法尊重擁護義務**の主体から外した点である。その趣旨を「Q&A」は，天皇・摂政には政治的権能がないからと述べている。2次案によれば，天皇は「日本国の元首」とされる（1条）。このような性格付けにより，天皇の政治に対する事実上の影響力は一層増す可能性がある。むしろ，天皇を上記義務から免除すべきでない理由になり得る。

2次案の「国民」の上記憲法「尊重」義務は，法的拘束力はないとはいうものの，同案の**憲法理解の象徴**というべきかもしれない。2次案が「家族」条項を新設しているのも目を引く。「家族」は「社会の自然かつ基礎的な単位」であって，「互いに助け合わなければならない」とされる（2次案24条1項）。また，同案は，領土等の

246　Ⅱ　統治のシステム　6　憲法改正

保全を国の義務としつつ，「国民と協力して」という要件を設けた（同案9条の3）。環境保全についても，国は「国民と協力して」その責務を負う（同案25条の2）。これまで立憲主義憲法の本質は，国家権力が「することができないこと」を定める制限規範だといわれてきた（芦部1992）。2次案は，憲法学説の主流派とは異なる憲法の構想を打ち出している。

(3)「平和主義」と自民党案

　2次案は，現行憲法9条の大幅な改正も主張している。2次案は，現行憲法9条がおかれた第2章のタイトル「戦争の放棄」を「安全保障」に変更する。現行憲法9条1項については大筋変更を加えていないが，自衛隊ではなく，「独立国家としてよりふさわしい」（「Q&A」）として国防軍の設営を規定した（2次案9条の2）。そして，「軍」に国会による統制を及ぼすべきこと（2次案9条の2第2項），国際平和のための諸活動への参加を許容すべきこと（2次案9条の2第3項）を規定している。

　さらに，2次案は，自衛権を発動し得ることを明記した（2次案9条2項）。この2次案によれば，個別的自衛権はもちろん，集団的自衛権もまたフルに行使することが憲法上可能になる。「自衛権」の行使の範囲を法令により具体的に規定することになるが，2次案は，安保法制（→Unit 11・4(2)）が一部認めた集団的自衛権の行使を，さらに積極的に肯定する効果があろう。

　これに関連して，2次案は，日本への武力攻撃，内乱，自然災害等が生じた場合，内閣総理大臣に緊急事態を宣言する権限を認めている（2次案98条）。これにより，原則100日を限度に内閣は法律と同一の効力を有する政令制定や予算措置を講ずることができる（2次案99条）。「緊急事態」への対処については，すでに個別の法律が定めをおいている（警察法71条・72条・74条，自衛隊法76条・78条・

Unit 23　日本における憲法改正問題　　247

80条・81条2項4項・81条の2・82条の3第5項・84条の3第2項・85条，災害対策基本法105条・106条・107条・108条・108条の2〜108条の5・109条・109条の2等）。2次案は，そのような現行法の最大公約数的規定を憲法に定めようとする面もある。しかし，その詳細を「法律の定めるところ」に委ねている点（2次案98条1項〜3項・99条）で，下位法に対する憲法としての規律力が疑問視されるし，緊急時の政令について国会の事後承認の期限が設定されていない点など課題も多い（奥平ほか2013〔水島朝穂〕）。

　もっとも，2018年，自民党は，上記2次案をいったん棚上げし，現行憲法9条を維持したうえで，「我が国の平和と独立を守り，国及び国民の安全を保つために必要な自衛の措置をとる」「ための実力組織として」，「自衛隊を保持する」と規定した9条の2を新設する等「条文イメージ（たたき台素案）」を決定した。違憲の指摘がある自衛隊（→Unit 11・3(2)）の憲法上の位置づけを明確にし，自衛隊の諸活動のより円滑な実施を狙ったものである（百地2018）。しかし，この条文イメージ9条の2が国民投票で否決された場合，自衛隊の現状を国民が否定したことを意味し得るが，では一体自衛隊の何をどこまで変えればよいのか混乱が生じる，逆に，同条文イメージが国民投票で可決された場合でも，自衛隊の明記により，現行憲法9条1項・2項が実質的に死文化するおそれがある，と指摘される（長谷部2018）。

3　憲法改正の必要性・合理性の有無

(1)　統治機構

　自民党2次案は，上記以外の統治機構に関する規定についてはほとんど手をつけていない。例えば近時「強すぎる参議院」がねじれ国会による政治の「停滞」の原因だと指摘されることがある

（→Unit 6・4(2)）。2次案作成過程でも，一院制への憲法改正を主張する声が上がったが，参議院側が猛反発し，「党内での合意形成」に失敗したという（「Q&A」）。

　もっとも，自民党が統治機構関連の憲法改正に積極的でないのには他の理由が考えられる。1990年代以降，通常法律レヴェルで（二院制以外の）統治機構の大規模な改革が行われたことである。その主な「改革」として，「選挙制度改革」（小選挙区比例代表並立制・政党助成金制の導入）（→Unit 4・4(1)）（→Unit 5・4），「地方分権改革」（国→都道府県→市町村への権限委譲）（→Unit 18・1），「行政改革」（省庁再編・独立行政法人制の導入）（→Unit 10・4），情報公開制度の整備，「司法制度改革」（裁判員制度）（→Unit 16・3）等が挙げられる。ただし，衆議院憲法審査会において，近時，災害等により衆議院議員総選挙が不能になった場合の同議員の任期延長を許容する規定を憲法改正により盛り込むべきではないか，と議論されている。これに対しては，憲法を改正しなくても，参議院の緊急集会（憲法54条2項）により対応できる，との反論がなされている。

(2) 統治の一過程としての憲法改正

　憲法改正は，最終的に国民投票による「承認」で決着する。その時点で一定の新たな「国のかたち」が定まるのは事実である。しかし，これはあくまで暫定的な「かたち」でしかない。憲法だけで国の統治は完結しない。憲法上の人権・統治機構の規定を侵さない限りで，国の統治は日々刻々と変化していく。この日々変化する統治の過程の基本を憲法は定めているが，あくまで「基本」のみである。憲法改正が直ちに世の中を良くするわけではない。改正後も，憲法という暫定的な足場をもとにして，統治の具体的な骨組みを地道に構築していくことになる。憲法改正は，たしかに「代表者と国民に熟議の体験を提供し，副次的に政治プロセスの質を向上させ」得る

（宍戸 2014・25）。しかし，その一方で憲法改正それ自体が「自己目的化」してはならない（宍戸 2014・同頁）のはいうまでもない。

さらに学ぶために
　自民党 2 次案・「Q&A」は，自民党 web サイトでみることができる。自民党 2 次案をトータルに批判する奥平康弘＝愛敬浩二＝青井未帆編『改憲の何が問題か』（岩波書店，2013 年），これとは逆に自民党 2 次案より一層濃厚な憲法改正案を提示する産経新聞社『国民の憲法』（産経新聞出版，2013 年）もそれぞれ興味深い。高橋源一郎編著『憲法が変わるかもしれない社会』（文藝春秋，2018 年）は，憲法改正の前提になる日本の諸課題について，多様な論者が縦横無尽に論じており，こちらも参照に値する。

Column㉔　「公益及び公の秩序」

　自民党 2 次案は，現行憲法が人権の制約根拠とする「公共の福祉」を，「公益及び公の秩序」に変更している（13 条等）。この変更は，従来許されなかった，公権力ないし多数派による少数派の人権侵害を招くと批判されることがある。ただ，他の立憲主義憲法をみると，より広範な人権制約を許容しかねない文言による人権制約を肯定した規定が見受けられる。「善良な風俗」（イタリア憲法 21 条 6 項），「法律によって定められた公の秩序」（フランス人権宣言 10 条），「一般法律の規定」（ドイツ基本法 5 条 2 項）など。しかし，これらの国々が，その国民の人権侵害に熱心だとは聞かない。そもそも「公益」のための人権制限は，日本でも，すでに行われている。環境保護のための企業活動の規制，美観風致のための建築・広告物規制等々。また，判例・学説の多数派は，「公の秩序」（民法 90 条）を媒介にした，私人間の人権調整を肯定する傾向にある。「公益及び公の秩序」への変更によって，日本の人権保障がどうなるかは，改正憲法の全体構造や人権規定を解釈適用する裁判所の姿勢等を総合的に考えあわせなければ答えは出ない。

参考文献一覧

※基本的な教科書を掲げた後，Unit ごとの参考文献を示した。

※それぞれの参考文献は，本文中では，（著者の姓・刊行年）の形で示した。複数の著者による書籍については，2 名までの共著については著者の姓を＝でつなぎ，3 名以上の共著の場合には「○○ほか」とした。同じ著者により同年に出された別々の論考を挙げた場合には，刊行年の後にアルファベットを振って区別した。

芦部信喜『憲法学 I　憲法総論』（有斐閣，1992 年）

芦部信喜（高橋和之補訂）『憲法〔第 8 版〕』（岩波書店，2023 年）

大石眞『憲法概論 I』（有斐閣，2021 年）

佐藤幸治『日本国憲法論〔第 2 版〕』（成文堂，2020 年）

野中俊彦＝中村睦男＝高橋和之＝高見勝利『憲法 II〔第 5 版〕』（有斐閣，2012 年）

長谷部恭男『憲法〔第 8 版〕』（新世社，2022 年）

Unit 1

安西文雄＝巻美矢紀＝宍戸常寿『憲法学読本〔第 4 版〕』（有斐閣，2024 年）

斉藤正彰『憲法と国際規律』（信山社，2012 年）

高見勝利『芦部憲法学を読む』（有斐閣，2004 年）

辻村みよ子『比較憲法〔第 3 版〕』（岩波書店，2018 年）

長谷部恭男『憲法学のフロンティア』（岩波書店，1999 年）

A・ハミルトン＝J・ジェイ＝J・マディソン（斉藤眞＝中野勝郎訳）『ザ・フェデラリスト』（1788 年）（岩波文庫，1999 年）

森直子「TPP 交渉と国際標準化」NIRA 政策提言ハイライト（2014 年）

モンテスキュー（野田ほか訳）『法の精神（上）』（1748 年）（岩波文庫，1989 年）

Unit 2

赤坂正浩＝大沢秀介＝井上典之＝工藤達朗『ファーストステップ憲法』（有斐閣，2005 年）

アリストテレス（牛田徳子訳）『政治学』（1957 年）（京都大学学術出版会，2001 年）

石崎誠也「諮問型住民参加制度と住民自治」公法研究 79 号（2017 年）

カール・シュミット（樋口陽一訳）『現代議会主義の精神史的地位』（1923 年）長尾龍一編『カール・シュミット著作集 I』（慈学社，2007 年）

カール・シュミット（尾吹善人訳）『憲法理論』（1928 年）（創文社，1972 年）

白藤博行「住民投票条例の拘束力」磯部力＝小幡純子＝斎藤誠編『地方自治判例百選〔第 4 版〕』（有斐閣，2013 年）

長谷部恭男『法とは何か〔新装版〕』（河出書房新社，2024 年）

ハンス・ケルゼン（清宮四郎訳）『一般国家学』（1925 年）（岩波書店，1936 年）

251

宮沢俊義『憲法と政治制度』（岩波書店，1968 年）

宮沢俊義『転回期の政治』（中央公論社，1936 年）

宮沢俊義『憲法の原理』（岩波書店，1967 年）

Unit 3

愛敬浩二「『法の支配』再考」社会科学研究 56 巻 5・6 号（2005 年）

嶋崎健太郎「人間の尊厳なき生命権の限界」青山法学論集 56 巻 4 号（2015 年）

玉蟲由樹『人間の尊厳保障の法理』（尚学社，2013 年）

土井真一「法の支配と司法権」佐藤幸治＝初宿正典＝大石眞編『憲法 50 年の展望
Ⅱ　自由と秩序』（有斐閣，1998 年）

長谷部恭男『比較不能な価値の迷路〔増補新装版〕』（東京大学出版会，2018 年）

ボード・ピエロート＝ベルンハルト・シュリンク（永田秀樹ほか訳）『現代ドイツ
基本権』（1999 年）（法律文化社，2003 年）

Unit 4

安念潤司「一票の較差（最大判平成 27・11・25）」法学教室 464 号（2019 年）

加藤秀治郎『日本の選挙』（中公新書，2003 年）

川人貞史「小選挙区比例代表並立制における政党間競争」論究ジュリスト 5 号
（2013 年）

国立国会図書館調査及び立法考査局「諸外国の下院の選挙制度」基本情報シリーズ
㉒（2016 年 3 月）

只野雅人「議員定数不均衡と改正の合理的期間」長谷部恭男＝石川健治＝宍戸常寿
編『憲法判例百選Ⅱ〔第 7 版〕』（有斐閣，2019 年）

野中俊彦「選挙」樋口陽一編『講座憲法学（5）』（日本評論社，1994 年）

増山幹高『立法と権力分立』（東京大学出版会，2016 年）

三輪和宏「諸外国の下院の選挙制度（資料）」レファレンス 671 号（2006 年）

オーストラリア選挙委員会 web サイト，https://www.aec.gov.au/FAQs/（2024 年
9 月 14 日閲覧）

Unit 5

井上武史「日本国憲法と立憲主義」法律時報 86 巻 5 号（2014 年）

川口由彦『日本近代法制史〔第 2 版〕』（新世社，2014 年）

高田篤「民主制における政党と『結社』」法学教室 226 号（1999 年）

高田篤「憲法と政党」大石眞＝石川健治編『憲法の争点』（有斐閣，2008 年）

高田篤「政党による除名処分と比例代表選挙における繰上補充」長谷部恭男＝石川
健治＝宍戸常寿編『憲法判例百選Ⅱ〔第 6 版〕』（有斐閣，2013 年）

高安健将『議院内閣制』（中公新書，2018 年）

手島孝『憲法学の開拓線』（三省堂，1985 年）

毛利透「政党法制」ジュリスト 1192 号（2001 年）

本秀紀「政党条項」ジュリスト 1289 号（2005 年）

Unit 6

大石眞『議会法』（有斐閣，2001 年）

白井誠『国会法』（信山社，2013 年）

高見勝利『現代日本の議会政と憲法』（岩波書店，2008 年）

高見勝利『政治の混迷と憲法』（岩波書店，2012 年）

竹中治堅『参議院とは何か 1947〜2010』（中央叢書，2010 年）

原田一明『議会制度』（信山社，1997 年）

前田英明「参議院を考える」駒澤大学政治学論集 46 号（1997 年）

Unit 7

赤坂正浩「『全国民の代表』とは何か──国会議員の地位」松井茂記編『スターバックスでラテを飲みながら憲法を考える』（有斐閣，2016 年）

大山礼子『日本の国会』（岩波新書，2011 年）

上脇博之『検証　政治とカネ』（岩波新書，2024 年）

川人貞史『日本の国会制度と政党政治』（東京大学出版会，2005 年）

林芳正＝津村啓介『国会議員の仕事』（中公新書，2011 年）

Unit 8

赤坂幸一「憲法 62 条の憲政史」高橋和之＝長谷部恭男編『芦部憲法学』（岩波書店，2024 年）

大石眞「立法府の役割と課題」Research Bureau 論究 7 号（2010 年）

木下和朗「イギリス議会下院における議会質問制度の現況」中村睦男＝大石眞編集『立法の実務と理論』（信山社，2005 年）

木下和朗「イギリスにおける公の調査」只野雅人ほか編著『統治機構と対抗権力』（日本評論社，2023 年）

白井誠『国会法』（信山社，2013 年）

原田一明「第 62 条」辻村みよ子＝山元一編『概説　憲法コンメンタール』（信山社，2018 年）

森本昭夫『逐条解説　国会法・議院規則』（弘文堂，2019 年）

森本昭夫『国会法概説〔第 2 版〕』（弘文堂，2024 年）

Unit 9

アレンド・レイプハルト（粕谷祐子＝菊池啓一訳）『民主主義対民主主義〔原著第 2 版〕』(2012)（勁草書房，2014 年）

植村勝慶「解散権制約の試み」憲法研究 2 号（2018 年）

大山礼子「審議回避の手段となった衆議院解散権」憲法研究 2 号（2018 年）

小松浩「イギリス連立政権と解散権制限立法の成立」立命館法学 341 号（2012 年）

高橋和之『国民内閣制の理念と運用』（有斐閣，1994 年）

高見勝利『現代日本の議会政と憲法』（岩波書店，2008 年）

高安健将「動揺するウェストミンスター・モデル？」レファレンス 731 号（2011 年）

高安健将『議院内閣制』（中公新書，2018 年）

田中嘉彦「英国における議院内閣制と二院制の現代的意義」年報政治学 74 巻 1 号（2023 年）

樋口陽一『比較憲法〔全訂第 3 版〕』（青林書院，1992 年）

元山健＝キース・D・ユーイング『イギリス憲法概説』（法律文化社，1999 年）

BBC ニュース（Cameron defends change over election vote rules），http://news.bbc.co.uk/2/hi/uk_news/politics/8681624.stm（2024 年 9 月 10 日閲覧）

Unit 10

赤坂正浩「内閣と政府」立教法学 111 号（2024 年）

奥平康弘＝樋口陽一編『危機の憲法学』（日本評論社，2013 年）

河島太朗「イギリス憲法上の議院内閣制における信任──憲法慣習上の信任案件を中心に」レファレンス 840 号（2021 年）

河島太朗「ドイツ基本法上の議院内閣制における信任──信任手続を中心に」レファレンス 857 号（2022 年）

初宿正典「比較の中の二つの憲法」産大法学 47 巻 3 ＝ 4 号（2014 年）

高橋和之『現代立憲主義の制度構想』（有斐閣，2006 年）

米井大貴「英国の政治任用職『特別顧問』」レファレンス 845 号（2021 年）

林修三「内閣の組織と運営」田中二郎＝原龍之助＝柳瀬良幹編『行政法講座第 4 巻』（有斐閣，1965 年）

待鳥聡史『首相政治の制度分析』（千倉書房，2012 年）

御厨貴「〈経済教室〉『脱戦後』開かれた議論を」（日本経済新聞 2015 年 1 月 6 日）

毛利透『統治構造の憲法論』（岩波書店，2014 年）

長谷川周子「英国の大臣規範の動向──2022 年の改定を中心に」レファレンス 873 号（2023 年）

Unit 11

大石眞『統治機構の憲法構造』（法律文化社，2016 年）

齊藤正彰『多層的立憲主義と日本国憲法』（信山社，2022 年）

阪田雅裕『政府の憲法解釈』（有斐閣，2013 年）

阪田雅裕『憲法 9 条と安保法制』（有斐閣，2016 年）

長谷部恭男＝杉田敦編『安保法制の何が問題か』（岩波書店，2015 年）

長谷部恭男『憲法の理性〔増補新装版〕』（東京大学出版会，2016 年）

藤田宙靖「覚え書き」自治研究 92 巻 2 号（2016 年）

藤田宙靖「自衛隊 76 条 1 項 2 号の法意」自治研究 93 巻 6 号（2017 年）

森肇志『自衛権の基層〔増補新装版〕』（東京大学出版会，2023 年）

読売新聞政治部編著『安全保障関連法──変わる安保体制』（信山社，2015 年）

Unit 12

木村草太＝西村裕一『憲法学再入門』（有斐閣，2014 年）

駒村圭吾『権力分立の諸相』（南窓社，1999年）

阪田雅裕『政府の憲法解釈』（有斐閣，2013年）

藤田宙靖『行政組織法〔第2版〕』（有斐閣，2022年）

毛利透『統治構造の憲法論』（岩波書店，2014年）

Unit 13

蟻川恒正「内閣の憲法解釈」岡田信弘＝笹田栄司＝長谷部恭男編『憲法の基底と憲法論』（信山社，2015年）

井上武史「憲法院とコンセイユ・デタ」法律時報86巻8号（2014年）

奥村公輔「フランスにおける憲法解釈機関としてのコンセイユ・デタ行政部」レファレンス783号86頁以下（2016年）

阪田雅裕「内閣法制局と憲法解釈」全国憲法研究会編『憲法問題22』（2011年）

高辻正巳「内閣法制局のあらまし」時の法令739号（1972年）

長谷部恭男『憲法の円環』（岩波書店，2013年）

Unit 14

泉徳治＝渡辺康行＝山元一＝新村とわ『一歩前へ出る司法——泉徳治元最高裁判事に聞く』（日本評論社，2017年）

伊東武是「裁判官人事の透明化，客観化のために」法律時報増刊『シリーズ司法改革Ⅱ』（日本評論社，2001年）

伊藤正己『裁判官と学者の間』（有斐閣，1993年）

小塚荘一郎『AIの時代と法』（岩波新書，2019年）

笹田栄司『裁判制度のパラダイムシフトⅠ』（判例時報社，2023年）

佐藤岩夫「ドイツの法曹制度」広渡清吾編『法曹の比較法社会学』（東京大学出版会，2007年）

高見勝利『芦部憲法学を読む』（有斐閣，2004年）

ダニエル・フット『名もない顔もない司法』（NTT出版ライブラリーレゾナント，2007年）

藤田宙靖『最高裁回想録』（有斐閣，2012年）

馬場健一「裁判官の職務統制と独立保障」本林徹＝石塚章夫＝大出良知編『市民の司法をめざして』（日本評論社，2006年）

柳瀬昇「AIと裁判」山本龍彦編著『AIと憲法』（日本経済新聞出版社，2018年）

Hannah Bloch-Wehba, Access to Algorithms, Fordham Law Review, Vol. 88 (2020)

Johann Justus Vasel, Künstliche Intelligenz in der Justiz, LTZ 2023

Unit 15

伊藤正己『裁判官と学者の間』（有斐閣，1993年）

佐々木雅寿『対話的違憲審査の理論』（三省堂，2013年）

笹田栄司『裁判制度』（信山社，1997年）

笹田栄司『司法の変容と憲法』（有斐閣，2008 年）

笹田栄司『裁判制度のパラダイムシフト I』（判例時報社，2023 年）

島谷六郎「大法廷と裁判官」法学教室 229 号（1999 年）

中村睦男「国の権利実現と違憲審査制」ジュリスト 859 号（1986 年）

藤田宙靖『最高裁回想録』（有斐閣，2012 年）

見平典「憲法学と司法政治学の対話」法律時報 86 巻 8 号（2014 年）

『矢口洪一　オーラル・ヒストリー』政策研究大学院大学 C.O.E. オーラル・政策研究プロジェクト（2004 年）

読売新聞社『憲法 21 世紀に向けて』（読売新聞社，1994 年）

Unit 16

兼子一『新憲法と司法』（国立書院，1948 年）

越田崇夫「検察審査会制度の概要と課題」レファレンス 733 号（2012 年）

後藤昭編『刑事司法を担う人々』（岩波書店，2017 年）

最高裁判所事務総局刑事局監修『陪審・参審制度　ドイツ編』（2000 年）

酒巻匡「論点」（読売新聞 2014 年 6 月 4 日）

高柳賢三＝大友一郎＝田中英夫編『日本国憲法の制定過程 I』（有斐閣，1972 年）

ダニエル・フット『名もない顔もない司法』（NTT 出版ライブラリーレゾナント，2007 年）

常本照樹「司法権」公法研究 57 号（1995 年）

中島宏「検察審査会と公訴のあり方」法学セミナー 698 号（2013 年）

平野龍一「現行刑事訴訟の診断」平場安治ほか編『団藤重光博士古稀祝賀論文集第 4 巻』（有斐閣，1985 年）

松尾浩也「検察審査会」ジュリスト 361 号（1967 年）

豊秀一「裁判員制度はなぜ生まれたのか」長谷部恭男編『論究憲法』（有斐閣，2017 年）

Unit 17

板垣勝彦「令和 6 年地方自治法改正——分権改革の中の補充的指示権」法学教室 532 号（2025 年）

碓井光明『要説　自治体財政・財務法〔改訂版〕』（学陽書房，1999 年）

木村草太「租税判例速報・最一小判平成 25 年 3 月 21 日」ジュリスト 1456 号（2013 年）

木村草太「辺野古基地建設問題と法律事項・地方特別法住民投票」法学セミナー 736 号（2016 年）

権奇法「教科書採択制度と無償給与制度」自治総研 435 号（2015 年）

塩野宏『行政法 III〔行政組織法〕〔第 5 版〕』（有斐閣，2021 年）

渋谷秀樹『憲法〔第 3 版〕』（有斐閣，2017 年）

手島孝『憲法学の開拓線』（三省堂，1985 年）

人見剛＝須藤陽子『ホーンブック地方自治法〔第 3 版〕』（北樹出版，2015 年）

平井祐太「教科書無償措置法の改正」立法と調査 351 号（2014 年）

Unit 18

大島稔彦『立法学』（第一法規，2013 年）

大津浩「第 8 章　地方自治」辻村みよ子＝山元一編『概説　憲法コンメンタール』
（信山社，2018 年）

櫻井敬子「これまでの地方分権改革について」自治総研 422 号（2013 年）

総務省「国・地方間の係争の処理のあり方について」（報告）（2009 年）添付・参
考 8

総務省「町村議会のあり方に関する研究会報告書」（2018 年）

戸松秀典『憲法』（弘文堂，2015 年）

牧瀬稔『議員が提案する政策条例のポイント』（東京法令出版，2008 年）

松本英昭「道州制について（3）・（4）」自治研究 82 巻 7・8 号（2006 年）

松本英昭監修『道州制ハンドブック』（ぎょうせい，2006 年）

吉田利宏＝塩浜克也『法実務からみた行政法』（日本評論社，2014 年）

Unit 19

井手英策『財政赤字の淵源』（有斐閣，2012 年）

井手英策『日本財政 転換の指針』（岩波新書，2013 年）

井手英策『財政赤字の国際比較』（岩波書店，2016 年）

関口祐司編著『図説　日本の財政　令和 5 年度版』（財経詳報社，2023 年）

曽我謙悟『行政学〔新版〕』（有斐閣，2022 年）

Unit 20

青柳幸一『人権・社会・国家』（尚学社，2002 年）

石森久広『財政民主主義と経済性』（有信堂，2011 年）

市川昭午「私学の特性と助成政策」大学財務経営研究 1 号（2004 年）

大石眞『権利保障の諸相』（三省堂，2014 年）

尾形健『福祉国家と憲法構造』（有斐閣，2011 年）

小嶋和司『憲法解釈の諸問題』（木鐸社，1989 年）

笹川隆太郎「憲法第 89 条の来歴再考」石巻専修大学研究紀要 14 号（2003 年）

笹川隆太郎「公金支出の制限」大石眞＝石川健治編『憲法の争点』（有斐閣，2008 年）

佐藤幸治『憲法〔第 3 版〕』（青林書院，1995 年）

渋谷秀樹『憲法〔第 3 版〕』（有斐閣，2017 年）

Unit 21

大蔵省銀行局編『中央銀行制度』（大蔵省印刷局，1960 年）

翁邦雄『日本銀行』（ちくま新書，2013 年）

片桐直人「戦後日本銀行法の展開と憲法」曽我部真裕＝赤坂幸一編『憲法改革の理
念と展開（上）』（信山社，2012 年）

片桐直人「日本銀行法改正問題・再論」論究ジュリスト5号（2013年）

駒村圭吾「アメリカにおける独立行政機関と権力分立」白鷗法学16号（2000年）

駒村圭吾「独立行政委員会」大石眞＝石川健治編『憲法の争点』（有斐閣，2008年）

建林正彦＝曽我謙悟＝待鳥聡史『比較政治制度論』（有斐閣，2008年）

日本銀行百年史編纂委員会『日本銀行百年史 第一巻』（日本銀行，1982年）

野口悠紀雄『1940年体制〔増補版〕』（東洋経済新報社，2010年）

Unit 22

赤坂正浩『世紀転換期の憲法論』（信山社，2015年）

石川健治「あえて霞を食らう」法律時報85巻8号（2013年）

大湖彬史「諸外国における戦後の憲法改正〔第8版〕」調査と情報1228号（2023年）

大沢秀介「憲法改正と合衆国憲法」赤坂正浩＝井上典之＝大沢秀介＝工藤達朗『ファーストステップ憲法』（有斐閣，2005年）

菅野喜八郎『国権の限界問題』（木鐸社，1978年）

菅野喜八郎『続・国権の限界問題』（木鐸社，1988年）

清宮四郎『憲法Ⅰ〔第3版〕』（有斐閣，1979年）

工藤達朗『憲法学研究』（尚学社，2009年）

駒村圭吾＝待鳥聡史編著『「憲法改正」の比較政治学』（弘文堂，2016年）

辻村みよ子『比較の中の改憲論』（岩波新書，2014年）

長谷部恭男「憲法典における自己言及」芦部信喜先生還暦記念論文集刊行会編『憲法訴訟と人権の理論』（有斐閣，1985年）

樋口陽一『近代立憲主義と現代国家』（勁草書房，1973年）

南野森「憲法改正限界論再考」長谷部恭男＝安西文雄＝宍戸常寿＝林知更編『現代立憲主義の諸相（上）』（有斐閣，2014年）

南野森「フランス──2008年7月23日の憲法改正について」辻村みよ子＝長谷部恭男編『憲法理論の再創造』（日本評論社，2011年）

毛利透『統治構造の憲法論』（岩波書店，2014年）

土井真一「憲法改正規定の改正について」毛利透＝須賀博志＝中山茂樹＝片桐直人編『比較憲法学の現状と展望』（成文堂，2018年）

Unit 23

井口秀作「『国民投票法案』の批判的検討」全国憲法研究会編・法律時報増刊『続・憲法改正問題』（2006年）

井上武史「日本国憲法と立憲主義」法律時報86巻5号（2014年）

大石眞『憲法秩序への展望』（有斐閣，2008年）

奥平康弘＝愛敬浩二＝青井未帆編『改憲の何が問題か』（岩波書店，2013年）

宍戸常寿「『憲法を改正する』ことの意味」論究ジュリスト9号（2014年）

高見勝利『政治の混迷と憲法』（岩波書店，2012年）

橘幸信＝高森雅樹「憲法改正国民投票法の制定」時の法令1799号（2007年）

長谷部恭男「憲法問題こそ，『法の解釈』が問われる」高橋源一郎編『憲法が変わるかもしれない社会』（文藝春秋，2018 年）

西土彰一郎「国民投票運動」法学セミナー 634 号（2007 年）

百地章『これだけは知っておきたい「憲法 9 条と自衛隊明記」Q&A』（明成社，2018 年）

事項索引

【あ 行】

IT 社会 …………………………23
アダムズ方式…………………………47
アベ・シェイエス…………………………61
アメリカ連邦最高裁判所 …………157
アンシャンレジーム …………………8
安定の議院…………………………65
安保関連三文書…………………………116
委員会中心主義…………………………84
意見事務（内閣法制局）…………139
違憲状態の解消措置…………………217
違憲審査制…………………………157
違憲政党の禁止…………………………51
違憲立法審査制…………………………10
イタリアの上院議員…………………64
一院制…………………………60, 67
一元型議院内閣制…………………95
1 票の格差是正…………………………47
イニシアティブ…………………………20
EU…………………………6
ウェストミンスターモデルからの脱却
…………………………100
ウェストミンスター型（議院内閣制）
…………………………98
AI の司法での活用…………………154
エドワード・コーク…………………26
愛媛県玉串料訴訟…………………215
大阪都構想…………………………21
大津事件…………………………151
公の支配…………………………218
　　―の緩和説的理解 …………219

【か 行】

会計検査院…………………………126
概算要求基準（シーリング）…………207
解職（リコール）…………………164
書き換え条例…………………………197
閣議決定の全員一致原則 …………113
閣議主宰権 …………………………105, 112
各省大臣の絶対責任 …………………109
閣僚懇談会…………………………112
合衆国憲法…………………………237
カール・シュミット…………………18
官制大権…………………………138
間接的行政統制…………………………82
関与（法定受託事務）…………………185
議　員…………………………17
議員定数不均衡…………………………45
　　参議院の―…………………………46
　　衆議院の―…………………………45
議院内閣制…………………………94
　　―の本質…………………………97
　　―の類型…………………………97
　　一元型…………………………95
　　ウエストミンスター型―…………98
　　コンセンサス型―…………………98
　　二元型…………………………95
　　日本国憲法における―…………95
　　明治憲法下の―…………………96
議会解散権…………………………97
　　―の制約 …………………………101
議会制…………………………17
　　―の凋落 …………………………20
　　ワイマール憲法下の―…………19
議会統治制…………………………94
議会任期固定化法 …………………100, 111
機関委任事務…………………184, 190
議席喪失説（党籍変更）…………………76
議席保有説（党籍変更）…………………76
起訴議決制度…………………………174
基本原理（ドイツ基本法）…………238
決められない政治…………………………68
客体定式…………………………30
キャリア裁判官制 …………………146, 148
共産党袴田事件…………………………53

260

行政委員会の合憲性 ……………128	憲法裁判所 ………………160, 163
行政改革会議最終報告 …………109	憲法習律 …………………………106
行政権概念の再検討 ……………228	憲法制定権者としての「国民」…239
行政組織法定主義 ………………109	憲法尊重擁護義務 ………………246
行政統制 ……………………………82	公務員の— ……………………246
—の手法………………………83	「国民」の—…………………246
間接的—………………………82	憲法の番人 ………………………136
直接的—………………………82	権力の侍女 ………………………136
行政の民主化 ……………………127	権力分立……………………………7, 12
供託金（選挙）…………………59, 72	権力分立原理 ……………………129
共同体意識 ………………………180	公益及び公の秩序 ………………250
共和政体（フランス）…………238	合　区………………………………47
緊急事態 …………………………247	航空安全法違憲判決（ドイツ）………29
緊急質問……………………………88	孔子廟政教分離訴訟 ……………217
近代立憲主義 ……………………245	硬性憲法 …………………………234
具体的事件（違憲審査制）………136, 157	公正取引委員会 …………131, 132, 133
国地方係争処理委員会 …………185, 192	口頭質問……………………………88
君主制………………………………17	公費濫用の防止 …………………220
形式的法治国家……………………26	合理的期間…………………………48
検察審査会 ………………………173	国　債
—の証拠収集能力 ……………176	建設— …………………204, 205
—の問題点 ……………………176	普通— …………………………204
検察の民主化 ……………………173	国際刑事裁判所（ICC）…………………6
原子力規制委員会 ………………134	国際連合安全保障理事会 ………117
原子力問題調査特別委員会…………87	国際連合憲章 ……………………117
建設国債 …………………………204, 205	国政調査権…………………………85
建設的不信任制度 ………………107	—の形式化……………………86
憲法院（フランス）…………10, 236	国政調査の一般化…………………86
憲法改正 …………………………241	国　民
—の「限界」…………………238	憲法改正権者としての— ………239
—の手続（アメリカ）…………234	憲法制定権者としての— ………239
—の手続（ドイツ）……………237	国民主権 ……………………………5
—の手続（日本）………………243	—原理と憲法改正の「限界」……238
—の手続（フランス）…………235	国民審査（最高裁判所裁判官）………164
—の「発議」…………………233	国民投票運動 ……………………244
統治の一過程としての— ………249	—広告のテレビ・ラジオCM …245
憲法改正権者としての「国民」………239	国民内閣制…………………………99
憲法改正手続法 …………………243	国民内閣制論 ……………………104
—の問題点 ……………………244	国民への情報提供機能（国会）………104
憲法改正「無限界」説 …………239	国務大臣 …………………………110

事項索引　　261

国有境内地処分問題 ……………215
五権分立（台湾）………………12
55年体制 ………………………50
個人の尊重（尊厳）……………32
国家安全保障会議 ……………116
国会議員の歳費…………………79
国会対策委員会…………………84
国会での議員の発言……………77
個別的自衛権　→「自衛権」を見よ
コンセイユ・デタ（国務院・フランス）
　………………………………137, 140
　　政府と—との関係 …………141
コンセンサス型（議院内閣制）………98
【さ　行】
最高裁事務総局 ………………160
最高裁判所 ……………………159
　　—の改革 …………………163
　　—の機構改革 ……………153
　　—の二重の役割 …………161
最高裁判所裁判官
　　—の国民審査 ……………164
　　—の負担 …………………162
最高裁判所事務総局 ………148, 152
最高裁判所調査官 ……………162
最終審 …………………………161
財　政
　　—の現状 …………………201
　　—の民主的統制 …………213
財政均衡策 ……………………202
財政決定プロセス ……………203
財政健全化条項 ………………209
財政健全化目標 ……………205, 206
財政国会中心主義 ……………203
財政法4条 ……………………205
財政民主主義の原則 …………203
最低投票率 ……………………245
裁判員
　　—の辞退率 ………………172
　　—の守秘義務 ……………171
　　—の負担 …………………172

裁判員制度 …………………170, 176
　　—の意義 …………………171
　　—の課題 …………………171
裁判官
　　—統制 ……………………152
　　—の職権行使の独立 ……151
　　—の選任（アメリカ）……146
　　—の選任（ドイツ）………147
　　—の選任（日本）…………148
　　顔のない— ………………149
裁判官訴追委員会 ……………151
裁量権行使の考慮要素 …………23
裁量上告制 ……………………162
査問権 ……………………………85
参議院改革論……………………69
参議院の選挙制度………………64
参議院の定数不均衡……………46
三権分立…………………………12
3条委員会 ……………………126
参審制 …………………………169
参政権の拡大……………………72
三位一体の改革 ………………186
三割自治 ………………………186
自衛権 …………………………247
　　個別的— ………………118, 120
　　集団的— ……………118, 139, 142
　　集団的—の限定的行使 …122
自衛隊……………………………31
　　—の憲法適合性 …………120
自衛力 …………………………121
私学助成 ………………………218
自己統治…………………………15
市支配人（シティ・マネージャー）…183
自主行政権 ……………………184
自主財政権 ……………………186
自治基本条例……………………21
自治体 …………………………182
　　（アメリカ）………………183
　　（ドイツ）…………………182
自治紛争処理委員 ……………192

執行権限 ……………………130	（イタリア）………………64
実質的法治国家………………27	（フランス）………………63
執政権 ………………………129	照会（reference；カナダ）………158
執政権説 ……………………129	上告審 ………………………161
執政作用 ……………………228	小選挙区比例代表並立制 ………44, 99
質問主意書……………………89	象 徴 …………………………5
質問制度………………………90	常任委員会……………………83
—の改革……………………90	小陪審 ………………………168
イギリス下院の—…………91	条 例 ………………………196
司法行政 ……………………153	書き換え—………………197
司法権の限界 ………………160	ユニーク—……………197, 199
司法制度改革	条例制定権の拡張 ……………198
第一の— …………………167	審議会 ………………………126
第二の— …………………167	新憲法草案（自民党）………245
司法府の独立 ………………150	審査事務（法律案の）………138
ジャン・ボーダン …………………4	人事院 …………………126, 132
衆議院解散の実質的決定権 ………111	神社神道 ……………………213
衆議院の定数不均衡…………45	吹田黙とう事件 ……………151
自由主義 ………………15, 16	砂川事件判決 ………………121
修正条項（アメリカ合衆国憲法）……233	政教分離原則 ……………213, 217
自由選挙………………………39	政策活動費……………………55
集団的安全保障 …………117, 118	政治献金の禁止………………55
集団的自衛権　→「自衛権」を見よ	政治資金………………………79
住民自治 ……………………179	政治資金監視委員会…………58
住民投票…………………20, 188	政治資金規正法………………54
（拘束型）…………………22	政治団体 …………………54, 55
（非拘束型）………………22	誠実執行の挫折………………228
主 権	政治問題………………………235
—の意味 …………………4	政 党 ………………………52
—の制約 …………………6	—国家……………………50
—の創出 …………………4	—に対する憲法的規律………52
首 相	—の機能…………………50
（イギリス） ……………105	—法制……………………54
（ドイツ） ………………106	違憲—の禁止………………51
（日本） …………………108	政党交付金……………………58
—の基本方針決定権 ………107	政党助成法の問題点…………56
—の執務指揮権 …………107	政府とコンセイユデタとの関係 ……141
首相公選制 …………………104	政府の失敗（誠実執行の挫折）………228
純粋デモクラシー……………14	世界の主要中央銀行 ………………231
上院議員	積極的平和主義 ……………123

事項索引　　263

選 挙

　　自由―　39
　　直接―　39
　　秘密―　39
　　平等―　39
　　普通―　38
選挙権の喪失　72
選挙制度（参議院）　64
選好投票　40
全国区　45
全国民の代表　75
戦争の放棄　119
選択投票制　41, 100
全部改正　241
戦 力　121
　　―の不保持　119
族議員　207
租税法律主義　204
租税優先原則　203
空知太神社事件　214, 216
存立危機事態　123, 124

【た 行】

大臣・政務官規範　113
大臣の任免権　111
大統領制　94, 102
　　半―　102
大陪審　168
多数代表制　41
闘う民主制　52
タレント候補　75
団体自治　179
地方公共団体　180
地方自治
　　―行政の質　191
　　―の本旨　179
　　―を担う団体　181
地方自治法改正　185, 190
地方分権　190, 195
中央銀行　223
　　―の独立性　225

抽象的違憲審査　163
抽象的規範統制　157
中選挙区制　43
調査研究広報滞在費　79
超然内閣　96
直接選挙　39
直接的行政統制　82
通貨金融政策に関する権限　226
通貨の発行権限　223
津地鎮祭訴訟　215
TPP（環太平洋パートナーシップ協定）　7
テーブルクロス　38
デモクラシー　14
　　―への懐疑　15, 16
　　―のジレンマ　22
　　純粋―　14
天皇機関説　5
天皇制　5
ドイツ基本法　237
ドイツ航空安全法事件　27
ドイツ連邦憲法裁判所　158
東京電力福島原子力発電所事故調査委員会　87
等質な司法サービス　149
道州制　193
　　―導入の目的　195
道州制のあり方に関する答申　193
道州の規模　194
党籍変更　75
統治行為論　160
統治の一過程としての憲法改正　249
党内民主主義　56
投票価値の平等　45
独裁制　18
特定秘密保護法　116
特定枠　47
特別区　181
特別顧問（Special Adviser）　106
独立規制委員会（アメリカ）　127

独立行政委員会 ……………………126
　—の法理 ……………………226
トリーペルの四段階説……………51
ドント式 ……………………43, 74

【な　行】

内閣委員会 ……………………105
内閣人事局 ……………………114
内閣制度比較 ……………………108
内閣提出法律案……………………71, 138
内閣府 ……………………110
内閣法制局 ……………………133, 228
　（意見事務）……………………139
　（審査事務）……………………138
　—長官人事 ……………………143
　—の使命 ……………………142
　—の組織 ……………………138
　—の任務 ……………………138
　—の歴史 ……………………137
二院制……………………61
　（貴族院タイプ）……………………62
　（連邦制タイプ）……………………62
二回投票制……………………41
二元型議院内閣制……………………95
二元代表制 ……………………182, 198
二層制（地方自治）……………181, 194
日米安全保障条約 ……………………122
日米防衛協力のための指針（ガイドライン）……………………122
日本銀行 ……………………223
　—と民主制 ……………………228
　—の独立性 ……………………229
　—の独立性を支える社会的基盤
　……………………230
　—の独立と民意 ……………………230
日本銀行条例 ……………………224
日本銀行法
　（旧）……………………224
　（新）……………………225
　—の憲法適合性 ……………………227
日本国憲法

　—における議院内閣制……………95
　—の改正論議 ……………………243
日本国憲法改正草案（自民党）………245
日本新党事件……………………57
人間の尊厳 ……………………28, 30
ねじれ国会……………………67

【は　行】

パーティ券疑惑……………………79
陪審制 ……………………168
　アメリカの— ……………………170
　明治憲法下の— ……………………169
8条委員会 ……………………127
「発議」要件の96条改正による緩和
　……………………240
発言表決の免責特権……………………77
派閥政治……………………98
ハンス・ケルゼン ……………………19
半大統領制 ……………………102
非拘束名簿式比例代表制……………74
人の支配……………………26
1人別枠方式 ……………………46
秘密選挙……………………39
平等選挙……………………39
比例原則 ……………………28, 32
比例代表制……………………41
広島市暴走族追放条例事件……………199
不逮捕特権……………………76
普通国債 ……………………204
普通選挙……………………38
部分改正 ……………………241
プライマリーバランス ……………………206
フランスの上院議員 ……………………63
武力行使の新三要件 ……………………123
文書質問……………………89
　→「質問制度」も見よ
　—の制限 ……………………90
文書通信交通滞在費　→調査研究広報滞在費
分担管理原則 ……………………109
平和安全法制（安保法制）……………116

事項索引　　265

平和主義 ……………………120, 247
変化の議院 ……………………65
防衛装備移転三原則 ……………116
法曹一元制 ……………………146, 153
法曹資格 ……………………140
法治国家 ……………………26, 33
　　　形式的— ……………………26
法定受託事務 ……………………185
法の支配 ……………………26, 33
法律案の議決 ……………………67
法律執行説 ……………………130
法令違憲判決 ……………………159

【ま　行】

マーストリヒト条約 ……………236
マディソン ……………………8
箕面忠魂碑・地鎮祭訴訟 ………214, 215
美濃部達吉 ……………………5
宮沢俊義 ……………………18
民主的正統性 ……………………66, 223
明治憲法下の「議院内閣制」…………96
免責特権
　　　発言表決の— ……………………77

目的効果基準 ……………………215
モンテスキュー ……………………7, 63

【や　行】

八幡製鉄政治献金事件 ……………53
ユニーク条例 ……………………197, 199
予　算 ……………………206
予算統制（インフォーマルな）………207
予算編成
　　　—過程 ……………………206
　　　官邸主導の— ……………………208

【ら　行】

リコール　→「解職」を見よ
立憲主義 ……………………57
立憲主義憲法 ……………………234
立候補の自由 ……………………73
理由提示義務 ……………………23
両院協議会 ……………………68
レファレンダム ……………………20
連邦参議院（ドイツ） ……………106
連邦首相不信任制度（ドイツ）………106
連邦制 ……………………237
六権分立 ……………………12

トピックからはじめる統治制度〔第3版〕
憲法を考える

2015 年 9 月 30 日　初　版第 1 刷発行	2025 年 3 月 25 日　第 3 版第 1 刷発行
2019 年 9 月 30 日　第 2 版第 1 刷発行	

著　者	笹田栄司，原田一明，山崎友也，遠藤美奈
発行者	江草貞治
発行所	株式会社有斐閣
	〒101-0051 東京都千代田区神田神保町 2-17
	https://www.yuhikaku.co.jp/
装　丁	高田真弓
印　刷	株式会社理想社
製　本	牧製本印刷株式会社
装丁印刷	株式会社亨有堂印刷所

落丁・乱丁本はお取替えいたします。定価はカバーに表示してあります。
©2025, E. Sasada, K. Harada, T. Yamazaki, M. Endo.
Printed in Japan ISBN 978-4-641-22881-8

本書のコピー，スキャン，デジタル化等の無断複製は著作権法上での例外を除き禁じられています。本書を代行業者等の第三者に依頼してスキャンやデジタル化することは，たとえ個人や家庭内の利用でも著作権法違反です。

[JCOPY] 本書の無断複写（コピー）は，著作権法上での例外を除き，禁じられています。複写される場合は，そのつど事前に，(一社)出版者著作権管理機構（電話03-5244-5088，ＦＡＸ03-5244-5089，e-mail:info@jcopy.or.jp）の許諾を得てください。